# 清史論集

## （三）

莊吉發著

文史哲學集成
文史哲出版社印行

國家圖書館出版品預行編目資料

清史論集 / 莊吉發著. -- 初版. -- 臺北市：
文史哲, 民 86 -
冊 ； 公分. -- (文史哲學集成 ; 388-)
含參考書目
ISBN 957-549-110-6(平裝) . --
ISBN 957-549-111-4(第二冊 ： 平裝) . --ISBN
957-549-166-1(第三冊 ： 平裝) . --

1. 中國 - 歷史 - 清（1644-1912）- 論文，講詞等

627.007 86015915

# 文史哲學集成 ㊴㊴

文史哲學集成 399

# 清史論集（三）

著 者：莊 吉 發
出版者：文 史 哲 出 版 社
登記證字號：行政院新聞局版臺業字五三三七號
發行人：彭 正 雄
發行所：文 史 哲 出 版 社
印刷者：文 史 哲 出 版 社
臺北市羅斯福路一段七十二巷四號
郵政劃撥帳號：一六一八〇一七五
電話 886-2-23511028 · 傳眞 886-2-23965656
實價新臺幣四五〇元

中 華 民 國 八 十 七 年 十 月 初 版



ISBN 957-549-166-1

# 清史論集

## (三)

## 目 次

# 清史論集

## 出版說明

我國歷代以來，就是一個多民族的國家，各民族的社會、經濟及文化等方面，雖然存在著多樣性及差異性的特徵，但各兄弟民族對我國歷史文化的締造，都有直接或間接的貢獻。滿族以邊疆部族入主中原，建立清朝，一方面接受儒家傳統的政治理念，一方面又具有滿族特有的統治方式，在多民族統一國家發展過程中有其重要地位。在清朝長期的統治下，邊疆與內地逐漸打成一片，文治武功之盛，不僅堪與漢唐相比，同時在我國傳統社會、政治、經濟、文化的發展過程中亦處於承先啓後的發展階段。蕭一山先生著《清代通史》敘例中已指出原書所述，爲清代社會的變遷，而非愛新一朝的興亡。換言之，所述爲清國史，亦即清代的中國史，而非清室史。同書導言分析清朝享國長久的原因時，歸納爲二方面：一方面是君主多賢明；一方面是政策獲成功。《清史稿》十二朝本紀論贊，尤多溢美之辭。清朝政權被推翻以後，政治上的禁忌，雖然已經解除，但是反滿的情緒，仍然十分高昂，應否爲清人修史，成爲爭論的焦點。清朝政府的功過及是非論斷，人言嘖嘖。然而一朝掌故，文獻足徵，可爲後世殷鑒，筆則筆，削則削，不可從闕，亦即孔子作《春秋》之意。孟森先生著《清代史》指出，「近日淺學之士，承革命時期之態度，對清或作仇敵之詞，既認爲仇敵，即無代爲修史之任務。若已認爲應代修史，即認爲現代所繼承之前代。尊重現代，必並不厭薄於所繼承之前代，而後覺承統之有自。清一代武功文治、幅員人材，皆有可觀。明初代元，以胡俗爲厭，天下既定，即表章元世祖之治，惜其子孫不能遵守。後代於前代，評量政治之得失以爲法戒，乃所以爲史學。革命時之鼓煽種族以作敵愾之氣，乃軍旅之事，非學問之事也。故史學上之清史，自當占中國累朝史中較盛之一朝，不應故爲貶抑，自失學者態度。」錢穆先生著《國史大綱》亦稱，我國爲世界上歷史體裁最完備的國家，悠久、無間斷、詳密，就是我國歷史的三大特點。我國歷史所包地域最廣大，所含民族分子最複雜。因此，益形成其繁富。有清一代，能統一國土，能治理人民，能行使政權，能綿歷年歲，其文治武功，幅員人材，既有可觀，清代歷史確實有其地位，貶抑清代史，無異自形縮短中國歷史。《清史稿》的既修而復禁，反映清代史是非論定的紛歧。

歷史學並非單純史料的堆砌，也不僅是史事的整理。史學研究者和檔案工作者，都應當儘可能重視理論研究，但不能以論代史，無視原始檔案資料的存在，不尊重客觀的歷史事實。治古史之難，難於在會通，主要原因就是由於文獻不足；治清史之難，難於在審辨，主要原因就是由於史料氾濫。有清一代，史料浩如烟海，私家收藏，固不待論，即官方歷史檔案，可謂汗牛充棟。近人討論纂修清代史，曾鑒於清史範圍既廣，其材料尤夥，若用紀、志、表、傳舊體裁，則卷帙必多，重見牴牾之病，勢必難免，而事蹟反不能備載，於是主張採用通史體裁，以期達到文省事增之目的。但是一方面由於海峽兩岸現藏清代滿漢文檔案資料，數量龐大，整理公佈，尚需時日；一方面由於清史專題研究，在質量上仍不夠深入。因此，纂修大型清代通史的條件，還不十分具備。近年以來，因出席國際學術研討會，所發表的論文，多涉及清代的歷史人物、文獻檔案、滿洲語文、宗教信仰、族群關係、人口流動、地方吏治等範圍，俱屬專題研究，曾於一九九七年十二月選出其中十六篇，彙集成書，題爲《清史論集》，分爲兩集。茲復另選論文十篇，彙爲第三集。雖然只是清史的片羽鱗爪，缺乏系統，不能成一家之言。然而每篇都充分利用原始資料，尊重客觀的歷史事實，認眞撰寫，不作空論。所愧的是學養不足，研究仍不夠深入，錯謬疏漏，在所難免，尙祈讀者不吝教正。

一九九八年十月　**莊吉發**

# 從朝鮮史籍的記載探討清初滿洲文書的繙譯

## 一、前 言

滿族先世，出自建州女眞，有其長期發展的歷史文化。蒙古滅金後，女眞遺族散居於混同江流域，開元城以北，東濱海，西接兀良哈，南鄰朝鮮。在明朝設置建州三衛以前，建州女眞與朝鮮的關係，已極密切。彼此交換生活物資，並耕而食，互通婚姻。

明代以後，滿族的經濟與文化，開始迅速發展，但在滿族居住的地區，仍然沒有自己的文字，其文移往來，主要是使用蒙古文字及漢字，說女眞語的滿族書寫蒙古字或漢字，未習蒙古語或漢語的滿族，就無從知曉其字義，這種現象實無法適應新興滿族共同的需要。

明神宗萬曆二十七年（1599），清太祖努爾哈齊命巴克什額爾德尼、扎爾固齊噶蓋將蒙古字母改編爲滿文。額爾德尼等人即以蒙古字母爲基礎，結合女眞語音，聯綴成句，而創製了滿洲文字。這種由蒙古文字脫胎而來的初期滿文，即所謂老滿文，又稱爲無圈點的滿文。但因蒙古和女眞語音有差別，老滿文並不能充分表達女眞語言。天聰六年（1632）三月，清太宗命巴克什達海將老滿文在字旁加上圈點，使音義分明，同時增添一些新字母，使滿文的語音及形體更臻完善，將原來雷同的語音，很清晰的加以區分。達海奉命改進的滿文，就是所謂新滿文，亦即加圈點的滿文。

萬曆四十四年，朝鮮光海君八年（1616），努爾哈齊建國號金，建元天命。天命十一年（1626），努爾哈齊崩殂，清太宗皇太極嗣統，改明年爲天聰元年（1627）。天聰十年（1636）五月，改國號爲大清，改元崇德。努爾哈齊創製滿文的主要目的是爲了文移往來及記注政事的需要，現存《滿文老檔》從萬曆三十五年（1607）三月已開始記事。滿洲入關前，滿洲與朝鮮，交涉頻繁，文書往來，從未間斷，《滿文原檔》所錄國書頗多，俱爲探討早期滿鮮關係的重要文書。惟因朝鮮與滿洲，彼此文字不同，滿洲致朝鮮國書如何譯成漢文？朝鮮致滿洲國書如何譯成滿文？其譯文，與原文有無出入？往來國書經過輾轉繙譯，其措辭對兩國交涉有何影響？都是值得探討的重要問題。

## 二、滿文書信的繙譯

清太祖努爾哈齊創製滿文記注政事以後，其對外行文，究竟是使用滿文，或先行譯出漢文，然後差遣使臣送出？根據中韓早期著述，並將漢文譯本與滿文原稿互相對照後，似可解答這個問題。據《燃藜室記述》記載說：「胡人文書，遼人董大海、劉海專掌，而短於文字。」①《紫巖集》亦稱「阿斗、彥加里則只識蒙字，大海、劉海，華人之粗知文字者。」②阿斗即阿敦的異音，是努爾哈齊的從弟，鑲黃旗固山額眞。前引文中所稱“蒙字”，實即滿文，阿斗、彥加里專掌滿文的文書。董大海，又作大海，就是巴克什達海。劉海即劉興祚，達海、劉海都是遼東漢人，通曉滿漢文字，達海尤精通滿文。據《清史列傳》記載說：「達海，滿洲正藍旗人，世居覺爾察，以地爲氏。祖博洛，於國初歸附，父艾密禪，官至散秩大臣，達海其第三子也。九歲讀書，能通滿漢文義。弱冠，太祖高皇帝召直文館，凡國家與明及蒙古、朝鮮詞命，悉出其手。有詔旨應兼漢文音者，亦承命傳宣，悉當上意。旋奉命譯明會典及素書、三略。」③達海將漢籍譯成滿文者，除《明會典》、《素書》、《三略》外，又譯《通鑑》、《六韜》、《孟子》、《三國志》、《大乘經》等書爲滿文，未竣而卒。達海既兼通滿漢文義，其於明朝、朝鮮的文書，亦悉出其手，足以說明滿洲入關前，其對外行文，已經由滿洲內部達海等人譯出漢文，甚至以漢文撰寫。《皇明從信錄》記載天命三年（1618）四月十五日滿洲兵攻取撫順的經過。書中略謂：「奴兒哈赤佯令部夷赴撫順市，潛以勁兵踵襲，十五日凌晨，突執遊擊李永芳，城遂陷，因以漢字傳檄清河，脅併北關，巡撫都御史李維翰趨總兵張承胤移師應援。」④努爾哈齊傳檄清河時，其檄文就是以漢字書寫。《光海君日記》記載滿洲文書文字時指出，「左副承旨朴鼎吉啓曰：即見備邊司以胡書咨文追送於李埈之行爲啓，此事極爲重大，愚臣過慮，不得不陳達，曾見胡書，語意兇悖，且引故事，似非胡中文字，無乃老賊中有計慮者，欲令中國致疑於我國，故作此書，以爲間牒文構之計耶！」⑤滿洲文書中所引故事，並非「胡中文字」。同書又記載：「備邊司因傳教啓曰：胡書中印跡，令解篆人申汝櫂及蒙學通事翻解，則篆樣番字，俱是『後金天命皇帝』七箇字，故奏文中亦具此意矣。今承聖教，更爲商量，則不必如是翻解泛然，以不可解見之意，刪改宜當。」⑥引文中所謂「番字」，實爲滿文，蒙學通事可以繙解。易言之，印跡是篆體滿文共七個字，漢譯當作“天命金國汗之印”。至於來書內容，則用漢字書寫，故不必由蒙學通事繙解。由前引各條輔助證據，可以了解天命年間滿洲對外行文是使用漢字書寫，因此，朝鮮史籍未載滿文文書繙譯的問題。

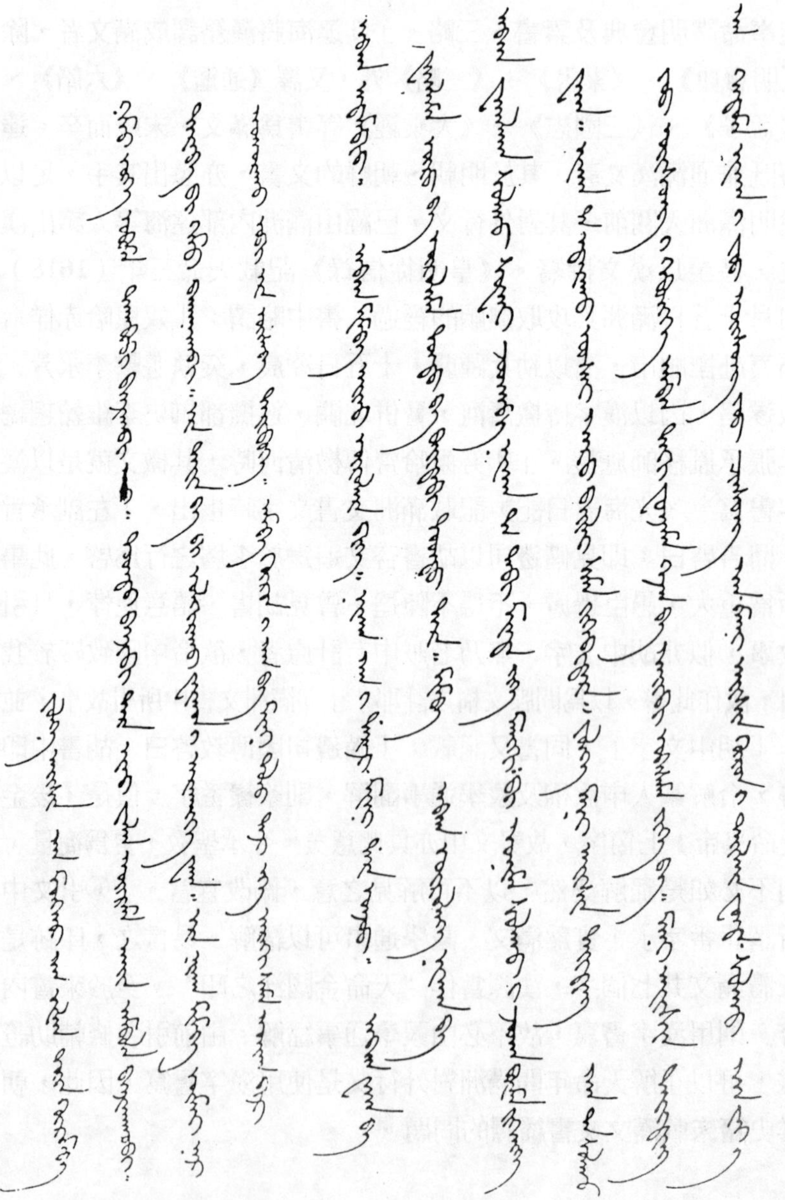

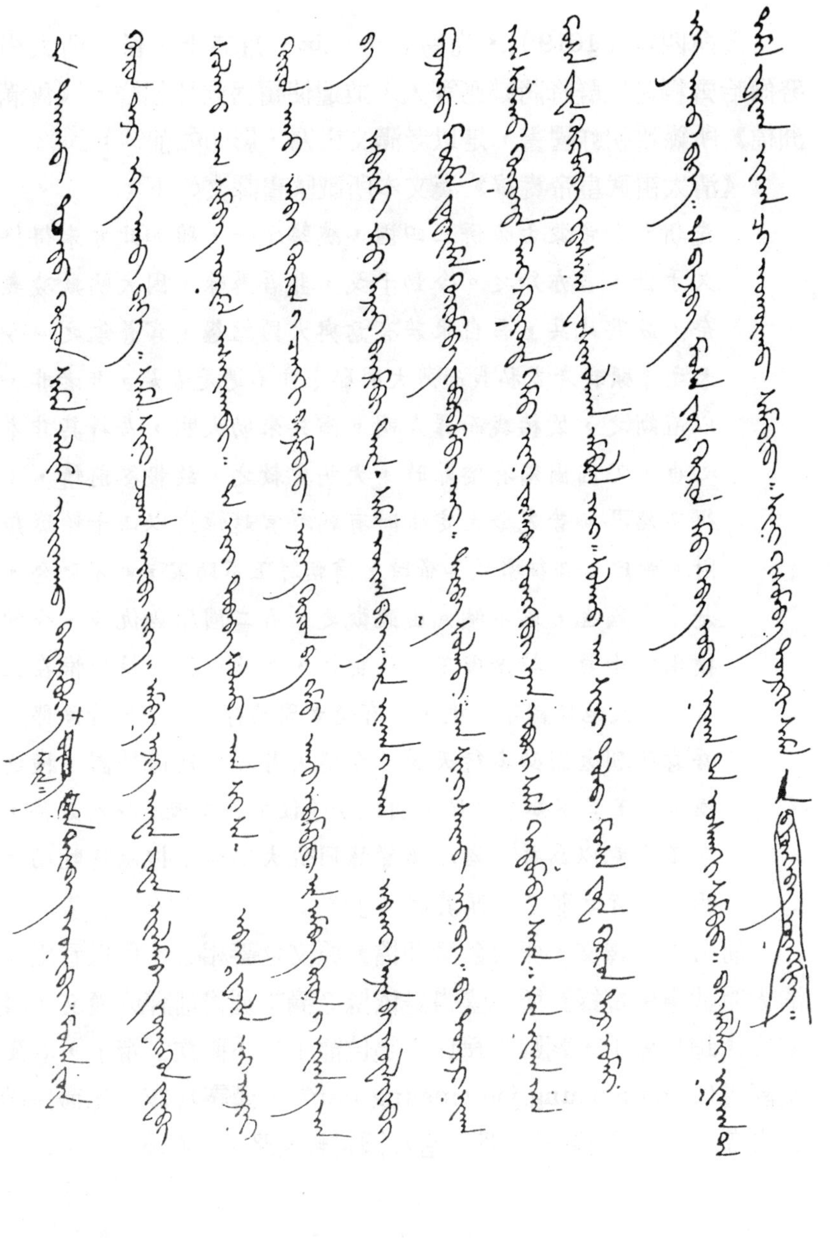

## 三、天命年間的往返文書

天命四年（1619），光海君十一年三月二十一日，清太祖努爾哈齊釋還朝鮮降將鄭應等人，並遣使齎書同往朝鮮，《舊滿洲檔》所錄致朝鮮國書，是以老滿文書寫，影印如前⑦：

《清太祖武皇帝實錄》漢文本所載國書譯文如下：

先朝大金帝蒙古帝併三四國，總歸于一，雖如此亦未得悠久于世，吾亦知之。今動干戈，非吾愚昧，因大明欺凌無奈，故興此兵，吾自來若有意與大國結怨，穹蒼鑑之。今天之眷顧我者豈私我而薄大明耶！亦不過是者是，非者非，以直斷之，故祐我而罪大明。爾兵來助大明，吾料其非本心也，乃因爾國有倭難時，大明曾救之，故報答前情，不得不然耳。昔先金大定帝時有朝鮮官趙惟忠以四十餘城叛附。帝曰：吾征徽欽二帝時，爾朝鮮王不助宋，亦不助金，是中立國也，遂不納。由此觀之，吾二國原無仇隙，今陣擒爾官十員，特念爾王，故留之，繼此以往，結局惟在王矣。且天地間國不一也，豈有使大國獨存，令小國皆沒耶？吾意明朝大國必奉行天道，今違天背理，欺侮外國，橫逆極矣，王豈不知？又聞大明欲令子侄主吾二國，辱人太甚，今王之意以爲吾二國原無釁隙同仇大明耶？抑以爲既助大明不忍背之耶？願聞其詳。」⑧

前引國書譯文，與《舊滿洲檔》原文含義相近，可以看出《清太祖武皇帝實錄》所載國書是依據老滿文國書繙譯成漢文，譯文中「趙惟忠」，朝鮮史籍作「趙位寵」，「徽欽二帝」，老滿文國書作"joo hoisung joo cinsung han"，漢譯當作「趙徽宗趙欽宗帝」。《朝鮮輯要》所載金汗國書較簡略，《春坡堂日月錄》

所載較詳，其內容如下：

後金國汗（蓋可汗之汗耶）奉書于朝鮮國王，汗於南朝有七宗惱恨，因此痛傷不已，不過被王察院等復奪耶，我料南朝必不我養，故犯。昔大金大元併呑三吳，此樣之事，我皆詳知，作犯之事，不是我昏暗之致，乃有犯大國皇上之意，青天豈不鑑察，天何佑我，況我臉面豈大於南朝皇帝臉面乎？又曰：昔大金世宗時，朝鮮趙位寵以四十餘城投之，世宗卻之曰：我朝與宋徽欽相戰之時，朝鮮兩國都不相助也，是忠厚之國，是以卻之。今我亦念兩國自前和好之情，故將朝鮮將帥餘員活捉來此看看國王之情姑留之。然天下何樣之國獨存而盡滅小國之理乎？今國王或念我兩國自前無絲毫之怒，因修前好，同恨南朝，或脫我以助南朝，何必復棄之，故奉書以俟國王回音。天命三十六年月日。」⑨

對照前引國書文字，可以看出其出入情形，例如「先朝大金帝蒙古帝併三四國，總歸于一」，《春坡堂日月錄》作「昔大金大元併呑三吳」；「今天之眷顧我者豈私我而薄大明耶！亦不過是者是，非者非，以直斷之，故祐我而罪大明。」《春坡堂日月錄》作「天何佑我，況我臉面豈大於南朝皇帝臉面乎？」文意頗有出入。老滿文國書內「大明欲令子侄主吾二國，辱人太甚。」《春坡堂日月錄》不載此句。同年四月二十一日，朝鮮派遣使臣一員，隨從十三人，齎遞國書前往滿洲。朝鮮史籍多載國書內容，惟詳略不同，例如《春坡堂日月錄》記載說：

遣平監軍官梁諫于虜中答書有曰，朝鮮國平安道觀察使朴燁奉書于建州衛大法足下，惟我兩國，俱是帝臣，同事天朝，二百餘年于茲，不圖近者，建州與天朝構釁，兵連禍結，以致生民塗炭，四郊多壘，豈但鄰國之不幸，其在貴國亦非好事。天朝之於我國，猶父之於子也，父之有命，子敢不從乎？大義所在，不得不然。而事在既往，今不必言之。來書曰，以若犯大國，青天豈不鑑察，此心足以保有世業而永荷天休。自今以後，復懷好音，偕至大道，則天朝寵綏之典，不曰誕降，兩國各守封疆，相修舊好，豈不美哉！」⑪

《光海君日記》亦抄錄朝鮮國書全文，爲便於比較，照錄於下：

洪惟兩國，境土相接，共惟帝臣，同事天朝者，二百年于茲，未嘗有一毫嫌怨之意矣！不圖近者，貴國與天朝搆釁，兵連禍結，以致生民塗炭，四郊多壘，豈但鄰國之不幸，其在貴國，亦非好事也。天朝之於我國，猶父之於子也，父之有命，子敢不從乎？大義所在，固不得不然，而鄰好之情，亦豈無之。鄭應井爲先出送，致款之義，亦可見於此也。來書有曰，以我心初來，若犯大國，皇帝之意，青天豈不鑑察，此心足以保有世業而永享天休者，豈不美哉！自今以後，偕之大道，則天朝寵綏之典，不日誕降，兩國各守對疆，相修舊好，實是兩國之福，此意轉告，幸甚！」⑪

朝鮮國書皮封外面右邊書寫「朝鮮國平安道觀察使書」字樣，左邊書寫「建州衛部下馬法開拆」字樣，裡面書寫「朝鮮國平安道觀察使朴燁奉書于建州衛馬法足下」字樣，末端年號及皮封後面年號，均蓋「平安監司」印信。比較前引國書內容，《光海君日記》所錄國書全文較詳細完整，尤其是關於送出鄭應井一節，《春坡堂日月錄》隻字未提。

天命四年（1619）四月二十七日，努爾哈齊差遣達海等人迎接朝鮮使臣於中路。次日，入城。因朝鮮國書以漢字書寫，滿洲諸臣對漢文措辭不能盡解，達海等人即往朝鮮使臣寓所，要求將國書文意，逐一解釋。《柵中日錄》記載兩國官員討論朝鮮國書措辭問題頗詳，略謂：

> 阿斗、彥加里、大海、劉海等，請差官會于元帥所寓，出文書，展於元帥之前。阿斗曰：『請將此文書一一解釋以言之。』元帥謂大海等曰：『此文書何語不好？』（阿斗、彥加里則只識蒙字，大海、劉海，華人之粗知文字者）阿斗曰：『此文書何以平安觀察使答之乎？』答曰：『我國之規自來鄰國之好，必以近處監司主之，如日本通好，則慶尚監司主之，故今此和事，必平安監司主之矣。』阿斗曰：『我國後金號何以不書，而只稱建州乎？是不以鄰國待我也。』答曰：『我國之稱建州者，自前已熟，想必以此而稱之，以下文貴國二字看之，則其不以鄰國待之而然邪！』阿斗曰：『所謂馬法者，指汗乎？』答曰：『馬法者，指汗左右之人，以下文轉告二字看之可知。』阿斗曰：『四郊多壘者，以東西南北圍抱我國之謂乎？』答曰：『四郊多壘者，乃是古語，只言天朝四面防守之事耳，非圍抱貴國之謂也。』阿斗曰：『前日出送鄭應井而無致謝之語，又無求索將士之語何也？』答曰：『先爲出送四字，乃後日請盡出送之張本而鄰好等語顧非致謝之意乎？』阿斗曰：『此文書必是南朝之意而差送朝鮮之人也？』答曰：『豈有此理，前日貴國文書中若有先犯大國之心，青天豈不鑑察等語，故我國發此語也。』大海等愧謝曰：『小的粗知文字，不能解見矣。』⑫

達海等人隨後即將朝鮮國書譯出滿文，並記錄歸檔，《舊滿洲檔》

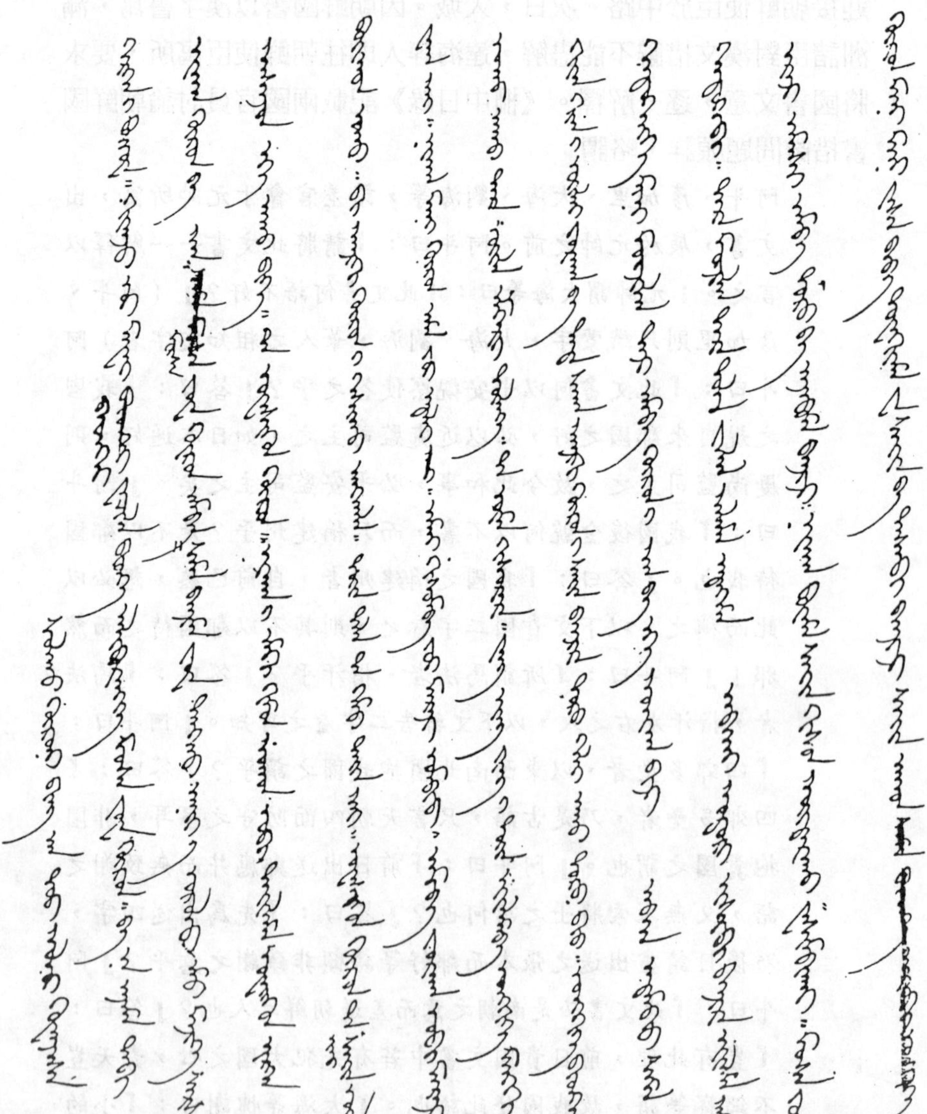

天命四年五月二十八日所載者，即當時滿文譯本⑬：

《清太祖武皇帝實錄》漢文本所載朝鮮國書文意，與滿文譯本相近，其全文如下：

朝鮮國平安道觀察使朴化致書于建州衛馬法足下，吾二國地土相連，大明爲君，吾二國爲臣，經二百餘載，毫無怨惡。今貴國與大明爲仇，因而征戰，生民塗炭，不特鄰邦，即四方皆動干戈矣，亦非貴國之善事也。大明與我國猶如父子，父之言，子豈敢拒，蓋大義也，吾亦不願此舉，其如不從何。事屬已往，今不必言，若等情由，聞張應京等四人來言方知，然鄰國亦自有交道也。來書云：吾有心與大國之君結怨，穹蒼鑑之。即此一念，便可常享天眷，受福無疆，以後果行合大道，明朝聞之必喜，善言不久而下矣。吾二國各守邊疆，復乎前好，乃爲善也！」⑭

前引漢文譯本，是依據滿文轉譯而來，並非抄錄朝鮮國書原文，由此可以說明當時纂修《清太祖武皇帝實錄》諸臣並未親見朝鮮國書漢文原本，於是根據老滿文朝鮮國書，以新滿文寫入實錄，並將"giyanjo ui"（建州衛）改作"manju ui"（滿洲衛）；"nikan gurun"（明朝）改作"daiming gurun"（大明），其餘文句大致相同。將滿文譯本、漢文轉譯本與朝鮮國書原本互相對照後，可以看出其出入情形，例如平安道觀察使朴燁，老滿文作"bu-howa"，《清太祖武皇帝實錄》滿文本作"boo huwa"，漢文本作「朴化」；「鄭應井」作「張應京」，讀音及漢字，俱有出入；朝鮮國書原本內「大義所在，固不得不然，而鄰好之情，亦豈無之。鄭應井爲先出送，致款之義，亦可見於此也。」漢文轉譯本作「蓋大義也，吾亦不願此舉，其如不從何。事屬已往，今不必言，若等情由，聞張應京等四人來言方知，然鄰國亦自有交道也。」譯文意義實欠明晰，與朝鮮國書原意頗有出入。

## 四、天聰年間的滿文書信

清太祖努爾哈齊崩殂後，由皇太極嗣統，天聰元年（1627）正月，皇太極爲解除後顧之憂，並尋求補給，於是大舉南牧，用兵於朝鮮，朝鮮史籍稱爲「丁卯虜難」，嗣後滿洲與朝鮮交涉更加頻繁，兩國往返文書益見增多。是年正月二十八日，皇太極遣阿本、東納密齎遞國書，列舉七大恨以責朝鮮。國立故宮博物院現藏《舊滿洲檔》含有滿文國書原稿，影印於後⑮。

《清太宗文皇帝實錄》初纂本詳錄漢文繙譯，將譯漢國書全文照錄於下：

二十八日，答高麗書云：大滿洲國二貝勒同眾貝子致書於朝鮮國王，爾國來文云，我兩國原無仇怨，無故興兵。是矣，先年我屬國斡兒哈爾國無故出境截殺，此一宗也；又兀喇布占太曾犯搶爾國一城人民，爾知是我女婿，爾來文求我勸之罷兵，我依爾勸解，爾國無一言相謝，此二宗也；我兩國既無仇怨，爾國於己未年發兵，同南朝越境征我，蒙天護祐，將爾國兵將，令我得之，原望兩家和好，故不殺害，曾放歸爾國三四次，爾國何嘗差人來謝，此三宗也；天之以遼東賜我，毛文龍走脫，爾國窩隱，縱放奸細，誘我叛民，尚然不較，意望和好，移文將毛文龍拏送我國，兩家仍舊和好，竟不允從，此四宗也；辛酉年，我來拏毛文龍，凡係漢人，拏獲殺死，爾國人民，毫無騷擾，亦望和好，爾國並無差人來說一句好言，此五宗也；毛文龍他本國錢糧不濟，爾國給以耕牛，仍撥地土，周助糧米，此六宗也；爾國又說我如何殺害何通事，我往廣寧進兵，爾

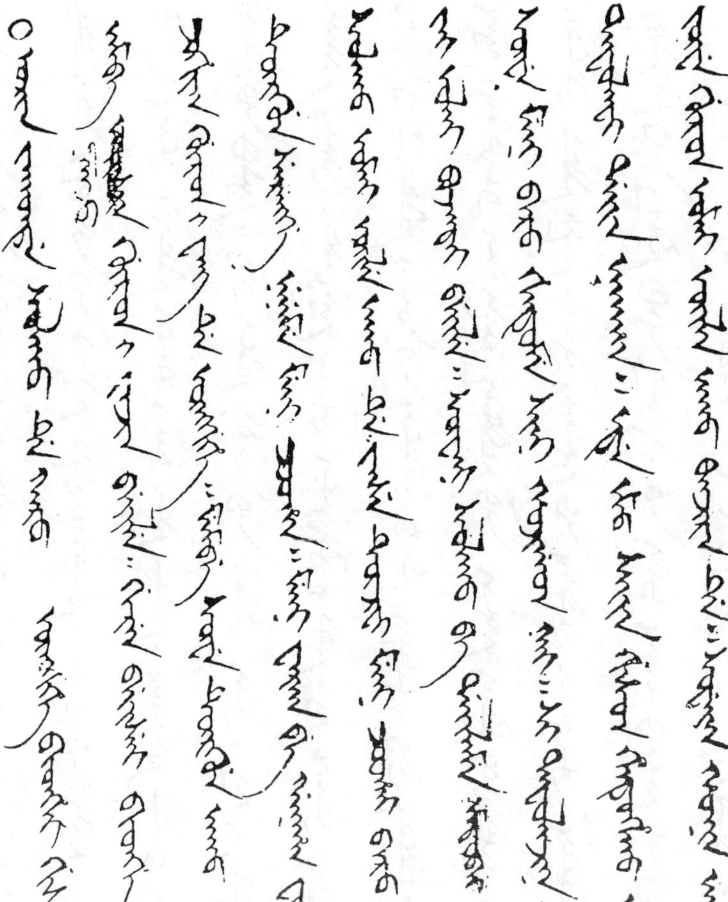

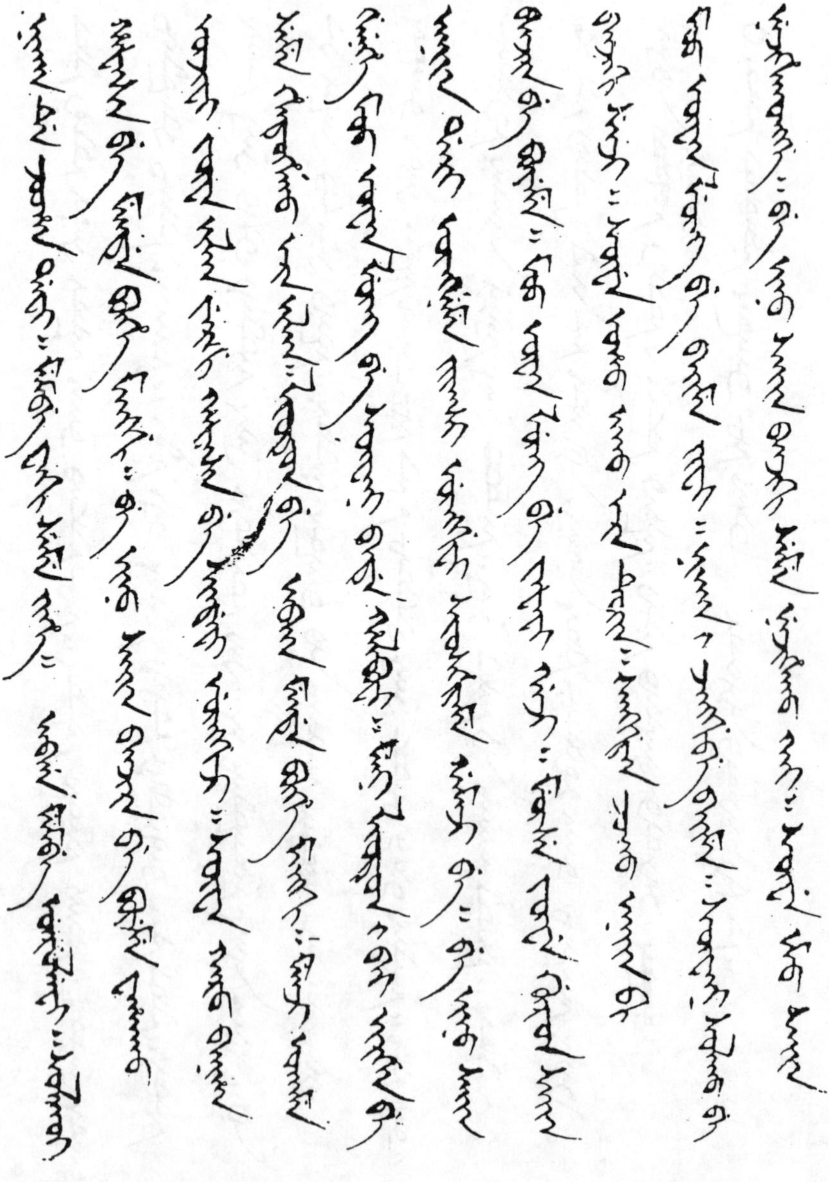

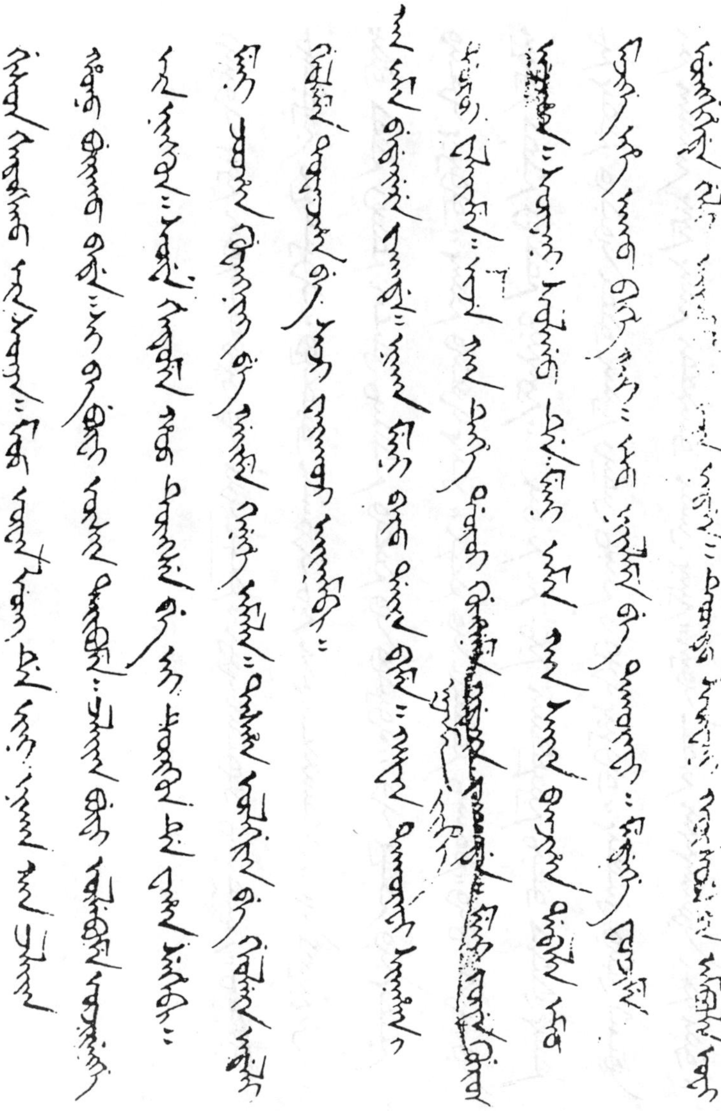

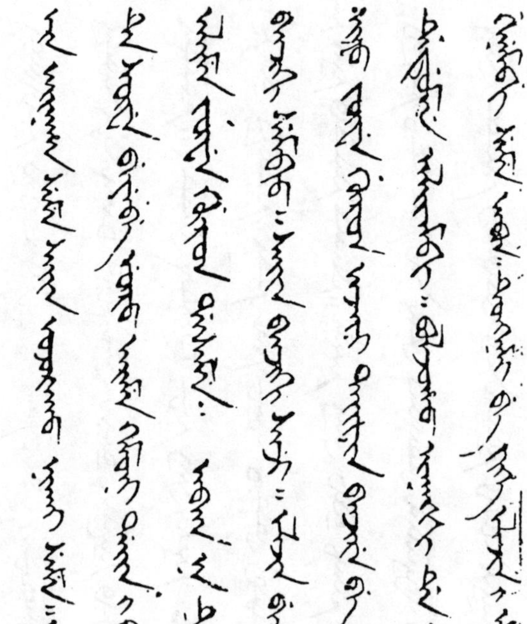

國乘虛來窺視我地方，實與奸細同，是以殺之。我先汗歸天，南朝與我正在交兵之時，尚不念仇怨，差官來弔，兼賀今上，此情此意，與爾國何如，我先汗與爾國甚好，竟無一弔問，此七宗也。若此數恨，終是不肯和好，故發大兵以討前罪，爾國如今尚自以為是而與我為仇歟？抑自認不是，差官謝罪，以求和好歟？如欲和好，作速來講，我亦欲兩國和好，共享太平，我兵在此住五日以待回信，如違約不到，我兵前進奉復，差阿本、東納密賚書，同來使去訖。」⑯

天聰元年（1627）正月二十八日，《舊滿洲檔》原稿是以「大金國的二貝勒同衆王」的名義致書朝鮮國王，《仁祖實錄》仁祖五年四月初一日所錄大金國書全文如下：

大金國二王子同眾王致書于朝鮮國王，我兩國原無仇恨，今何為助南朝兵馬，欽伐我國，此一宗也；我得遼東，既係鄰國，爾曾無一句好語，及窩隱毛文龍，助他糧草，尚不較正寫書，與爾國毛文龍等，綁來我兩國和好，爾又不肯。辛酉年我來拏毛文龍，爾國屯民鷄犬不動，爾又不謝，此二宗也；爾還把毛文龍放在爾國，招我逃民，偷我地方，此三宗也；我先汗歸天，有仇如南朝，而尚來吊問，賚禮來賀新汗，況我先汗，與爾國毫無不好心腸，爾國無一人吊賀，此四宗也。先年尚有不好事件，筆難盡述，用此我方統大兵來爾國要和好，差官認罪，火速來講。」⑰

前引「大金國」，與《舊滿洲檔》所載國書原稿一致，《清太宗文皇帝實錄》初纂本，改書「大滿洲國」，或因史官纂修實錄時將國書原稿中"aisin"塗抹改書 "manju" 。對照《舊滿洲檔》所錄國書原稿後，可以看出《仁祖實錄》所載大金國書，頗有出入。《舊滿洲檔》共列七大恨，《仁祖實錄》則列四大宗，其中第一宗，《仁祖實錄》作「我兩國原無仇恨，今何爲助南朝兵馬，欽伐我國。」《舊滿洲檔》作「爾國來文云，我兩國原無仇怨，無故興兵。是矣，先年我屬國斡爾哈，爾國無故出境截殺，此一宗也。」文意雖然相近，但是詳略不同；《仁祖實錄》所載第二宗，與《舊滿洲檔》第三、四、五、六宗相近；《仁祖實錄》第三宗，與《舊滿洲檔》第四宗部分相近；《仁祖實錄》第四宗，與《舊滿洲檔》第七宗部分相近。至於《舊滿洲檔》所載第二宗仇怨，則不見於《仁祖實錄》。據《仁祖實錄》記載，金國軍隊至安州時，又致書朝鮮國王，大意如前，但又添七宗惱恨。

天聰元年七月十九日，皇太極遣使致書於朝鮮國王，《舊滿洲檔》記錄滿文國書原稿如後⑲。

七月十九日，皇太極命阿什打喇漢納哈處、霸奇蘭齎遞國書，同申景琥、朴蘭英前往朝鮮。其國書全文如下：

> 我二國初本無事，因明朝所以不睦。今天命我二國依舊和好，若彼此相愛，不失和好之禮，是兩國之福，天下聞之，誰不稱美，既和而復欲敗之，此等之人，天有不譴責者乎？吾留兵義州，非是疑汝，緣我二國之好，因明朝而敗，今恐復敗和好，故留兵防守。如明朝兵不入爾界，王可即修書來，即發王之軍民，據守義州，吾兵可撤，若王之軍民未至，吾兵先回，恐明朝伺隙而來。爾書中言逃人懷思父母，又從而縛送之，決不忍爲。己未年爾兵入吾東果瓦兒哈什地方，盡屠一帶人民，後存毛文龍在爾地方，納吾逃民，因此起兵往征，攻城陷陣，有不死傷者乎？爾曾殘害吾民，所以皆忿不顧身攻戰擒獲。爾云與之則不忍，然爾曩日興兵，吾民之被殺者，父母兄弟，未嘗離散乎？遼東

人逃竄者，主僕未嘗離散乎？離散之主，若懷恨從而往縛之，其事愈大，和好從此壞矣。我非貪此逃民，但於理不當。我若貪得，向之剃頭歸降者甚眾，盟誓之後，何故盡遣還，王其熟思之。逃民必須還吾，若以爲父母兄弟不忍折散，可約定一地方，將逃民付與原主，任其贖與不贖，人見我國得勝，皆謂恃力強戰，非也。因人欺我，自諒我直，是以昭告於天而征戰耳。無辜之國，豈有恃力強戰者耶！征戰何吉，太平何凶。」⑲

金國使臣阿什打喇漢納哈處，《仁祖實錄》作「阿叱月介」，霸奇蘭作「朴只乃」，仁祖五年八月十二日，朝鮮回答護行官申景琥、朴蘭英等率領阿什打喇漢納哈處、霸奇蘭及隨從五十三名入朝鮮王城。八月十四日，朝鮮國王李倧在崇政殿接見金國使臣，並接受大金國書。

《仁祖實錄》所錄〈大金國書〉全文如下：

大金國汗致書於朝鮮國王弟，當日我兩國相好，彼此無事，後因毛賊，致生事端，不意兩國還有相好之分，故天使重成和事，若彼此謹守，不唯兩國共享無疆之福，而美名遠播於天下矣。倘立心不正，復壞和事者，難逃上天降罪。我兵留住義州，非疑貴國，意謂兩國仇隙，皆因毛賊所致，幸得事成，恐毛將復爲壞之，故留兵防守耳。今王弟邊內，不容毛賊上岸，宜速具書及發住民與護守之兵，到了義州，我兵即時過江退回，若住民護兵未到，我兵先回，恐毛賊乘空住擾不便。又爲逃民言，懷思父母鄉土，舍命脫來，而縛送之，決不忍爲。則己未年兵入我境，殺擄東窩它兒哈失等處之民，後容住毛賊，收我逃走遼民，以致起兵，雖攻剋城池，豈不損人，其原受害之人，舍命攻戰，所得人民，逃去不肯刷送，仍言懷思父母鄉土。昔日我國受害人民，豈無父母鄉土，何嘗原走之人，混拏綁來，那時兩國和好，反致無益矣。此非因得逃民，恐兩國和事之壞也可離，只恐逃人之主怯忿趕至貴國查。既爲逃民則剃頭歸順之民，立誓之後，又何送回，惟王弟裁思，逃民務要與來，若父母兄弟不忍分離，亦當查出，交與原主，兩相計議贖取可也。但各國皆謂我恃強圖利，倚力征戰，原無此意，皆因人之欺辱，中心不快，方敢以事之曲直，昭告皇天，以行征戰，於無事之國，恃力征戰者無之，干戈何吉，太平何凶，尚冀裁度。」⑳

將前引國書內容，與滿文對照後，可以看出《仁祖實錄》所載國書，與滿文原稿相近，但非朝鮮方面據滿文原稿直譯而來，而是由金國內部先行譯出漢文，然後差遣使臣齎遞到朝鮮，以漢字國書進呈朝鮮國王，朝鮮君臣俱未見過滿文國書。《清太宗文皇帝實錄》初纂本所載漢字國書，則是就滿文原檔直譯而來。例如滿文原檔最後兩句是："dain geli saiyūn, taifin geli eheo."實錄初纂本譯作：「征戰何吉，太平何凶。」《仁祖實錄》所載國書作：「干戈何吉，太平何凶，尚冀裁度。」文意相近，但增入「尚冀裁度」一句，以符文書體例，由此例，足以說明增入文句，確實出自金國內部掌文書人員之手。在《滿文原檔》內，「明朝」（nikan）和「毛文龍」（mo wen lung）分別得很清楚，《仁祖實錄》所載國書，俱作「毛賊」，或「毛將」，不見「明朝」字樣。例如《滿文原檔》內「我二國初本無事，因明朝所以不睦。」句中「明朝」，《仁祖實錄》作「毛賊」，即毛文龍。又如《滿文原檔》內「己未年爾兵入吾東果瓦爾哈什地方，盡屠一帶人民，後存毛文龍在爾地方，納吾逃民。」句中「毛文龍」，《仁祖實錄》作「毛賊」，其餘文意，出入不大。

## 五、結 語

清太祖努爾哈齊創製了滿文以後，即以滿文記注政事，金國給朝鮮的漢字文書，固然有滿文原稿，朝鮮給金國的書信，亦多譯出滿文，記錄歸檔。朝鮮史籍中抄錄頗多金國書信內容，對照國立故宮博物院現存《舊滿洲檔》的書信滿文原檔後，發現滿、漢文的書信內容，其文意頗有出入，探討早期滿鮮交涉，滿、漢文字的書信繙譯，是一個不可忽略的問題。

滿文與漢文，語法不同，朝鮮致金國書信，因使用漢字，長於遣詞用字，喜作文字遊戲，金國內部雖有掌管漢字文書人員，但對朝鮮方面以遊戲文字愚弄滿族的作法，頗不以爲然。天命六年，光海君十三年（1621）九月二十四日，朝鮮滿淵僉使鄭忠信進入建州後，達海向鄭忠信傳達努爾哈齊的意思說：「貴國既已遣官相問，則我亦當遣官相謝，我欲修禮，差官一何牢拒？既與之相交，則通差通貨，是無內外之意，而今則有若閉門請客，相交之義，可言以信乎？且我既累修書問，而一不答此，此不過欲書建州衛馬法則恐見怪，欲書後金國汗則以爲辱，故以游辭玩我，何其視人如嬰兒乎？」㉑朝鮮君臣面對明朝和金國，爲避免傷害自己，其外交文書的措辭，必須十分審愼，遂因此使努爾哈齊認爲朝鮮方面是「以游辭玩我」。從現存滿、漢文書信探討早期滿鮮關係的發展，是一個值得重視的問題。將朝鮮史籍所錄滿鮮交涉文書與《舊滿洲檔》所載滿文原稿互相對照後，可以發現滿、漢文的內容，詳略不同，但並非朝鮮方面的繙譯問題，也不是因爲隱諱而造成的，從現存滿鮮往返文書的內容及其文字加以比較，足以說明金國時期雖以滿文記注政事，但對朝鮮行文時是使用漢字書寫，有時候鈐蓋滿文印信，金國內部達海等人兼掌滿漢文書的繙譯，滿文書信先譯出漢文，然後發出。由於滿、漢文字，語法不同，繙譯時亦有詳略，以致滿、漢文書信的文意，頗有出入，然而並未因此引起嚴重的誤會，滿洲用兵於朝鮮的根本原因，主要是想解除後顧之憂，並取得生活物資等方面的補給。惟因滿、漢文書信內容常有出入，而且朝鮮史籍所錄書信文字，往往詳略不同，所以引用朝鮮史籍時，先行查閱金國方面的原稿，是有必要的。

【註　釋】

① 《燃藜室記述》，卷二三，己未三月初七日。

② 《紫巖集》，卷五，頁19。

③ 《清史列傳》（北京，中華書局，1987年11月，王鍾翰點校本），〈達海列傳〉，頁187。

④ 《皇明從信錄》，卷四〇，頁43。

⑤ 《光海君日記》（韓國漢城，國史編纂委員會，1971年1月），卷一二八，頁3，光海君十年五月己丑。

⑥ 《光海君日記》，卷一三九，頁15，光海君十一年己未四月壬申。

⑦ 《舊滿洲檔》（臺北，國立故宮博物院，民國五十八年八月），第一冊，頁423。

⑧ 《清太祖武皇帝實錄》（臺北，國立故宮博物院），漢文本，卷三，頁11。

⑨ 《春坡堂日月錄》，卷一二上，廢王光海君下，四月。

⑩ 《春坡堂日月錄》，卷一二。

⑪ 《光海君日記》，卷一三九，頁16，光海君十一年四月二十一日甲戌，〈朝鮮致建州衛國書〉。

⑫　《紫巖集》，卷五，頁19。

⑬　《舊滿洲檔》，第一冊，頁428。

⑭　《清太祖武皇帝實錄》，漢文本，卷三，頁12。

⑮　《舊滿洲檔》，第六冊，頁2618。

⑯　《清太宗文皇帝實錄》，初纂本，卷二，頁19。

⑰　《仁祖實錄》，卷一六，頁2，仁祖五年四月丁酉，〈大金國書〉。

⑱　《舊滿洲檔》，第六冊，頁2698—2699。

⑲　《清太宗文皇帝實錄》，初纂本，卷二，頁48。

⑳　《仁祖實錄》，卷一七，頁7，仁祖五年八月丁未，〈大金國書〉。

㉑　《光海君日記》，卷一六九，頁6。

至本鎮節制使李莞倉卒出與通判崔夢亮及手下將官搏戰至朝賊兵多
死而衆寡不敵力不能支李莞崔夢亮等抗賊不屈同被殺戮大小將官數萬
民兵屠戮無遺是日夕前鋒已至定州一枝大隊分向宣川浦口要擒毛將毛
將自水合後駐雲從島賊兵不得入將就浦所住遼民及毛鎮軍兵盡行屠戮
十七日賊兵乘勝進圍郭山凌漢山城恐衆攻陷守城將宣川節制使奇協被
殺定州節制使金搢郭山御制使朴惟健被擄二十日賊渡清川江急攻安州
節度使南以興防禦使金浚等嬰城固守賊用雲梯急衆蟻附三戰三退賊亦
死傷頗多血戰良久力盡城陷南以興金浚等將官數十員積火藥於中營自
燒死守城兵民數萬口屠戮殆盡游騎遂迫肅川順安等邑涼都體察使張晚
馳登平壤大鎮守城軍械姑甚嚴備而自見安州屠戮軍民恍惚棄城逃遁都
巡察使尹暄不能禁制亦自遁避本城積年富聚蕩然都盡中和以東黃州大
鎮及鳳山瑞興平山等邑軍民爲聲焉鯨望風先潰賊又送一枝兵自義州沿
江而上攻打昌城府節制使金時若獨守孤城力盡無援城遂陷時若被執賊
以刃脅之時若罵賊不屈與其二子俱被殺又續擄各處將領馳報龜城府黃
龍山義州全剛山屯駐漢人兵民及昌城留屯毛鎮標下軍兵俱被賊兵搶掠

二

龍川節制使李希建自龍骨城潰破之後收散兵轉鬪遇賊力戰射賊甚多弓
弦忽斷空拳冒刃被賊殺死賊長驅深入至于平山分屯三陣放兵四掠等因
據此臣與文武群臣將吏會議得以爲光賊先鋒已到平山距王京僅二百里
更無遮截之地諸道之兵雖已徵召未及畢集都城震駭將有土崩之勢不可
不暫避兇鋒以爲後圖不得已奉廟社主乃於正月晦日遷入江華島中一以
鎮撫京城一以控制賊衝分送臣長子某率若干臣僚先往全羅等道號召官
軍義旅召集公私糧穀將畜城守臣都巡察使尹暄集首示衆各城陣亡將官
南以興等褒贈優恤書奏賚咨官劉鴻訓軍黃珀將被兵等項略具一咨從江華
海路飛報登州軍門以冀轉奏援救且移咨毛督府以通聲息文禀議政府狀
啓賊至定州送書求和邊臣馳啓以傳而本國未及回答賊又於凌漢國城之
時差人投書守臣斬使不受賊益怒急攻陵漢擄掠殆盡至安州投書於帥臣
南以興以興等抗辭答之賊又急衆攻陷屠殺尤慘至平壤至中和以後連次
送書差胡三至往復辨詰至定州書曰大金國二王子同衆王致書于朝鮮國
王我兩國原無仇恨今何爲助南朝兵馬欲伐我國此一宗也我得遼東既係
隣國爾曾無一句好語及寄隱毛文龍助他糧草尚不較正寫書與爾國毛文

一八九



龍等節來我兩國和好爾又不肯辛酉年我來拏毛文龍爾國屯民雞犬不動
爾又不謝此二宗也爾遂把毛文龍放在爾國招我逃民偸我地方此三宗也
我先汗歸天有仇如南朝而尚來弔問賚禮來賀新汗況我先汗與爾國毫無
不好心腸爾國無一人弔賀此四宗也先年尚有不好事件筆難盡述用此我
方統大兵來爾國要和好差官賚罪火速來講我國答書曰我國與爾本來無
怨恨我國臣事皇朝二百餘年皇朝伐爾國時要我兵馬既有天子勅命何敢
違也且如爾未背皇朝時皇朝有命爾其不從乎毛將既是天朝將官來寄我
壤義不可拒我國與爾既無怨又無恩壤域阻隔信使不通爾國有慶弔我豈
聞知何來我有吉凶爾亦嘗通問乎前日我國不與爾通好者以爾之背皇朝
也爾既與皇朝通好則我國何故與爾不好也今者爾國無故動兵出我不意
攻我城池殺我人民是我國未嘗負爾而爾先負我上天有知其將以爾爲直
乎雖然兩國相戰多殺人命非天所好也爾若息兵通好則必以禮義相接不
可以兵戈相貿我國世守禮義不忍爲此爾若要我通和須先解兵西歸方講
是事其至安州書大意如前又添七宗怕恨又曰爾國要我兵馬來直到耶若
自知不是快速差官來講兩國共享太平我兵暫駐安州若差官不到再進兵

五

不遲本國答書曰連得二書要息兵修好共享太平其意甚好但前書既云要
好而兵隨其後此我之所未曉也自今以往彼此解兵兩國和好豈不美哉賊
到平壤又送書曰來文云既有天子勅何敢違也當年上古自擄從國城侵我
實難難息兵亦厚恩也既稱兩國原無仇恨何報恩于南朝而忘恩于我也已
來年從國出兵伐我誰負誰也上天有令我有今日矣如今自知可是速差好
人來講我亦快速回去我不要從國城池不要殺掠人民只因氣忍不過故此
發兵既差人直是兩國和好共享太平本國答書曰差人來承續續報示兩國
和好已定不用多少說話賊到中和又差人送書曰兩國和好共言幾事貴國
實心要講不必仍事南朝絕其交往若南朝嗔怪有我隣國相近何懼之有要
有此議告天誓盟永爲兄弟共享太平速差大臣快定和好不然道路往返遲
滯不使本國答書曰日者兩价之還忽忽作書未及詳悉兩國相好之義其來
有日貴國無故動兵深入我境私惟其故豪貴國前後移書開示悃愊期享太
平而兵隨書後事與言異乍信乍疑未以爲然近接賀報聞貴陣已爲退舍是
見貴國求和出於真情此固兩國之福也茲以專差使臣進詣麾下我國臣事
皇朝二百餘年名分已定大義至嚴我國素以禮義著稱如使一朝而負皇朝

《仁祖實錄》，卷16，大金國書。

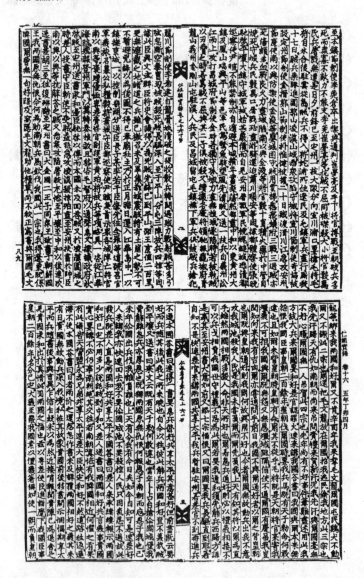

# 國立故宮博物院典藏《大藏經》滿文譯本研究

佛教歷經二千餘年的傳佈，久已成爲世界性的宗教，佛教經典就是亞洲各民族共同的精神寶藏，對東方語文、思想的保存，影響深遠。《大藏經》是佛教一切經典的總集，漢文《大藏經》分爲經律論三部，佛的教法稱爲經，佛的教誡稱爲律，佛弟子研習經律而有所著述稱爲論，統稱三藏。藏文《大藏經》則僅分爲甘珠爾（bKaḥ-ḥGyur）及丹珠爾（bsTan-ḥGyur）二部。前者相當於漢文《大藏經》的經藏及律藏二部，後者相當於漢文《大藏經》的論藏。

清代官方繙譯《大藏經》，主要是中國境內各族文字的互譯。康熙二十二年（1683），清聖祖命刊藏文《甘珠爾經》，雍正二年（1724），北京黃寺觀呼圖克圖第一世奉命將藏文《甘珠爾經》譯成蒙文。雍正十一年至乾隆四年（1733～1739）間，又命博通教義的僧人及學者在北京賢良寺校閱編刊漢文《大藏經》，亦稱《龍藏經》。乾隆六年至十四年（1741～1749）間，又將藏文《丹珠爾經》譯成蒙文，與雍正初年譯刊的蒙文《甘珠爾經》合稱蒙文《大藏經》，從此以後，清代官方主持譯刊的藏、蒙、漢三種文字的《大藏經》開始逐漸流佈全國各地①。

清高宗生於康熙五十年（1711）八月十三日，雍正十三年（1735）八月二十二日即位，年二十五歲。乾隆三十七年（1711），當他六十二歲時，深慨於印度佛經先後譯成漢藏蒙各種文字，獨闕滿文，於是命設清字經館於西華門內，由章嘉國師綜其事，達天蓮筏僧協助，考取滿謄錄、纂修若干員，將漢文《大藏經》繙譯成滿文，至乾隆五十五年（1790），歷時十九年，繙譯告成，以朱色刷印成帙，題爲《清文全藏經》，以寓大藏之全的意思。同年二月初一日，清高宗親撰〈清文繙譯全藏經序〉，並分別譯成藏文、蒙文、漢文，成爲滿、藏、蒙、漢四體文字。其漢字序文云：

> 爲事在人，成事在天，天而不佑，事何能成？人而不爲，天何從佑？然而爲事又在循理，爲不循理之事，天弗佑也！予所舉之大事多矣，皆賴昊乾默佑，以至有成，則予之所以感貺奉行之忱，固不能以言語形容，而方寸自審，實不知其當何如也？武功之事，向屢言之，若夫訂四庫全書，及以國語譯漢全藏經二事，胥舉於癸巳年六旬之後，既而悔之，恐難觀其成，越十餘載而全書成，茲未逮二十載而所譯漢全藏經又畢蕆。夫耳順古稀已爲人生所艱致，而況八旬哉！茲以六旬後所剏爲之典，逮八旬而得觀國語大藏之全成，非昊乾嘉庇，其孰能與於斯，而予之所以增惕欽承者更不知其當何如矣！至於國語譯大藏，恐人以爲惑於禍福之說，則不可不明示其義。夫以禍福趨避教人，非佛之第一義諦也，第一義諦，佛且本無，而況於禍福乎！但衆生不可以第一義訓之，故以因緣禍福引之，由漸入深而已，然予之意仍並不在此，蓋梵經一譯而爲番，再譯而爲漢，三譯而爲蒙古。我皇清主中國百餘年，彼三方久屬臣僕而獨闕國語之大藏可乎！以漢譯國語，俾中外胥習國語，即不解佛之第一義諦，而皆知尊君親上，去惡從善，不亦可乎！是則朕以國語譯大藏之本意在此不在彼也。茲以耄

耄觀蕆事，實爲大幸，非溺於求福之說，然亦即蒙天福佑，如願臻成，所爲益深畏滿怵惕儆戒而已耳，是爲序②。

滿文《大藏經》，共一百零八函，計六百九十九部，二千四百六十六卷，其紙質、夾裝、寫刻、刷印和裝幀，都很精美，譯文句意，清晰明確，文筆流暢。目前滿文《大藏經》的收藏概況，尚稱完整，北京故宮博物院圖書館存有七十六函，臺北故宮博物院存有三十二函，合計一百零八函，都是清內府滿文原刻朱色初印本，其形式規格朱色濃淡俱彼此相同，應屬同一來源的滿文《大藏經》。

滿文《大藏經》原刻朱色初印本首函除載清高宗〈御製清文繙譯全藏經序〉外，亦詳載清字經館譯刻等員名銜，包括總裁、副總裁、提調官、纂修官、收掌官、繙譯官、謄錄官、校對官、閱經總裁、閱經副總裁、辦理經咒喇嘛、校對經咒喇嘛、總校僧人、講經僧人等人，多達九十六員，可以說是清代規模頗大的譯經事業。除北京故宮博物院及臺北故宮博物院妥善保存原刻朱色初印本的滿文《大藏經》外，各機構也珍藏頗多的其他繙譯佛經，包括滿文本、滿漢合璧本、滿蒙合璧本、滿藏合璧本、滿漢蒙藏合璧本等各種不同版本，可列簡表於後。

由下列簡表可知存世的滿蒙藏文繙譯佛經尚多，除乾隆年間刻本外，尚有抄本及精寫本，都是珍貴的文獻。各種語文的繙譯及不同的版本，其文字內容，不盡相同，可以互相比較。

## 清代滿蒙藏文繙譯佛經簡表

| 語文 | 經文 | 版本 | 數量 | 收藏地點 |
|---|---|---|---|---|
| 滿 | 御製首楞嚴經 | 寫本 | 一部 | 北京故宮博物院 |
| | 首楞嚴經 | 刻本 | 十卷 | 北京圖書館，蘇聯 |
| | 般若波羅蜜多心經 | 刻本 | 五片 | 北京圖書館 |
| | 秘密金剛源流 | 抄本 | 一冊 | 北京故宮博物院 |
| | 催碎金剛經 | 刻本 | 七片 | 北京圖書館 |
| | 金剛經 | 刻本 | 五四頁 | 北京圖書館 |
| | 白傘蓋經 | 刊本 | 三五片 | 北京圖書館，雍和宮 |
| | 白文殊經 | 刻本 | 四三片 | 北京圖書館，雍和宮 |
| | 大悲神咒 | 抄本 | 一冊 | 北京圖書館 |
| | 大乘持齋經 | 刻本 | 四頁 | 北京圖書館 |
| | 大乘妙法蓮華經 | 寫本 | 七卷 | 北京故宮博物院 |
| | 大乘因緣經 | 刻本 | 六頁 | 北京圖書館 |
| | 大畏德金剛源流 | 抄本 | 一冊 | 北京故宮博物院 |
| | 丹書克經 | 寫本 | 六片 | 北京故宮博物院 |
| | 火供經 | 刻本 | 四頁 | 北京圖書館 |
| | 功德三世祈禱文 | 抄本 | 十一片 | 北京圖書館，雍和宮 |
| | 供奉祖師文 | 刻本 | 三五頁 | 北京圖書館，雍和宮 |
| | 觀世音菩薩門品 | 抄本 | 一冊 | 北京中央民族學院圖書館 |
| | 皈依經 | 刻本 | 四片 | 北京圖書館 |
| | 皈依經 | 抄本 | 四本 | 雍和宮 |
| | 吉祥偈 | 刻本 | 三片 | 北京圖書館，雍和宮 |
| | 積光佛母經咒 | 刻本 | 六頁 | 北京圖書館 |
| | 極樂世界愿文經 | 刻本 | 十五頁 | 北京圖書館，雍和宮 |
| | 九黑香法 | 刻本 | 三頁 | 北京圖書館 |
| | 救度佛母贊 | 刻本 | 十片 | 北京圖書館 |
| | 救度佛母贊 | 抄本 | 十片 | 雍和宮 |
| | 魯祖達什法寶壇經 | 刻本 | 二卷 | 雍和宮 |
| | 綠像救度佛母贊 | 刻本 | 七頁 | 北京圖書館 |
| 文 | 羅漢經 | 刻本 | 十七頁 | 雍和宮 |

| | | | | |
|---|---|---|---|---|
| 滿 | 彌勒愿文 | 刻本 | 七頁 | 北京圖書館，雍和宮 |
| | 沐浴經 | 抄本 | 二六片 | 北京圖書館，雍和宮 |
| | 普提要義 | 抄本 | 十四片 | 北京圖書館，雍和宮 |
| | 普賢行愿品經 | 刻本 | 十六頁 | 北京圖書館 |
| | 清淨經 | 刻本 | 五頁 | 北京圖書館 |
| | 清淨經 | 抄本 | 五頁 | 雍和宮 |
| | 三分巴玲經 | 刻本 | 十九片 | 北京圖書館 |
| | 三分巴玲經 | 刻本 | 二〇片 | 雍和宮 |
| | 三十五佛經 | 抄本 | 七頁 | 北京圖書館 |
| | 三世吉祥愿文經 | 刻本 | 九頁 | 北京圖書館 |
| | 上藥王源流 | 抄本 | 一冊 | 北京故宮博物院 |
| | 十六羅漢經 | 抄本 | 十八片 | 雍和宮 |
| | 釋迦佛贊 | 刻本 | 四片 | 北京圖書館 |
| | 釋迦佛贊 | 抄本 | 二片 | 雍和宮 |
| | 釋迦牟尼佛贊攝授要津經 | 刻本 | 四片 | 北京圖書館 |
| | 水供經 | 刻本 | 十二頁 | 北京圖書館 |
| | 無量壽佛回向文 | 刻本 | 三頁 | 北京圖書館 |
| | 無量壽佛吉祥偈 | 刻本 | 四片 | 北京圖書館 |
| | 無量壽佛吉祥偈 | 抄本 | 四片 | 雍和宮 |
| | 無量壽佛面前觀想經 | 刻本 | 二一片 | 北京圖書館 |
| | 無量壽佛面前觀想經 | 抄本 | 十四片 | 雍和宮 |
| | 無量壽佛贊 | 刻本 | 三片 | 北京圖書館 |
| | 無量壽佛贊 | 抄本 | 三片 | 雍和宮 |
| | 無量壽佛自身觀想經 | 刻本 | 十七頁 | 北京圖書館 |
| | 無量壽佛自身觀想經 | 抄本 | 十七頁 | 雍和宮 |
| | 無量壽佛經傳宗祈禱 | 刻本 | 四頁 | 北京圖書館 |
| | 衍教經 | 刻本 | 五頁 | 北京圖書館 |
| | 眞實名經 | 刻本 | 三一頁 | 北京圖書館 |
| | 宗喀巴祝文 | 刻本 | 二頁 | 北京圖書館 |
| 文 | 尊聖佛母 | 刻本 | 二〇頁 | 北京圖書館 |

| | | | | |
|---|---|---|---|---|
| 滿漢合璧 | 金剛般若波羅蜜經 | 刻本 | 一冊 | 中央民族學院圖書館 |
| | 金剛般若波羅蜜多經 | 抄本 | 二冊 | 北京圖書館 |
| | 般若波羅蜜多心經 | 刻本 | 二三張 | 北京圖書館 |
| | 佛說阿彌陀佛經心經 | 刻本 | 一冊 | 北京圖書館，一史館，民族學院，日本東洋文庫。 |
| | 佛說四十二章經 | 寫本 | 五七頁 | 中國第一歷史檔案館 |
| | 大方廣圓覺修多羅了義經 | 抄本 | 五冊 | 中央民族學院圖書館 |
| | 地藏菩薩本愿經 | 刻本 | 二卷 | 北京圖書館，民族學院 |
| | 藥師琉璃光王佛經 | | 一〇七片 | 北京圖書館 |
| 滿蒙 | 御製金剛經 | 寫本 | 一冊 | 北京故宮博物院 |
| 滿藏 | 香贊經 | 寫本 | 一冊 | 北京故宮博物院 |
| 滿漢藏 | 心經 | 刻本 | 一冊 | 雍和宮，民族學院 |
| 滿漢蒙 | 佛說四十二章經 | 抄本 | 七一張 | 蘇聯巴德 |
| 滿蒙藏漢 | 大藏全咒 | 刻本 | 八十冊 | 北京故宮博物院，雍和宮 |
| | 大藏全咒 | 刻本 | 八十冊 | 日本東洋文庫 |
| | 大乘首楞嚴經 | 寫本 | 一五八頁 | 北京故宮博物院 |
| | 摩訶般若波羅蜜多心經 | 寫本 | 三三頁 | 北京故宮博物院 |
| | 金剛壽命經 | 寫本 | 二冊 | 北京圖書館，民族學院 |
| | 賢劫千佛號 | | 二冊 | 雍和宮，日本東洋文庫 |
| | 佛說四十二章經 | 刻本 | 八二張 | 日本東洋文庫 |
| | 白傘蓋儀軌經 | 刻本 | 八一片 | 雍和宮 |
| | 白傘蓋儀軌經 | 寫本 | 二六二片 | 北京故宮博物院 |
| | 大聖文殊師利菩薩佛法身體經 | 寫本 | 二冊 | 北京故宮博物院 |
| | 御譯大雲輪晴雨經 | 刻本 | 二卷 | 北京故宮博物院 |

| | | | | |
|---|---|---|---|---|
| 滿 | 御製大悲心懺法儀軌經 | 寫本 | 一六〇頁 | 北京故宮博物院 |
| | 御製大悲心懺法儀軌經 | 刻本 | 八四頁 | 北京圖書館 |
| | 長壽佛經 | 寫本 | 一冊 | 北京故宮博物院 |
| 蒙 | 大乘聖無量壽決定光如來陀羅尼經 | 寫本 | 一函 | 北京故宮博物院 |
| | 大威德哈達喇呢經 | 刻本 | 一冊 | 北京大學 |
| | 綠像救度佛母贊 | 寫本 | 一冊 | 北京故宮博物院 |
| | 上藥王經 | 寫本 | 一冊 | 北京故宮博物院 |
| | 普賢行愿品經 | 寫本 | 一冊 | 北京故宮博物院 |
| 藏 | 無量壽佛咒觀世音菩薩咒 | 寫本 | 一冊 | 北京故宮博物院 |
| | 無量壽佛陀羅尼經 | 寫本 | 一冊 | 北京故宮博物院 |
| | 一切如來心秘密全身舍利陀羅尼經 | 寫本 | 一函 | 北京故宮博物院 |
| | 諸佛事略圖說 | 寫本 | 一冊 | 北京故宮博物院 |
| 漢 | 經語集要 | 抄本 | 一冊 | 北京大學 |

資料來源：《世界滿文文獻目錄》（中國民族古文字研究會，一九八三年，北京），頁29至37。

國立故宮博物院現藏乾隆年間內府朱印滿文本《大藏經》，共三十二函，計八百餘卷，各函經葉上下經板彩繪諸佛圖像，例如《大般若經》第一卷，其一葉上是首葉，經名由左至右，分別以滿、藏、蒙、漢四體文字標列，居中讚語書明「頂禮佛」（namo buddha ya）、「頂禮法」（namo dharma ya）、「頂禮僧」（namo saṁgha ya）等字樣，左側彩繪釋迦牟尼佛像，右側彩繪文珠菩薩像，圖像鮮明，獨具風格。現藏內府朱印滿文本《佛說四十二章經》一卷，與《維摩詰所說經》三卷、《思益梵天所問經》四卷、《月燈三昧經》十卷同函。本文僅就其中《佛說四十二章經》滿文譯本的繙譯問題，作粗淺的探討。茲將內府朱印滿文本《大藏經》彩繪諸佛圖像影印數幀於下：

釋迦牟尼佛（śākyamuni）

燃燈佛（dipaṁkara）

彌勒佛（maidari）

寶髻佛（giyolonggo fucihi）

文殊菩薩（manjuśiri）

將國立故宮博物院現藏《佛說四十二章經》的內府朱印滿文本，與東洋文庫現藏《佛說四十二章經》的藏滿蒙漢四體合璧本互相比較後，可以發現兩者的異同。大致可以分爲經文卷首、經文內容及經文卷末三部分加以討論。

國立故宮博物院現藏《佛說四十二章經》內府朱印滿文本的卷首，冠有諸神世人聞佛所說歡喜奉行等語，其原文譯出羅馬拼音如下：

> bolgo ba i abkai jui, dosombure mangga jalan jecen i ejen, esrun abkai han jai hormosda, duin abkai amba han i jergi geren enduri, jalan i niyalma, asura i jergingge, fucihi i nomulaha be donjifi, urgunjeme sebjeleme dahame yabuha。

前引文字，不見於四體合璧本。內府朱印滿文本卷首有《佛說四十二章經》梵語（enetkek gisum）、藏語（tanggūt gisun）、滿語（manju gisun）、漢語（nikan gisun）的滿文意譯或音譯，其中滿語按意譯作"manju gisun de, fucihi i nomulaha dehi juwe fiyeien nomun"，意即「滿語云，佛說四十二章經。」漢語的滿文音譯作 "nikan gisun de , fo šo sy̱ ši el jang ging"。四體合璧本封面爲藏、漢、滿、藏四體文字的意譯，其藏文作 "Ḥphags pa dum bu she gnyis pa shes bya baḥi mdo"，漢文作「佛說四十二章經」，滿文作"fucihi i nomulaha dehi juwe fiyelen nomun"，蒙文作 "quturrtu dǒčin qoyar keseg-tü kemegdkü sudar-a"，內府朱印滿文本並無封面經卷名目，爲便於了解版本的異同，特將國立故宮博物院現藏《佛說四十二章經》內府朱印滿文本與東洋文庫現藏《佛說四十二章經》藏、漢、滿、蒙四體合璧本的卷首影印於下：

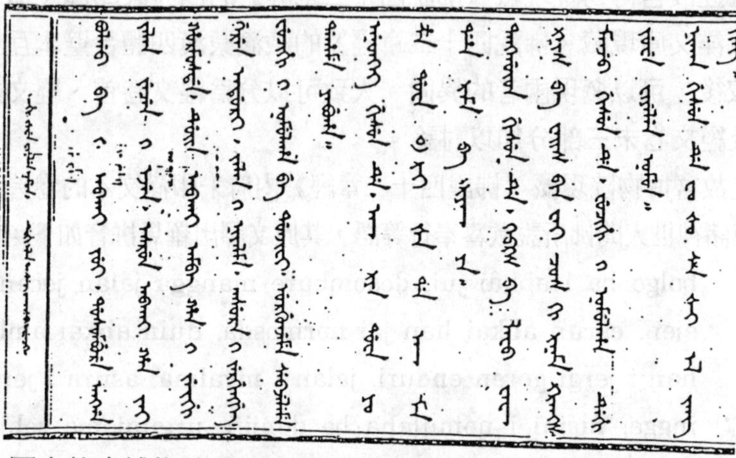

國立故宮博物院藏清內府朱印滿文本

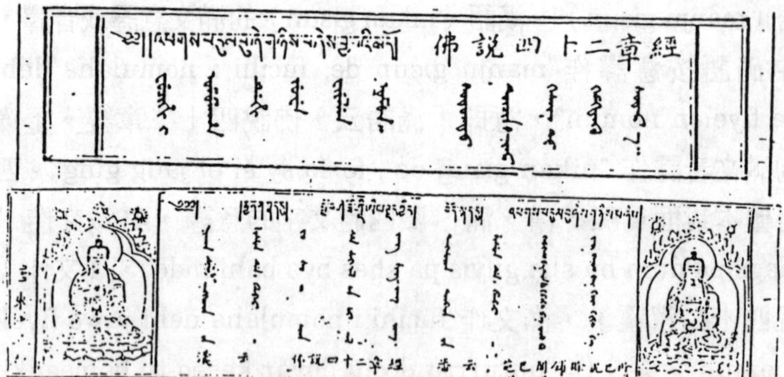


東洋文庫藏藏漢滿蒙四體合璧本

東洋文庫藏《佛說四十二章經》藏、漢、滿、蒙四體合壁本卷首經葉左右兩側，各有一尊佛像，國立故宮博物院現藏內府朱印滿文本《佛說四十二章經》與《維摩詰所說經》、《思益梵天所問經》、《月燈三昧經》同函，該函頂塊經板兩側彩繪佛像各一尊，左側爲 "sig-i yamuni fucihi"，右側爲 "arya"。同函第三八七葉起爲《四十二章經》卷首第一葉上，所以在經葉兩側未繪佛像。

就經文內容而言，清內府朱印滿文本與東洋文庫四體合璧本兩者之間，大同小異。在滿文的書寫習慣上，連詞、副詞、感歎詞等，常有連寫的情形。國立故宮博物院現藏《佛說四十二章經》內府朱印滿文本與東洋文庫藏《佛說四十二章經》四體合璧本經文內容的異同，僅在各詞彙的偶然連寫或不連寫的差異，可列表舉例於下：

**滿文本《佛說四十二章經》譯文對照表**

| 內府朱印滿文本 | | 藏漢滿蒙四體合璧本 | |
|---|---|---|---|
| 387a | bikcusa geli nomulaha ele kenehunjecuke babe | 3a | bikcu sa geli nomulaha ele kenehunjecuke babe |
| 387b | weilen akū nomun be ulhihengge sǎrmana sembi | 5a | weilen akū nomun be ulhihengge be sǎrmana sembi |
| 389a | duibuleci uthai tolon tuwai adali | 21a | duibuleci uthai tolon tuwa i adali |
| 391b | fucihi i doro be tuwaki serede | 46b | ucihi i doro be tuwaki sere de |
| 393a | niyalmai unenggi mujilen be teng seme jafafi | 59a | niyalma unenggi mujilen be teng seme jafafi |
| 393a | yabun bederceci uthai sui tuwambi kai | 63a | yabun bederceci uthai sui tuwambikai |

資料來源：國立故宮博物院、東洋文庫藏《佛說四十二章經》。

如上表所列，漢字「比丘」，滿文譯作"bikcu"，"bikcusa"的"sa"（們）是表示名詞複數形的接尾語，東洋文庫藏四體合璧本寫作"bikc-u sa"；漢文「解無爲法名曰沙門」，清內府朱印滿文本作"weilen akū nomun be ulhihengge sǎrmana sembi"四體合璧本的語法略異，在"ulhihengge"後加介詞"be"；漢文「猶如炬火」，清內府朱印滿文本作"duibuleci uthai tolon tuwai adali"，句中"tuwai"，四體合璧本作"tuwa i"；漢文「欲觀佛道」，清內府朱印滿文本作"fucihi i doro be tuwaki serede"，句中"serede"，四體合璧本作"sere de"俱分兩字書寫；漢文「人能牢持其心」，清內府朱印滿文本作 "niyalmai unenggi mujilen be teng seme jafafi"，句中 "niyalmai"，四體合璧本作"niyalma"，省略"i"；

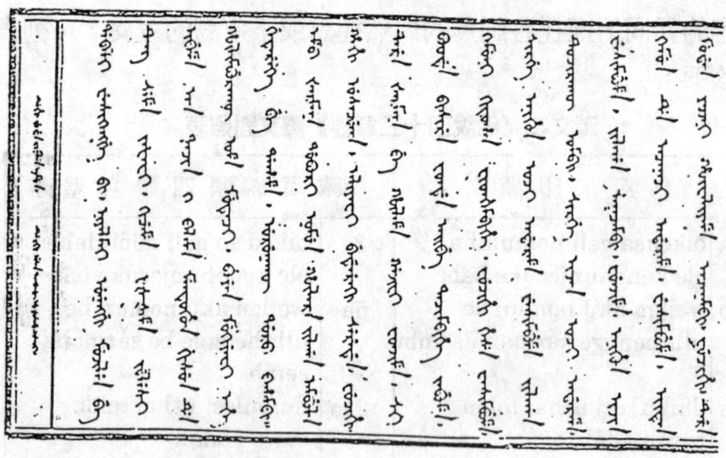

漢文「行退即修罪」，清內府朱印滿文本作"yabun bederceci uthai sui tuwambi kai"，句中" tuwambi kai"，四體合璧本作"tuwambikai"。僅就國立故宮物院藏《佛說四十二章經》清內府朱印滿文本「上三九三頁」及東洋文庫藏《佛說四十二章經》藏、漢、滿、蒙四體合璧本「上五九」、「上六三」影印於下：

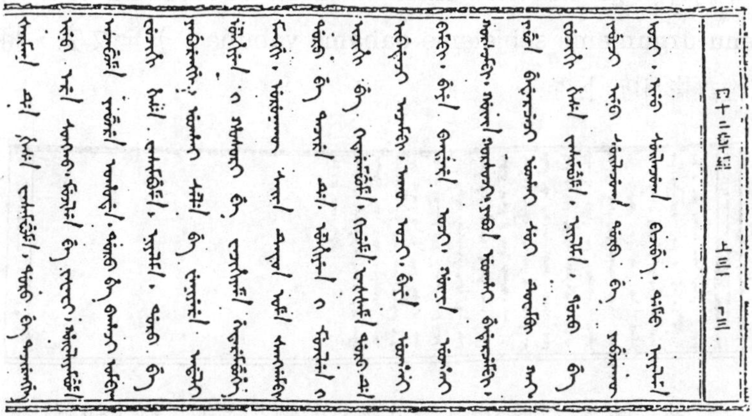

國立故宮博物院藏清內府朱印滿文本

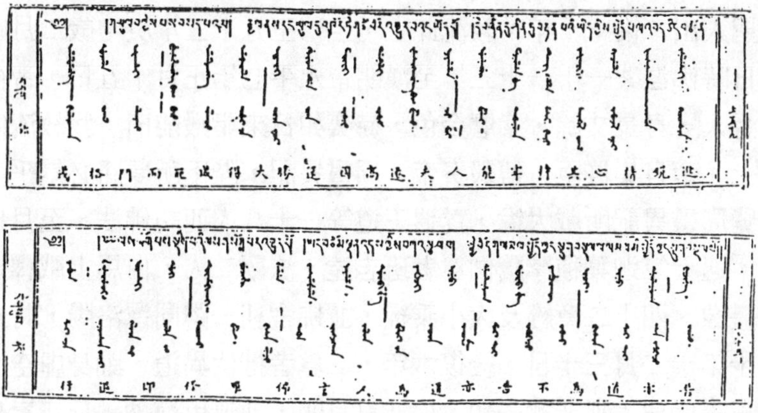

東洋文庫藏藏漢滿蒙四體合璧本

國立故宮博物院現藏《佛說四十二章經》清內府朱印滿文本與東洋文庫藏《佛說四十二章經》藏、漢、滿、蒙四體合璧本經文卷末的差異亦大，前者所譯經文至　「諸大比丘，聞佛所說歡喜奉行」（geren amba bikcu sa fucihi i nomulaha be donjifi, gemu urgunjeme sebjeleme dahame yabuha。）全文完，將卷末經葉影印於下：

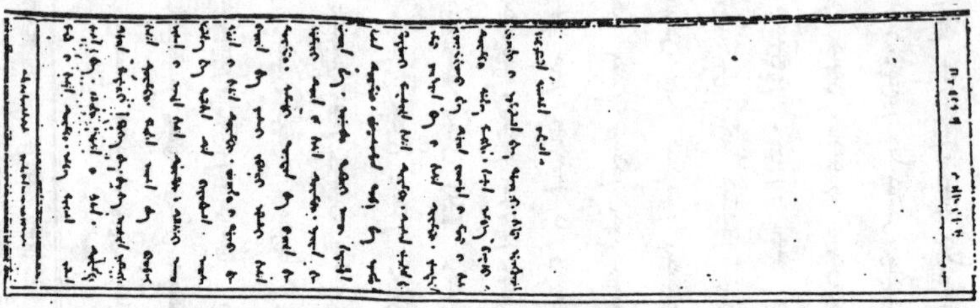

東洋文庫藏《佛說四十二章經》四體合璧本，於「諸大比丘，聞佛所說歡喜奉行」之後詳錄「載籍佛法周昭王二十四年甲寅歲四月八日，有光自西南來照殿前。王問群臣，對曰：西南方當有大聖人出，後一千年，教流此土，至穆王五十三年庚申歲二月十五日時佛涅槃一千一十三年至漢明帝永平七年正月十五日，帝夜夢金人，身長丈餘，紫磨金色，赫奕如日來詣殿前日：我教流傳此土。帝旦集群臣，傅毅奏帝，周書異記，陛下所夢將必是乎！帝覽周書異記所載大悅，遂遣王遵等一十八人西訪佛法，至月氏國，遇天竺迦葉種摩騰伽尊者班志達、法蘭二人，白馬上載釋迦佛畫像、四十二章經及大小乘經，並佛舍利一蹲同還洛陽，時永平十年十二月三十日，後復六年，二尊者摧伏異道，踊身虛空，爲王說偈曰：狐非獅子類，燈非日月明，池無巨海納，丘無嵩岳榮，法雲垂世界，法雨潤群萌，顯通希有事，處處化群生，偈已以神通復歸天竺而去，斯如是語，勘校詳明，實非謬傳，至乾隆辛丑歲，欽命繙譯清文，未譯西番、蒙古文字，嘎卜楚蘇巴嘎室利牙都雜，並嘎卜楚碟那禮斯贍別薩，體滿漢謹譯番文，藍占巴波羅覺達牙別薩繙譯蒙文，兼有信士恆臨樂施法，資白金百兩，

誠刻四體合璧四十二章尊經，竭資刷印，送施福德諸人，依此善力，願我佛教熾盛恆常暨諸人衆身無災惱饑饉鬬亂，悲皆消除，復願一切衆生速證無上菩從正果者也」等識語的藏、滿、蒙文繙譯，從四體合璧識語，可以了解《佛說四十二章經》的繙譯年代、譯者及出版情形，茲將東洋文庫藏《佛說四十二章經》藏、漢、滿、蒙四體合璧本卷末識語影印於下：

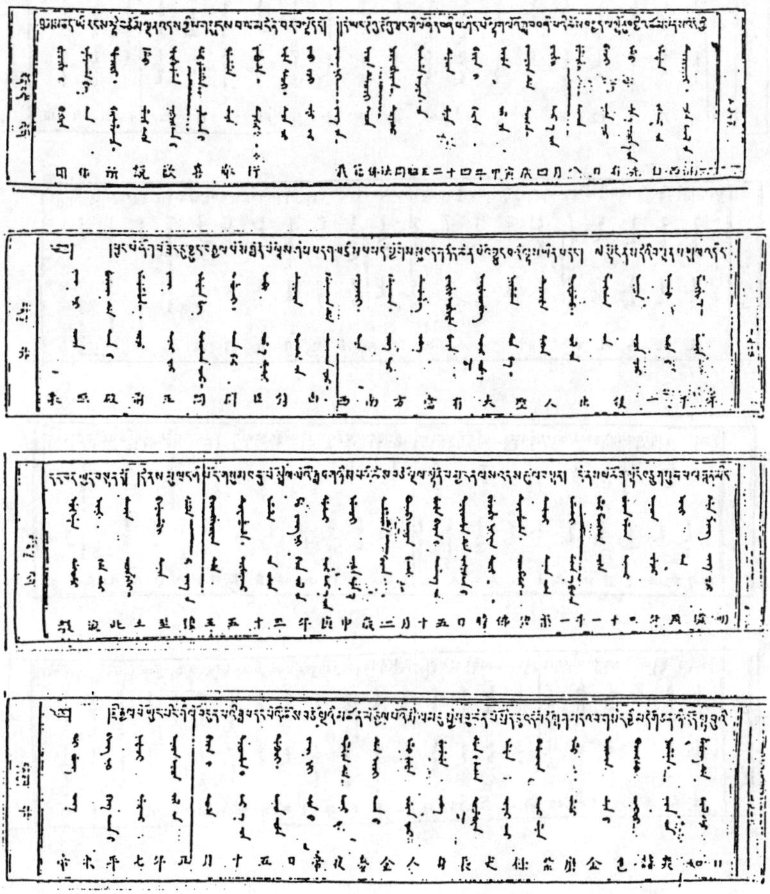

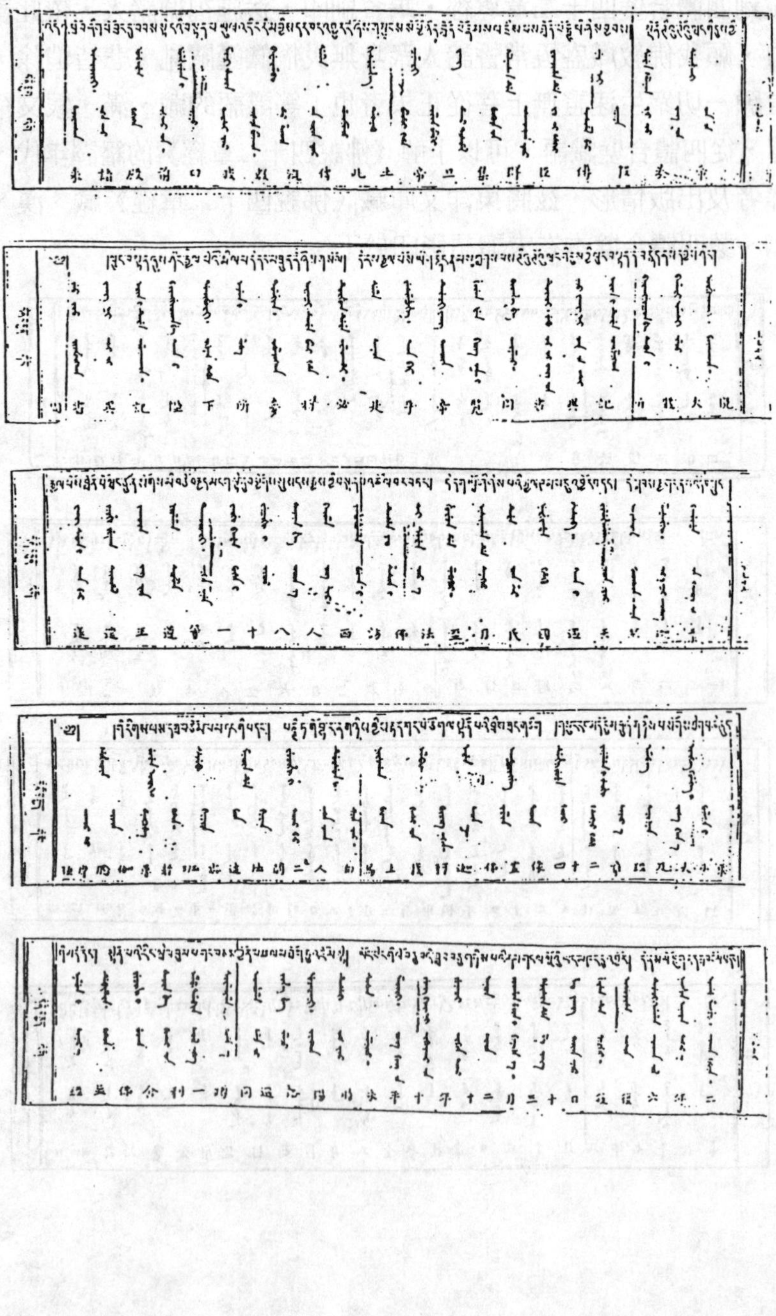

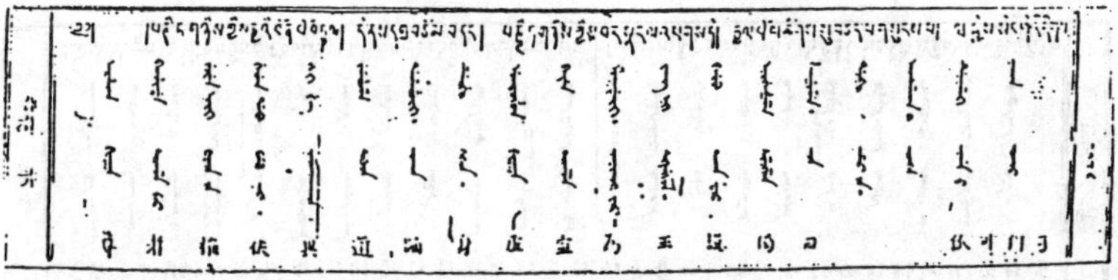

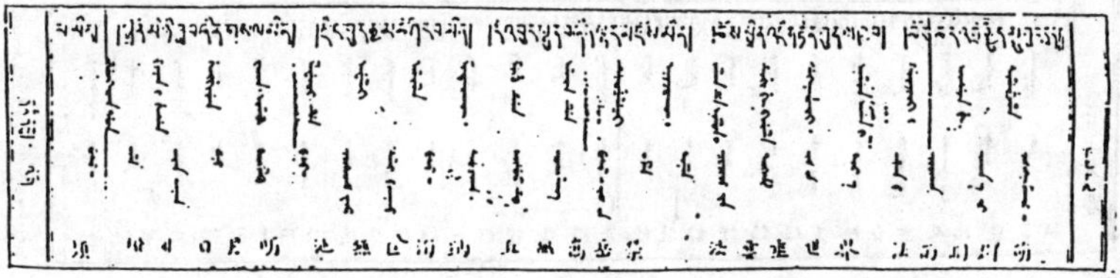

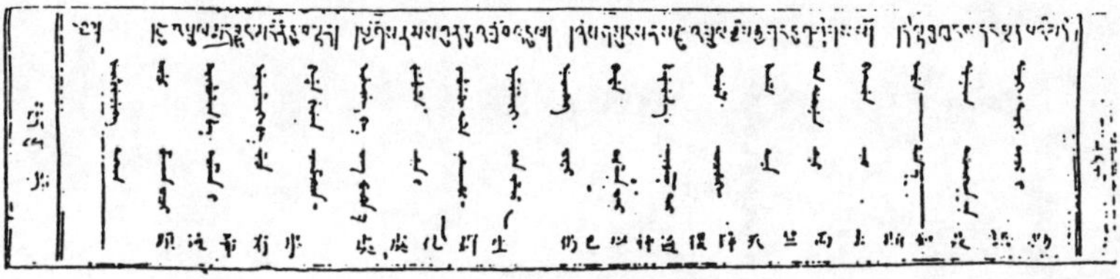

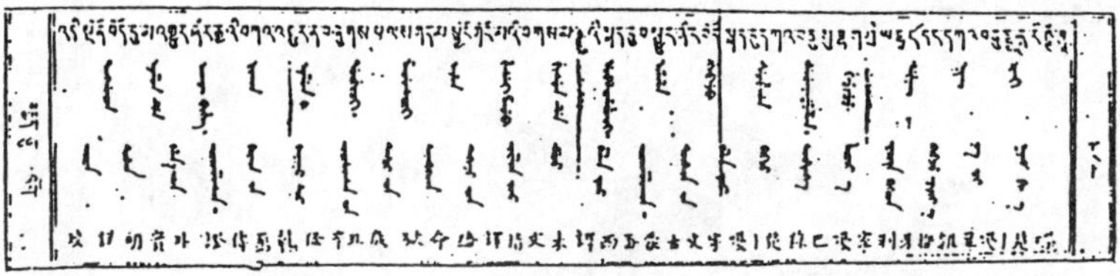

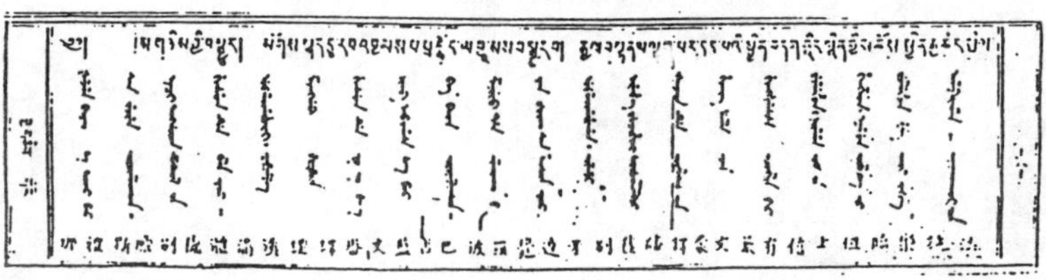

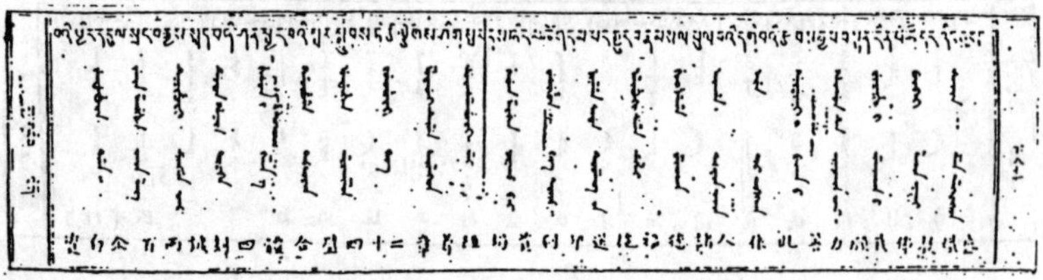

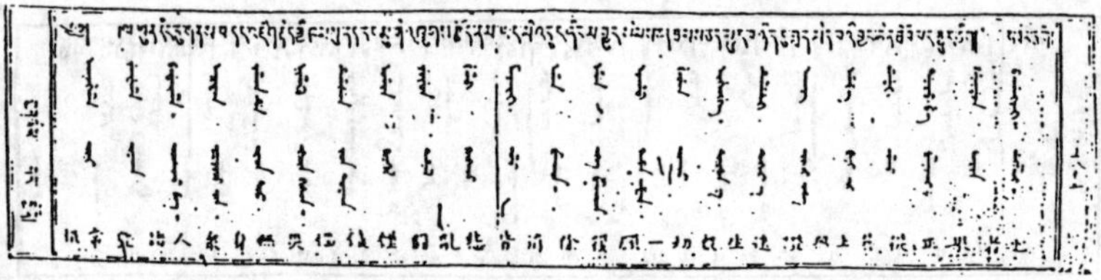

從上引卷末識語，得知《佛說四十二章經》最初奉命譯成滿文的年代是在乾隆四十六年（1781），歲次辛丑，這可能就是國立故宮博物院現藏清內府朱印滿文本《佛說四十二章經》的完成年代，至少是完成年代的上限。引文中的「番文」，滿文讀如 "tanggūt gisun"，意即「唐古忒語」，亦即藏語。《佛說四十二章經》於乾隆四十六年（1781）首先譯成「清文」，即滿文，其後由嘎卜楚蘇巴嘎室利牙都雜與嘎卜楚碟那禮斯贍別薩二人譯出藏文，並由藍占巴波羅覺達牙利薩譯出蒙文，然後付刻刷印。從前述異同，大致可以了解《佛說四十二章經》的繙譯，是含有清內府朱印滿文本及滿、漢、蒙、藏四體合璧本，比較兩者的異同後，後者的滿文是據前者譯文付刻，並增譯卷末識跋而成。

佛教對於中國學術的最大貢獻，便是佛經的繙譯。佛教徒的譯經事業，從東漢末年到唐朝，達到了最高潮。印度的佛教思想，藉著繙譯的佛經在中國散播，使中國人的思想和生活都發生了劇烈的變動。據統計從東漢末年到盛唐時代的六百年間，因繙譯佛經而創造的新字彙和成語，便有數萬之多③，對中國語文的發展，大有助益。佛教思想也逐漸注入中國的傳統統文化之中，唐人的詩，已含有濃厚的佛學色彩，使儒家文化吸收了新的營養。

有清一代，佛教經典譯成滿蒙藏文者，卷帙非常可觀，在譯經過程中，增加了許多辭彙，對中國少數民族語文的研究，提供了豐富的語文資料。以《佛說四十二章經》、《千手千眼觀世音菩薩廣大圓滿無礙大悲心陀羅尼經》等滿文譯本爲例，就可以發現許多新辭彙，以及含義更廣的滿文單字，說明滿洲語文同樣有「文以載道」的能力，尤其是佛教術語的繙譯，使滿文增加了更多的新辭彙。爲了便於了解繙譯佛經增加新辭彙的情形，將佛教術語滿文音譯舉例列表於下：

## 佛經術語滿文譯音對照表

| 漢 文 | 滿文 | 滿文羅馬拼音 | 梵文羅馬拼音 |
|---|---|---|---|
| 沙 門 | ᡧᠠᡵᠮᠠᠨᠠ | šarmana | śramana |
| 阿羅漢 | ᠠᡵᡥᠠᡨ | arhat | arhat |
| 阿那含 | ᠠᠨᠠᡬᠠᠮ | anag'am | anāgāmin |
| 斯陀含 | ᠰᠠᡬᠠᡵᡩᠠᡬᠠᠮ | sag'ardag'am | sakrdāgāmin |
| 須陀洹 | ᠰᡠᡵᡨᠠᠪᠠᠨ | surtaban | srota-āpanna |
| 優婆塞 | ᡠᠪᠠᠰᡳ | ubasi | upāsaka |
| 優婆夷 | ᡠᠪᠠᠰᠠᠨᠴᠠ | ubasanca | upāsikā |
| 辟支佛 | ᠪᡵᠠᡩᡳᡬᠠᠪᡠᡨ | bradig'abut | pratyekabudha |
| 迦 葉 | ᡬᠠᠰᡳᠪ | g'asib | kāśyapa |
| 摩訶迦葉 | ᠮᠠᡥᠠ ᡬᠠᠰᡳᠪ | maha g'asib | maha kāśyapa |
| 釋迦牟尼 | ᡧᡳᡤᡳᠶᠠᠮᡠᠨᡳ | šigiyamuni | śākyamuni |
| 彌 勒 | ᠮᠠᡳᡩᠠᡵᡳ | maidari | maitreya |
| 文殊師利 | ᠮᠠᠨᠵᡠᠰᡳᡵᡳ | manjusiri | mañjuśrī |
| 普 賢 | ᠰᠠᠮᠠᠨᡩᠠᠪᠠᡩᠠᡵᠠ | samandabadara | samantabhadra |
| 阿 難 | ᠠᠨᠠᠨᡩᠠ | ananda | ānanda |
| 撚 索 | ᠠᠮᡠᡥᠠ ᠪᠠᠰᠠ | amuha basa | amoghapāśa |
| 聲 聞 | ᡧᠠᡵᠸᠠᡬᠠ | šarwag'a | śrāvaka |

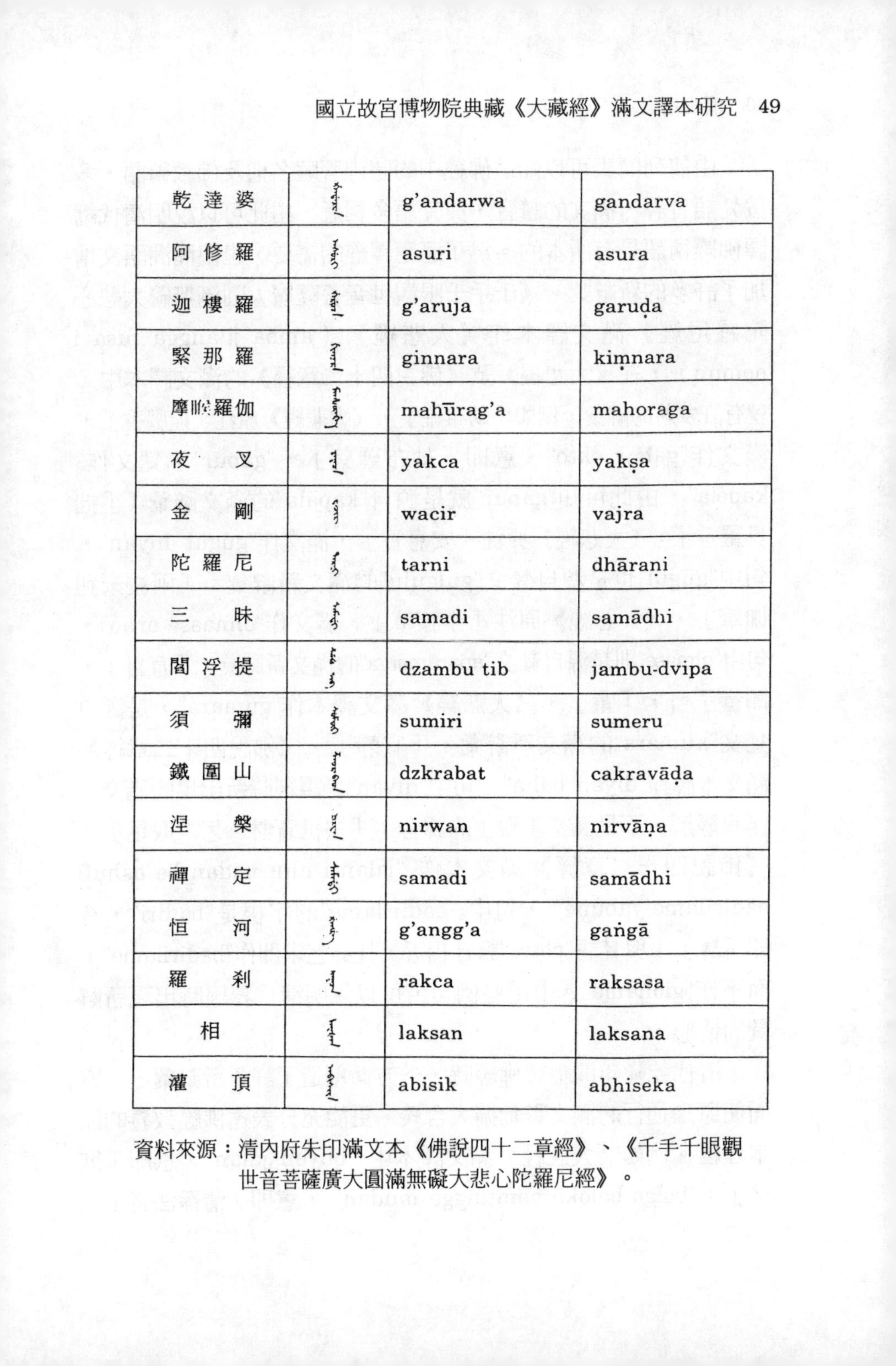

| | | | |
|---|---|---|---|
| 乾達婆 | | g'andarwa | gandarva |
| 阿修羅 | | asuri | asura |
| 迦樓羅 | | g'aruja | garuḍa |
| 緊那羅 | | ginnara | kiṃnara |
| 摩睺羅伽 | | mahūrag'a | mahoraga |
| 夜叉 | | yakca | yakṣa |
| 金剛 | | wacir | vajra |
| 陀羅尼 | | tarni | dhāraṇi |
| 三昧 | | samadi | samādhi |
| 閻浮提 | | dzambu tib | jambu-dvipa |
| 須彌 | | sumiri | sumeru |
| 鐵圍山 | | dzkrabat | cakravāḍa |
| 涅槃 | | nirwan | nirvāṇa |
| 禪定 | | samadi | samādhi |
| 恒河 | | g'angg'a | gaṅgā |
| 羅刹 | | rakca | raksasa |
| 相 | | laksan | laksana |
| 灌頂 | | abisik | abhiseka |

資料來源：清內府朱印滿文本《佛說四十二章經》、《千手千眼觀世音菩薩廣大圓滿無礙大悲心陀羅尼經》。

由前列簡表可以知道佛經中的諸佛菩薩名稱及佛教術語，多按梵語音譯，滿文的讀音，與梵語多相近，由此可以說明清代繙譯佛經術語是有所本的。為了適應譯經的需要，也使滿洲語文增加了許多的新辭彙。《千手千眼觀世音菩薩廣大圓滿無礙大悲心陀羅尼經》滿文譯本作《大悲經》（amba jilangga fusa i nomun），在《大悲經》及《佛說四十二章經》的滿文譯本中，就有許多新的辭彙，例如「劫布羅」，《大悲經》原注「龍腦香」，滿文作"gabur okto"，意即「劫布羅藥」，"gabur"，梵文作"kapāla"，由此可知"gabur"就是源自"kapāla"的滿文辭彙；「拙具羅香」，《大悲經》原注「安息香」，滿文作"gūgūl hiyan"，句中"gūgūl"也是源自梵文"gulgulu"的滿文新辭彙；「阿波末利伽草」，《大悲經》原注「牛膝草」，滿文作"olmasse orho"，句中"olmase"則是源自梵文"aparamārga"的滿文新辭彙；「童目」，即童子目，「童」，《大悲經》滿文譯本作"gumara"，是源自梵文"kumāra"的滿文新辭彙。「寂靜」，《佛說四十二章經》滿文本譯作"diyan baha"，句中"diyan"是譯經時新出現的滿文，作寂靜解，不是滿文「殿」的譯音；「去世資財，乞求取足」，《佛說四十二章經》滿文本作 "jalan i ulin nadan be ashufi badirilame yabune" ，句中 "badirilame"的字根是"badiri"，意即「缽」，與梵語"pātra"讀音相近，托缽乞求即作"badirilame"，而不作"giohame"。由這些例句，可以說明清代譯經時出現新辭彙的情形。

清代乾隆年間繙譯佛經時，一方面創造了許多新辭彙，一方面使原來通行的滿文辭彙擴大含義，更能充分表達佛經教義的原本理蘊。例如《大悲經》滿文譯本中 "buyen jalan"，意即「欲界」；"bolgo boloko nomungga mudan" ，意即「清淨法音」；

"acabun karulan"，意即「果報」；"šangga i doro"，意即「果證」；"teksin"，作「齊」解，"teksin mujiien"，意即「平等心」；"untuhun seme cincilara mujilen"，意即「空觀心」；滿文"una"爲「托盤果」，"una i abdaha"，意即「苟杞葉」，《大悲經》作「奢奢彌葉」；滿文"gindana"爲「牢獄」，"na i gindana"，意即「地獄」；滿文"irgebun"爲「詩」，用在佛教方面就是「偈」，不必一定譯作"gāthā"，「權變者」，滿文作"toosengge"，"amba toosengge"，意即「自在」；「通天鬼」，滿文作"ari"，《佛說四十二章經》作「魔道」；「法輪」，滿文譯作"nomun i kurdun"，意即「經綸」；「無爲法」，滿文譯作"weilen akū nomun"；滿文中"nenehe jalan"，意即「先世」，佛經中又作「宿命」解。由前舉例句，可知通行的滿文，因繙譯佛經的需要，使其字義更擴大，含義較廣，可以適應譯經的需要。

滿文與漢文是兩種不同的語文，難定其優劣④，但因佛經內的滿文，多以白話語體文對譯，文義清晰，淺顯易解，對照滿文和漢文後，有助於了解漢文的含義。例如《大悲經》中「咒拙具羅香三七遍」⑤，滿文譯作"gūgūl hiyan be orin emu mudan tarnilafi"，意即「咒安息香二十一遍」；「摩訶薩」，滿文譯作"amba fusa sa"，意即「大菩薩們」。湯用彤撰〈四十二章經考證〉一文指出宋眞宗注本首五難中，有「判命不死難」等句，句中「判命」，宋元本作「利命」，宮本作「判命」，文句極費解，注者遂謂「不」字當爲「必」字之訛。眞詰及珠林所引，「判」均作「制」，證之以三慧經「制人命不得傷害者難」，則益信麗本於此作「制命不死難」之得原來眞面目云云⑥。《佛說四十二章經》內府朱印滿文本作"ergen be šelembime yargiyan i bucerengge mangga"，意即「捨命眞死難」，則文義昭然可解。《佛說四十二章經》又載「佛問諸沙門，人命在幾間？」句中「人命在幾間」，朱印滿文本作"niyalmai ergen taksirengge udu erin"，意即「人命在幾時」，乃指無常而言；「不歷諸位，而自崇最，名之爲道。」句中「不歷諸位」，滿文作"yaya tangkan de ilinarakū"，意即「不止於凡百官位」，字義明晰；第十二章佛舉二十難以爲勸誡，其中「有勢不臨難」，釋智旭著《佛說四十二章經解》謂「視富貴若草頭露，何容以勢臨人。」原文譯出滿文爲"horon aisi de dayanarakūngge mangga"，意即「不依附威利者難」，不作「以勢臨人」解；第二十九章「佛告諸沙門，愼無視女人，若見無見。」句中「若見無見」，滿文譯作 "acacibe acahakū adali obu"，意即「雖見如同未見」；第四十二章「視方便如筏寶聚」，滿文譯作"mergen arga be boobai isan i ada gese tuwambi"，意即「視智謀如聚寶筏」；「視四耨水如塗足油」，滿文譯作"duin mederi muke be bethe ijure nimenggi i gese tuwambi"，意即「視四海水如塗足油」。「不信三尊」，滿文作 "ilan boobai be akdarakū"，句中 "ilan boobai"，意即「三寶」；「斷欲守空，即見眞道，知宿命矣」，句中「宿命」，滿文作"nenehe jalan"，意即「先世」；「睹天地念非常」，句中「非常」，滿文作"enteheme akū"，意即「無常」，或「不恆久」；「人隨情欲求花名」，句中「花名」，滿文作"sain gebu"，意即「善名」，或美名。由前面所舉各例，可知透過不同語文的繙譯，即增加一種文字的保存，由於譯成滿文時的語體表現法，淺顯易解，有助於對漢文佛經文義的了解。

清初以來，歷代典籍譯成滿文者，可謂不勝枚舉，將古籍與佛經的繙譯互相比較後即可發現滿文固然具備了「文以載道」的能力，其繙譯技巧也不容忽視。例如「子曰」、「佛言」的滿文繙譯，並不相同，康熙朝滿文本《起居注冊》、《清文日講四書解義》將「子曰」譯作"kungdz i henduhe"，乾隆年間刊印的《御製繙譯四書》則將「子曰」改譯爲"fudz hendume"，將「孔子曰」改爲「夫子曰」，以示恭敬。《佛說四十二章經》的滿文譯本將「佛言」譯作"fucihi hese wasimbume"，意即「佛諭曰」，或「佛頒降諭旨說」，其虔敬之意，又更有過之而無不及。「佛言，剃除鬚髮，而爲沙門，受佛法者，去世資財，乞求取足。」句中「而爲沙門，受佛法者」，滿文譯作"fucihi i nomun be aliha šarmana"，意即「受佛法之沙門」；句型稍加改變。句中「去世資財」，滿文作"jalan i ulin nadan be ashufi"，意即「放棄世上資財」，「去」作「放棄」，或「摒棄」解。「佛言，衆生以十事爲善，亦以十事爲惡，何者爲十，身三，口四，意三，身三者，殺盜婬，口四者，兩舌惡罵。」句中「身三口四意三」，滿文譯作"beyede ilan，angga de duin，gūnin de ilan bi"，意即「於身有三，於口有四，於意有三。」譯成滿文時，在名詞後加介詞"de"。句中「兩舌惡罵」，滿文譯作"ofordome gisurere akšulame"，意即「劃著鼻子說刻薄話」。「佛言，惡人害賢者，猶仰天而唾，唾不污天，還污己身。」滿文譯作 "fucihi hese wasimbume ， ehe niyalmai sain niyalma be jociburengge, uthai oncohon i abka be cifelere adali, cifenggu abka be nantuhūrame muterakū，nememe beyebe nantuhūrambi。"意即「佛言，惡人之害賢人者，猶如仰面而唾天，唾沫不能污天，愈加污穢己身。」句中「人」，滿文作"niyalmai"，是"niyalma+i"的合成字，在名詞後加連詞"i"。漢文「還污己身」的「還」，滿文作"nememe"，意即「愈加」。「佛言，夫爲道者，譬如持炬火入冥室中，其冥即滅而明猶存，學道見諦，愚癡都滅，無不明矣。」句中「學道見諦」，滿文譯作"doro be tacihai，yargiyan giyan be saha manggi"，意即「只管學道」，或「仍在學道」，"taciha"結合"i"，是連續副動詞，表示動作的持續性，較"taciha"更恰當。此外，在滿文譯本中也出現讀音略異的滿文，例如「狗」，通行滿文書面語作"indahūn"，《大悲經》的滿文譯本作"yendahūn"⑦；「輕慢」，《清文總彙》作"oihorilambi"⑧，《大悲經》滿文譯本作"oihurilambi"，讀音稍有出入，對於探討滿文書面語讀音的差異，提供了珍貴的研究材料。

北京故宮博物院與臺北故宮博物院現藏滿文《大藏經》原刻朱色初印本，共一〇八函，雖然總數完整，但其正確卷數，仍待進一步整理，作精確統計。由於原刻朱色初印本滿文《大藏經》裝潢華美，所繪圖像，色彩鮮明，獨具風格。寫刻雖然偶有訛誤，但譯文清晰，文筆流暢，堪稱希世珍寶，目前除《同文韻統》⑨，共六卷，《經語集要》⑩，滿漢蒙藏梵合璧抄本一冊以外，工具書甚少。清代譯經時，既然增加了許多新辭彙，便可增訂滿文辭典，搜集《大藏經》滿文譯本中的佛教術語後，加以整理，分類排比，也可以編纂滿文佛學辭典，便於誦讀滿文佛經時查閱參考，這是研究滿文佛經不可或缺的工具書。滿文與漢文是兩種不同語文，漢文本佛經多屬文言文體裁，文字較深奧，滿文譯本佛經多係語體文，淺顯明晰，有助於了解漢文佛經的文義，從滿文繙譯的技巧及讀音的差異，也有助於了解清代滿文的發展變化，滿文譯本佛經的大量刷印，對滿文的研究，的確提供了珍貴而且豐富的語文資料。爲了提供滿文《大藏經》的整理研究方便，特將北故宮博物院暨臺北故宮博物院現藏滿文《大藏經》原刻朱色初印本簡目分別標列於後，並將其中《佛說四十二章經》滿文原刻朱色初印本的滿文原文、羅馬拼音、漢文原文附錄於後，以供參考。

【註　釋】

① 楊玉良撰〈滿文大藏經〉，《紫禁城》，總第六十二期（北京，故宮博物院，1991年），頁25。

② 《清文繙譯全藏經》（臺北，國立故宮博物院，乾隆五十五年，清內府原刻朱印滿文本），〈御製清文繙譯全藏經序〉，上一至上三頁。

③ 傅樂成著《中國通史》，下冊（臺北，大中國圖書公司，民國六十七年十月），頁485。

④ 李學智撰〈滿文臺灣史料譯文的商榷〉，《食貨月刊》復刊，第八卷，第十一期（臺北，食貨月刊社，民國六十八年二月），頁36。

⑤ 《清文繙譯全藏經》，《大悲經》，下29頁。

⑥ 湯用彤撰〈四十二章經考證〉，《四十二章經與牟子理惑論考辨》（臺北，大乘文化出版社，民國六十七年六月），頁32。

⑦ 《大悲經》內府朱印滿文本，上30頁。

⑧ 《清文總彙》，卷二，頁21。

⑨ 章嘉活佛著《同文韻統》（臺北，新文豐出版公司，民國六十七年四月），六卷。

⑩ 《經語集要》，北京大學，滿漢蒙西番梵合璧抄本，《世界滿文文獻目錄》（北京，中國民族古文字研究會，1983年10月），頁34。

## 附錄一

北京故宮博物院現藏滿文《大藏經》原刻朱色初印本簡目：

函一　大般若經　第五卷　552頁。

函二　大般若經　第六卷　534頁。

函三　大般若經　第九卷　644頁。

函四　大般若經　第十卷　640頁。

函五　大般若經　第十一卷　553頁。

函六　大般若經　第十二卷　606頁。

函七　大般若經　第十三卷　580頁。

函八　大般若經　第十四卷　588頁。

函九　二般若經　第一卷　395頁。

函十　二般若經　第一卷　362頁。

函十一　二般若經　第三卷　367頁。

函十二　二般若經　第四卷　404頁。

函十三　三般若經　第一卷　593頁。

函十四　三般若經　第二卷　613頁。

函十五　四般若經　370頁。

函十六　五般若經　451頁。

本函包括五、六、七、八、九、十般若經。

函十七　華嚴經　第三卷　189頁。

函十八　華嚴經　第四卷　173頁。

函十九　華嚴經　第五卷　186頁。

函二十　華嚴經　第六卷　213頁。

函二十一　華嚴經　第七卷　208頁。

函二十二　華嚴經　第八卷　213頁。

函二十三　文殊根本經　本函包括聖寶藏神儀軌經、寶藏經、觀自在菩薩三世最勝心經、大威力烏樞瑟明王經等十一種經。

函二十四　文殊師利行經　655頁　本函包括造像功德經、龍施女經、八佛名經、盂蘭盆經、觀藥王藥上經等二十三種經。

函二十五　金剛香菩薩經　365頁　本函包括頻那夜迦成就經、喜金剛經、吉祥尸陀林莊嚴殊特本續經、妙輪上樂王經等二十種經。

函二十六　金剛頂瑜珈中略經　527頁　本函包括大寶樓閣、牟犁曼陀羅咒經、金剛頂曼殊寶利菩薩五字心咒經等五十種。

函二十七　金剛三業經　367頁　本函包括秘密三昧經、無二平等大教王經、菩薩降伏大教王經等七種經。

函二十八　觀自在菩薩修行儀軌經　658頁　本函包括大權神王經、一切秘密最上名義大教玉儀軌、大樂金剛修行儀軌等六十六種經。

函二十九　金剛經　557頁　本函包括般若波羅密多心經、央掘魔羅經等十三種經。

函三十　楞嚴經　644頁　本函包括三十五佛經、大乘持齋經、過去千佛名經等二十一種經。

函三十一　菩薩瓔珞經　541頁　本函包括僧伽吒經、出生菩提心經、佛印三昧經等八種經。

函三十二　眞實三昧經　311頁　本函包括菩提莊嚴經等三種經。

函三十三　不空絹索經　539頁。

函三十四　七俱胝佛母經　485頁　本函包括佛頂尊勝陀羅尼經、一向出生菩薩經、勝幢臂印經等十種經。

函三十五　過去現在因果經　661頁　本函包括阿難問事佛吉凶經、玉耶女經、摩登伽經等五十五種經。

函三十六　最上秘密那拏天經　398頁　本函包括金剛峰樓閣經、妙吉祥根本經、妙吉祥大教王等六種經。

函三十七　別譯殺阿含經　355頁。

函三十八　雜阿含經　第一卷　618頁。

函三十九　中阿含經　第二卷　425頁。

函四十　中阿含經　第三卷　453頁。

函四十一　長阿函經　第一卷　520頁。

函四十二　法華經　492頁　本函包括寶雨經、佛升忉利天爲母說法經等四種經。

函四十三　會集戒律經　第十一卷　297頁。

函四十四　會集戒律經　第十二卷　301頁。

函四十五　會集戒律經　第十三卷　235頁。

函四十六　分別戒律經　第六卷　265頁。

函四十七　分別戒律經　第九卷　314頁。

函四十八　分別戒律經　第十卷　375頁。

函四十九　解脫戒本經　第一卷　350頁　本函包括師律戒行經第一卷。

函五十　涅槃經　第一卷　465頁。

函五十一　涅槃經　第二卷　468頁。

函五十二　等集衆德三昧經　552頁　本函包括入定不定印經、無量義經、法華三昧經等七種經。

函五十三　正法念處經　第一卷　509頁。

函五十四　正法念處經　第二卷　509頁。

函五十五　佛本行集經　第三卷　277頁。

函五十六　德護長者經　438頁　本函包括乳光佛經、轉女身經、文殊師利問菩提經等十九種經。

函五十七　師律戒行經　第二卷　292頁。

函五十八　師律戒行經　第四卷　293頁。

函五十九　微妙戒律經　第十四卷　236頁。

函六十　守護國界主經　373頁　本函包括大力明王經、阿魯力經、瑜珈大教王經等五種經。

函六十一　仁王護國經　489頁　本函包括般若波羅密多心經、入法界體性經、信力入印法門經等十五種經。

函六十二　大摩里支菩薩經　573頁　本函包括毗沙門天王經、月光菩薩經、普賢曼羅經等七十一種經。

函六十三　大威德經　393頁　本函包括七佛所說神咒經、文殊師利寶藏經等三種經。

函六十四　大方等日藏經　677頁　本函包括地藏十輪經等三種經。

函六十五　大樹緊那羅王經　404頁　本函包括大灌頂神咒經、大雲輪經、阿彌陀經等十三種經。

函六十六　大寶積經　第一卷　393頁　本函包括寶積三律經第一卷、寶積莊嚴經第一卷等七種經。

函六十七　大寶積經　第二卷　393頁　本函包括寶積披甲經第二卷、寶積法界經第二卷、寶積十法經第二卷等七種經。

函六十八　大寶積經　第三卷　406頁　本函包括寶積菩薩藏經第三卷、寶積處胎經第三卷、寶積入胎經第三卷等五種經。

函六十九　大寶積經　第四卷　374頁　本函包括寶積見實經第四卷、寶積宮樓那經第四卷等四種經。

函七十　大寶積經　第五卷　341頁　本函包括寶積護國經　第五卷　寶積無盡藏經第五卷、寶積無盡藏經第五卷、寶積授約經第五卷等十四種經。

函七十一　大寶積經　第六卷　416頁　本函包括寶積無垢經第六卷。

函七十二　大薩遮尼乾子受記經　418頁　本函包括善思童子經、大莊嚴法門經、象腋經等十三種經。

函七十三　大集須彌藏經　491頁　本函包括虛寶藏菩薩經、觀虛空藏菩薩經等八種經。

函七十四　大集經　第一卷　728頁。

函七十五　五百弟子自說本起經　666頁　本函包括五菩章句經、長爪志經、十二品生死經等四十五種經。

函七十六　圓覺經　612頁　本函包括普賢行愿品、彌勒愿文、觀佛三昧海經等七種經。

資料來源：《世界滿文文獻目錄》，頁28～31。

## 附錄二

臺北故宮博物院現藏滿文《大藏經》原刻朱色初印本簡目：

大般若經存六函一百七十卷　缺卷一一三至卷一六八、卷二二七至卷四〇〇。

十一般若經五卷

十二般若經五卷

十三般若經一卷

十四般若經一卷

十五般若經二卷

十六般若經八卷　以上六經同函

大方廣佛華嚴經存二函二十卷　缺卷二一至八十

維摩詰所說經三卷

思益梵天所問經四卷
月燈三昧經十卷
佛說四十二章經一卷　以上四經同函
方廣大莊嚴經十二卷
諸法無行經二卷
持世經四卷
大方廣寶篋經二卷
藥師琉璃光七佛本願功德經一卷
聖楞伽阿跋多羅大乘寶經四卷　以上六經同函
妙吉祥瑜伽大教金剛陪囉嚩一卷
佛說觀普賢菩薩行法經一卷
觀世音菩薩得大勢菩薩受記經一卷
不思議光菩薩所說經一卷
超日明三昧經二卷
除恐災患經一卷
佛說首楞嚴三昧經三卷
未曾有因緣經二卷
諸佛要集經二卷
稱揚諸佛功德經三卷
賢劫經十卷　以上十一經同函
佛說佛名經十二卷
過去莊嚴劫千佛名經一卷
現在賢劫千佛名經一卷
未來星宿劫千佛名經一卷
五千五百佛名神咒除障滅罪經五卷
力莊嚴三昧經二卷

佛說不思議功德諸佛所護念經二卷

金剛三昧本性清淨不壞不滅經一卷

佛說師子月佛本生經一卷

演道俗業經一卷

佛說長者法志妻經一卷　以上十一經同函

觀察諸法行經四卷

佛說華手經十卷

法集經六卷

佛說施燈功德經一卷

金剛三昧經二卷　以上五經同函

眞實名經一卷

摧碎金剛經一卷

積光佛母經咒一卷

千手千眼觀世音菩薩廣大圓滿無礙大悲心陀羅尼經一卷

綠像救度佛母讚一卷

白傘蓋儀軌經一卷

尊聖佛母經一卷

佛母大孔雀明王經二卷

如意輪陀羅尼經一卷

虛空藏經一卷

十一面觀世音咒一卷

千轉陀羅尼經一卷

金光明最勝王經十卷

最上乘金剛大教寶王經二卷

金剛頂一切如來眞實攝大乘現證大教王經三卷　以上十五經同函

大方等陀羅經四卷

大法炬陀羅尼經二十卷　以上二經同函
大吉義神咒經二卷
阿吒婆拘鬼神大將上佛吒羅尼經一卷
佛說大普賢陀羅尼經一卷
佛說六字大陀羅尼咒經一卷
佛說安宅神咒經一卷
幻師颰陀神咒經一卷
佛說咒時氣病經一卷
佛說咒小兒經一卷
阿彌陀鼓音聲王陀羅尼經一卷
佛說摩尼羅亶經一卷
佛說護諸童子陀羅尼咒經一卷
諸佛心陀羅尼經一卷
拔濟苦難陀羅尼經一卷
八名普密陀羅尼經一卷
佛說持世陀羅尼經一卷
佛說六門陀羅尼經一卷
清淨觀世音菩薩普賢陀羅經一卷
諸佛集會陀羅尼經一卷
佛說智炬陀羅尼經一卷
佛說隨求即得大自在陀羅尼神咒經一卷
佛說一切法功德莊嚴王經一卷
佛說拔除罪障咒王經一卷
佛善夜經一卷
佛說虛空藏菩薩能滿諸願最勝心陀羅尼求聞持法一卷
佛說佛地經一卷

百千印陀羅經一卷
香王菩薩陀羅尼咒經一卷
莊嚴王陀羅尼咒經一卷
金剛光燄止風雨陀羅尼經一卷
大毘盧遮那成佛神變加持經七卷
蘇婆呼童子經三卷
一字佛頂輪王經六卷
蘇悉地羯羅經四卷　以上三十三經同函
中阿含經存一函二十卷　缺卷二一至卷六十
增壹阿含經二函五十卷
雜阿含經存一函二十五卷　缺卷一至卷二十五
正法念處經存二十卷　缺卷一至卷五十
佛說生經五卷　以上二經同函
佛本行集經存二函四十卷　缺卷四十一至卷六十
佛說初分說經一卷
佛說月喻經一卷
佛說福力太子因緣經一卷
佛說身毛喜豎經一卷
大乘本生心地觀經八卷
仁王護國般若波羅密多經二卷
大乘密嚴經三卷
佛說大集會正法經四卷
佛說如幻三摩地無量印法門經一卷
佛說勝軍王所問經一卷
佛說了義般若波羅密多經一卷
佛說大方廣未曾有經善巧方便品一卷

佛說巨力長者所問大乘經一卷

地藏菩薩本願經二卷

佛說大乘智印經二卷　以上十五經同函

釋迦譜經十卷

大乘理趣六波羅密多經十卷

佛說頂生王因緣經二卷

佛說大乘入諸佛境智光明莊嚴經二卷

佛說法乘義決定經一卷　以上五經同函

師律戒行經存二函四十三卷　缺卷一至卷四四、卷六七至卷八八

分別戒律經存二函二十卷　缺卷一至卷六三

無上戒律經存四十三卷　缺卷一至卷十

聖修行願經一卷

三寶吉祥偈一卷

成妙樂吉祥偈一卷　以上四經共二函

**資料來源：《國立故宮博物院普通舊籍目錄》，頁252至259。**

**附錄三：**

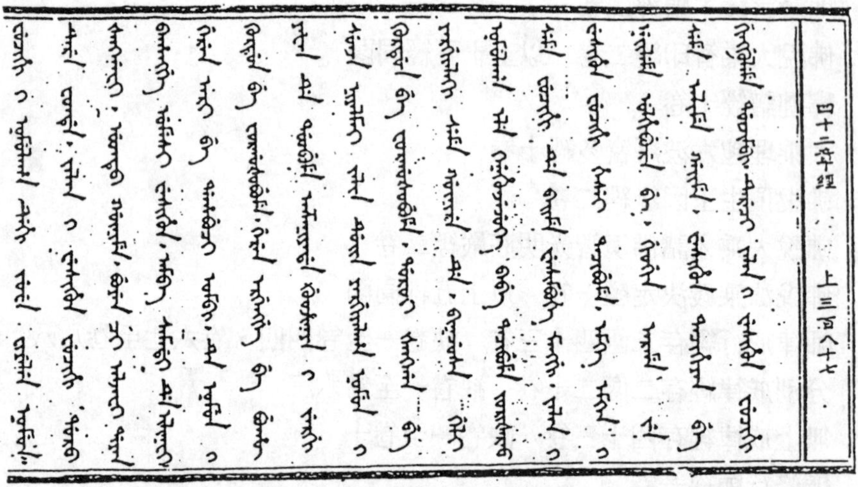


fucihi i nomulaha dehi juwe fiyelen nomun. tere fonde, jalan i wesihun fucihi doro šanggafi, uttu gūnime, buyen ci aljafi diyan bahangge umesi wesihun, amba samadi de ilinafi, geren ari be dahabuci ombi, te nomun i kurdun be forgošobume, geren ergengge be buhū yafan de doobume adzaniyada g'uojihnaya i jergi sunja niyalmai jalin duin yargiyalaha nomun i kurdun be forgošobume, doroi šanggan be yargiyalaki seme gūnire de, bikcusa geli nomulaha ele kenehunjecuke babe tacibume jorišarao seme fucihi de baime wesimbuhe manggi, jalan i wesihun fucihi hesei tacibume, emke emken i neileme ulhibure be, giogin arame je seme alime gaime, wesihun tacihiyan be gingguleme donjimbi, tereci jalan i wesihun fucihi

佛說四十二章經。爾時世尊旣成道已，作是思惟，離欲寂靜是最爲勝，住大禪定，降諸魔道，今轉法輪度衆生於鹿野苑中，爲憍陳如等五人，轉四諦法輪而證道果，時復有比丘所說諸疑，陳佛進止，世尊教詔，一一開悟，合掌敬諾而順尊勑，爾時世尊

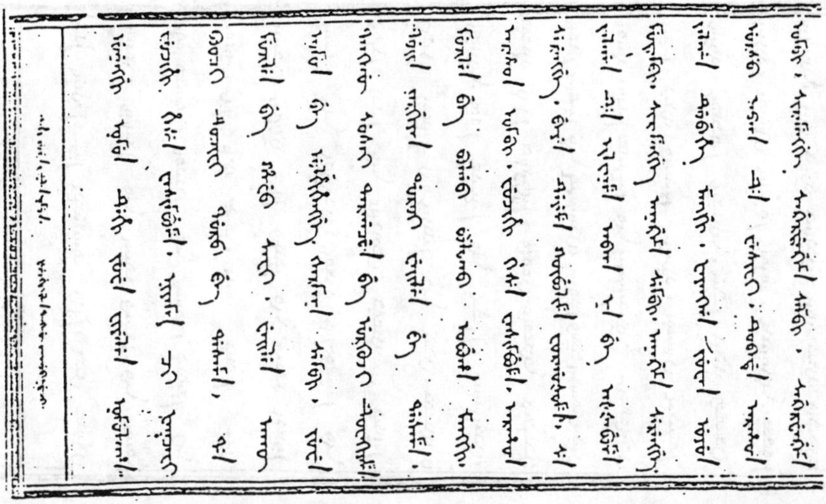

unenggi nomun dehi juwe fiyelen nomulaha, fucihi hese wasimbume, niyaman ci fakcafi booci tucifi doro be dasame, da mujilen be hafu safi, weilen akū nomun be ulhihengge šarmana sembi, juwe tanggū susai targacun be urkuji tuwakiyame, duin yargiyan doroi weilen be dasame, mujilen be bolgo boloko obuha manggi, arhat ombi, fucihi hese wasimbume, arhat serengge, beye deyeme kubulime forgošome se jalgan de iliname abka na be aššabume mutembi, siramengge anag'am sembi, anag'am serengge jagan dubehe manggi, fayangga juwan uyun ursu abka de wesifi, tubade arhat ombi, siramengge sag'sardag'am sembi, sag'ardag'am

爲說眞經四十二章。佛言，辭親出家爲道，識心達本，解無爲法，名曰沙門，常行二百五十戒，爲四眞道，行進志清淨，成阿羅漢。佛言，陳羅漢者，能飛行變化，住壽命，動天地。次爲阿那含，阿那含者，壽終魂靈，上十九天，於彼得阿羅漢，次爲斯陀含，斯陀含

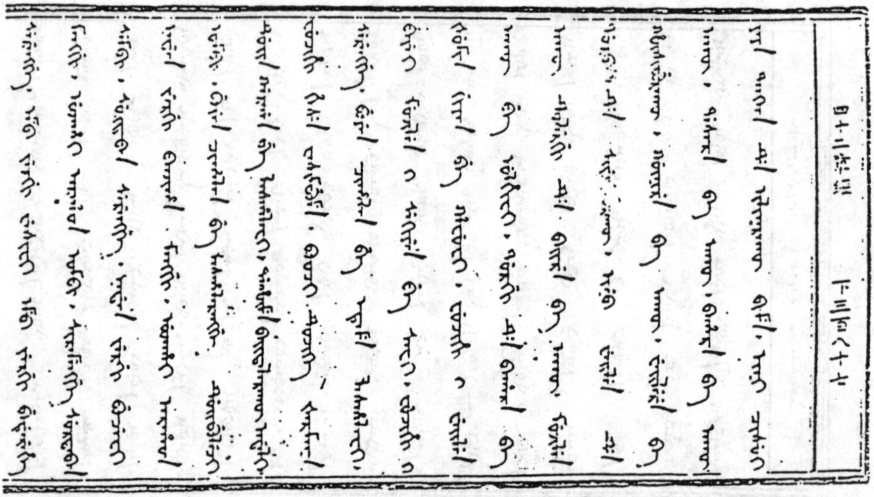

serengge, emu jergi wesifi emu jergi bederehe manggi, uthai arhat ombi, siramengge surtaban sembi, surtaban serengge, nadan jergi bucefi nadan jergi banjiha manggi, uthai arhat ombi, buyen cihalan be lashalarangge duibuleci duin gargan be lashalafi, dahūme baitalarakū adali. fucihi hese wasimbume, booci tucike šarmana serengge, buyen cihalan be eteme lashalafi, beyei mujilen i sekiyen be safi, fucihi i šumin giyan be hafufi, fucihi i weilen akū be ulhifi, dorgi de bahara ba akū tulergi de baire ba akū, mujilen doro de sidereburakū, inu weilen de hūsiburakū, gūnire ba akū, weilere ba akū, dasara ba akū, bahara ba akū, yaya tangkan de ilinarakū bime, ini cisui

者，一上一還，即得阿羅漢。次爲須陀洹，須院洹者，七死七生，便得阿羅漢。愛欲斷者，譬如四支斷，不復用之。佛言，出家沙門者，斷欲去愛，識自心源，達佛深理，悟佛無爲，內無所得，外無所求，心不繫道，亦不結業，無念無修無證，不歷諸位，而自

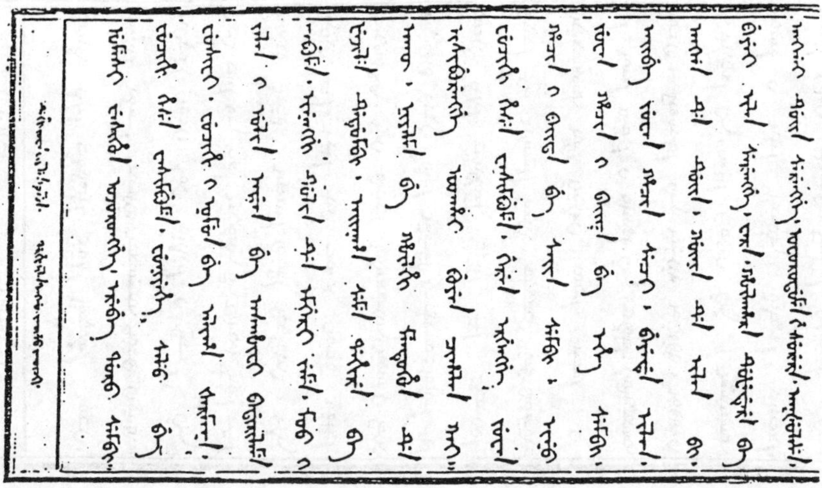

umesi wesihun ojorongge erebe doro sembi, fucihi hese wasimbume, funiyehe salu be fusifi, fucihi i nomun be aliha šarmana, jalan i ulin nadan be ashūfu badirilame yabume, inenggi dulin de emgeri jeme, moo i fejile dedumbi, ainaha seme dahire ba akū, niyalma be hūlhi mentuhun de isiburengge uthai buyen cihalan kai, fucihi hese wasimbume, geren ergengge juwan hacin i baita be sain sembi, inu juwan hacin i baita be ehe sembi, aibe juwan hacin seei, beyede ilan, angga de duin, gūnin de ilan bi, beyei ilan serengge, wara, hūlahara dufedere ba anggai duin serengge oforodome gisurere, akšulame,

崇最，名之爲道。佛言，剃除鬚髮，而爲沙門，受佛法者，去世資財，乞求取足，日中一食，樹下一宿，愼不再矣。使人愚蔽者，愛與欲也。佛言，衆生以十事爲善，亦以十事爲惡，何者爲十，身三，口四，意三，身三者，殺、盜、婬，口四者，兩舌惡罵

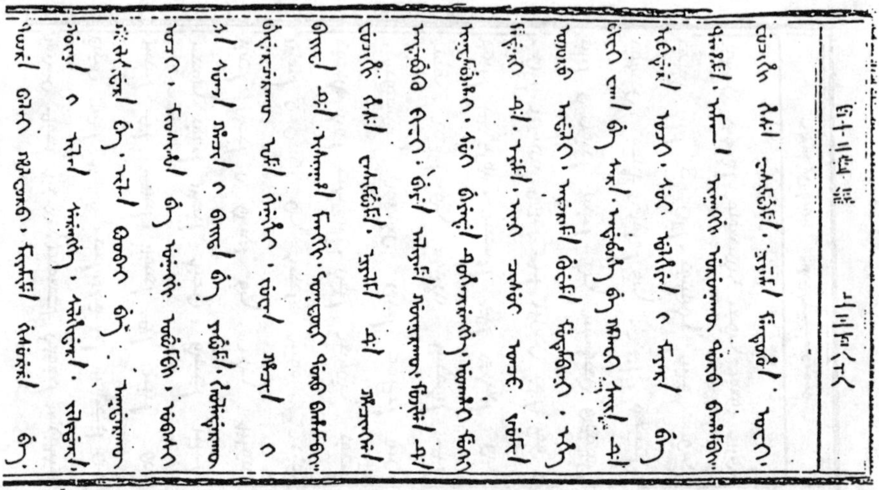

toore balai holtoro, miyamime gisurere be, gūnin i ilan seregge, silhidara, jilidara, hūlhidara be, ilan ɓoobai be akdarakū oci, miosihon be unenggi obumbi, ubasi sa sunja hacin i baita be yabume, heolederakū bedercerakū ome genehei, juwan hacin i baita de isinaha manggi, toktofi doro bahambi. fucihi hese wasimbume, niyalma de hacingge endebuku bifi, beye aliyame gūnirakū, mujilen de iktambuhai, sui beyede tuhenjirengge uthai mukei mederi de, eyeme, ini cisui onco šunin ojoro adali, adarame guweme mutembini, ehe bifi waka be sara, endebuhe be halafi sain de ibedere oci, sui ulhiyen i mayara be dahame, amala inenggi urunakū doro bahambi, fucihi hese wasimbume, niyalma mentuhun ofi,

妄言綺語，意三者，嫉恚癡，不信三尊，以邪爲眞，優婆塞行五事，不懈退，至十事，必得道也。佛言，人有衆過，而不自悔，頓止其心，罪來歸身，猶如歸海，自成深廣，何能免離，有惡知非，改過得善，罪日消滅，後會得道也。佛言，人愚

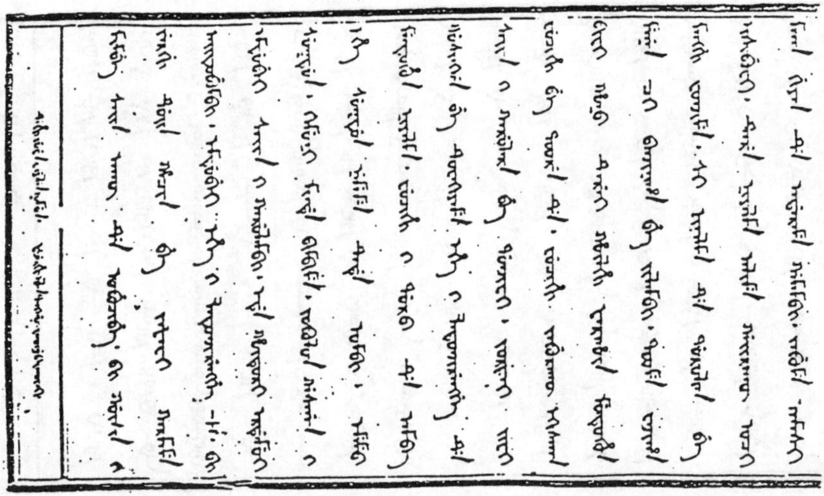

mimbe sain akū de obucibe, bi gūsin i jergi duin hacin be jafafi karmame aitubumbi, emdubei ehe i latunjirengge de, bi emdubei sain i karulambi, ede huturi erdemui sukdun, kemuni minde bimbime, jobolon gasgan i ehe sukdun nememe tede ombi, ememu mentuhun niyalma, fucihi i doro de amba gusingga be tuwakiyame ehe i latunjirengge de sain i karulara be donjifi, jortai jifi fucihi be toore de, fucihi jaburakū ekisaka bifi hono terei hūlhi farhūn mutuhun menen ci banjinaha be jilambi, toome wajiha manggi fonjime, si niyalma de dorolon be isibufi, tere niyalma alime gairakū oci maka giyan de adarame gamambi, jabume amasi

以吾爲不善，吾以四等慈護濟之，重以惡來者，吾重以善往，福德之氣，常在此也，害氣重殃，反在于彼，有愚人聞佛道，守大仁慈，以惡來，以善往，故來罵佛，佛嘿然不答，愍之癡冥狂愚使然，罵止，問曰，子以禮從人，其人不納，實理如之乎？曰，

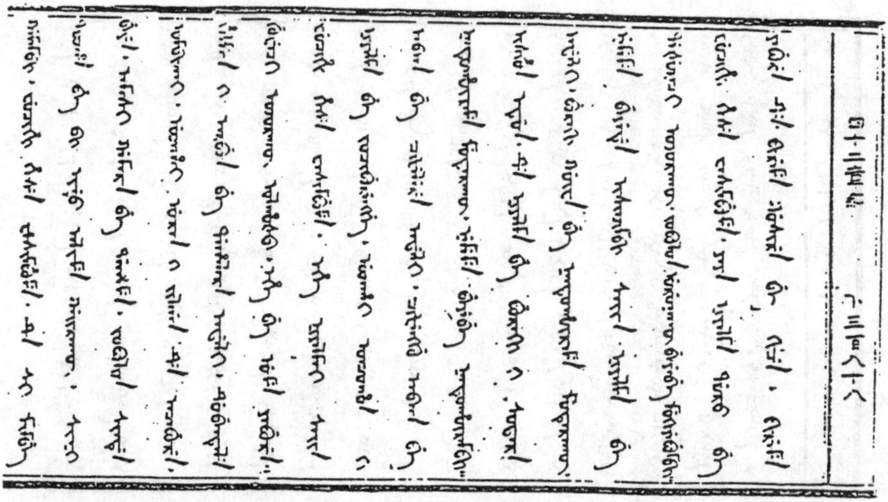

gamambi, fucihi hese wasimbume, te si mimbe tooha be bi inu alime gairakū, sini beye, amasi gamara be dahame, jobolon sinde ombikai, uthai uran i jilgan de acabure, helmen i arbun be dahalara adali, dubentele guweci ojorakū olhošo, ehe be ume yabure, fucihi hese wasimbume, ehe niyalmai sain niyalma be jociburengge, uthai oncohon i abka be cifelere adali, cifenggu abka be nantuhūrame muterakū, nememe beyebe nantuhūrambi. ishun edun de niyalma be buraki i sotara adali, buraki gūwa be nantuhūrame muterakū, nememe beyede isinjimbi sain niyalma be dašuraci ojorakū, jobolon urunakū beyebe mukiyebumbi. fucihi hese wasimbume, yaya niyalma doro be yabure de, bireme gosire be kice, bireme

持歸。佛言，今子罵我，我亦不納，子自持歸，禍子身矣，猶響應聲，影之追形，終無免離，愼爲惡也。佛言，惡人害賢者，猶仰天而唾，唾不汙天，還汙己身，逆風坌人，塵不汙彼，還汙于身。賢者不可毀，禍必滅已也。佛言，夫人爲道務博愛，

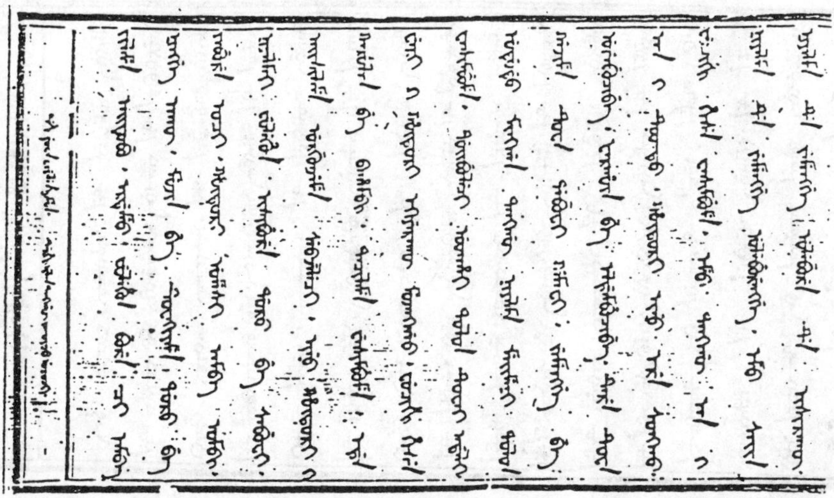

jilame aitubu, erdemu, fulehun bure ci amba ningge akū, mujin be tuwakiyame doro be yabure oci, hūturi umesi amba ombi, niyalmai fulehun isibure doro be sabufi, asilame urgunjeme sebjeleci, inu hūturi i karulan be bahambi, tacilame wesimbume, ede weri i hūturi ekiyerakū mujanggao, fucihi hese wasimbume, duibuleci uthai tolon tuwai adali, ududu minggan tanggū niyalma meimeni tolon gajime tuwa dabufi gamafi, jemengge be urebucibe, farhūn be eldembucibe, tere tuwa an i tuttu hūturi inu ere songko, fucihi hese wasimbume, emu tanggū an i niyalma de jemengge uleburengge, emu sain niyalma de jemengge ulebure de isirakū,

博哀施，德莫大施，守志奉道，其福甚大，覩人施道，助之歡喜，亦得福報，質曰，彼福不當減乎，佛言，猶如炬火，數千百人，各以炬來，取其火去，熟食除冥，彼火如故，福亦如之，佛言，飯凡夫人百，不如飯一善人，

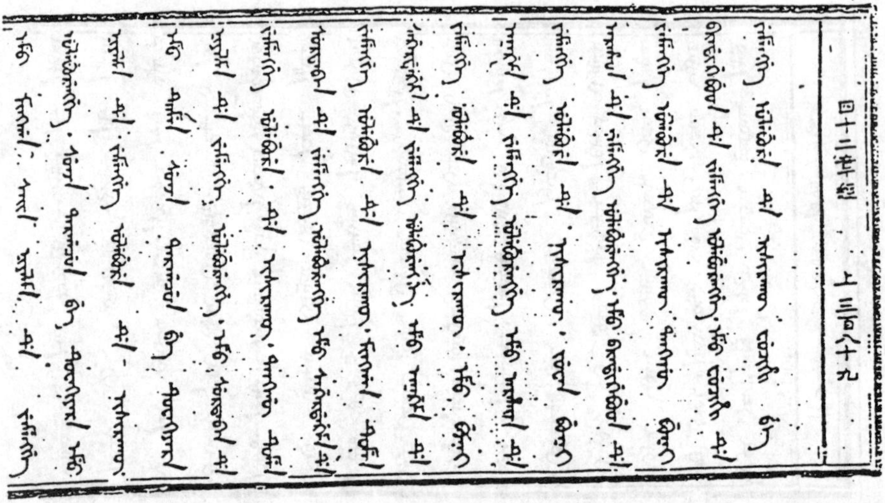
四十二章經 上 三百八十九

emu minggan sain niyalma de jemengge uleburengge, sunja targacun be tuwakiyara emu niyalma de jemengge ulebure de isirakū, emu tumen sunja targacun be tuwakiyara niyalma de jemengge uleburengge emu surtaban de jemengge ulebure de isirakū, tanggū tumen surtaban de jemengge uleburengge emu sag'ardag'am de jemengge ulebure de isirakū, minggan tumen sag'ardag'am de jemengge uleburengge emu anag'am de jemengge ulebure de isirakū, juwan bunai arhat de jemengge uleburengge, emu bradig'ebut de jemengge ulebure de isirakū tanggū bunai bradig'ebut de jemengge uleburengge, emu fucihi de jemengge ulebure de isirakū fucihi be

飯善人千不如飯持五戒者一人，飯持五戒者萬人，不如飯一須陀洹，飯須陀洹百萬，不如飯一斯陀含，飯斯陀含千萬，不如飯一阿那含，飯阿那含一億，不如飯一阿羅漢，飯阿羅漢十億，不如飯辟支佛一人，飯辟支佛百億，不如飯一佛，

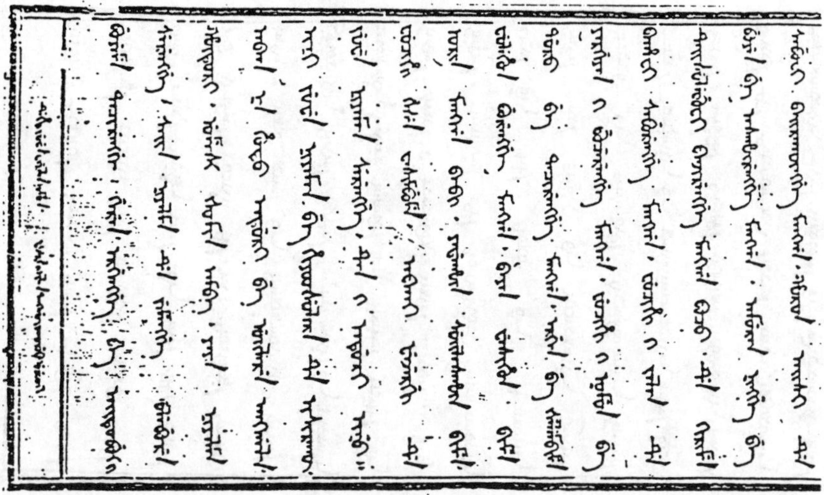

buyeme tacirengge geren ergengge be aitubuki serengge, sain niyalma de jemengge ulebure hūturi, umesi šomin amba, yaya niyalma abka na hutu enduri be uilere anggala, ini juwe niyaman be hiyooŭlara de isirakū, juwe niyaman serengge, ten i enduri inu. fucihi hese wasimbume, abaki fejergi de orin mangga babi, yadahūn suilashūn bime, fulehun burengge mangga, bayan wesihun bime doro be tacirengge mangga, ergen be šelembime yargiyan i bucerengge mangga, fucihi i nomun be bahafi saburengge mangga, fucihi i jalan de teisulebufi banjirengge mangga boco de kirime buyen be ashūrengge mangga, amuran ningge be sabufi bairakūngge mangga, horon aisi de

學願求佛欲濟衆生也。飯善人，福最深重，凡人事天地鬼神，不如孝其二親，二親最神也。佛言，天下有二十難，貧窮布施難，豪貴學道難，判命不死難，得覩佛經難，生値佛世難，忍色離欲難，見好不求難，有勢

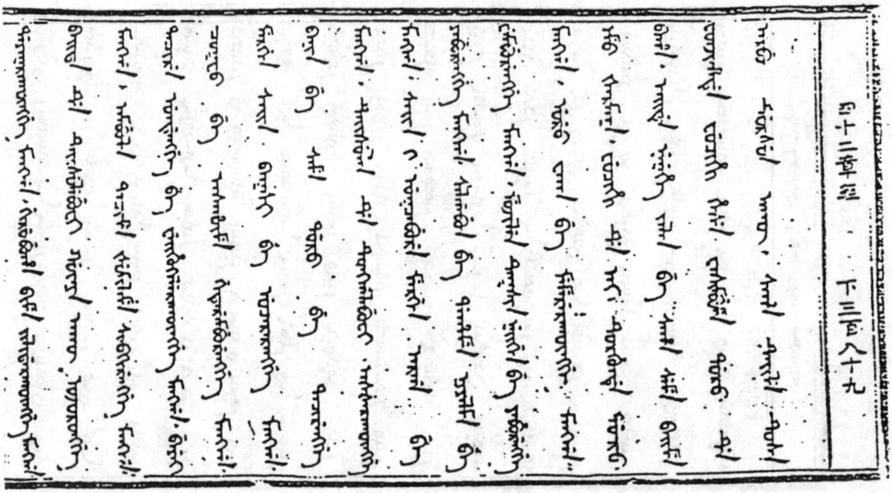
四十二章經　下三百八十九

dayanarakūngge mangga, girubuha bime jilidarakūngge mangga, baita de teisulebufi gūnin akū ojorongge mangga, ambula tacime šumilame sibkirengge mangga, tacire undengge be weihukelerakūngge mangga, beyei cokto be ashūme geteremburengge magga, mergen sain baksi be ucarangge mangga, banin be same doro be tacirengge mangga, teisulen de tunggalabufi aššarakūngge mangga, sain i ukcabure mergen arga be yaburengge mangga, salgabun be dahame niyalma be wemburengge mangga, mujilen teksin neigen be yaburengge mangga, uru waka be memererakūngge mangga. emu šarmana, fucihi de ai turgunde doro baha, aide nenehe jalan be saha seme baime fonjihade fucihi hese wasimbume doro de arbun dursun akū, saha teile tusa

不臨難，被辱不瞋難，觸事無心難，廣學博究難，不輕未學難，除滅我慢難，會善知識難，見性學道難，對境不動難，善解方便難，隨化度人難，心行平等難，不說是非難，有沙門問佛，以何緣得道，奈何知宿命，佛言，道無形相，知之無益，

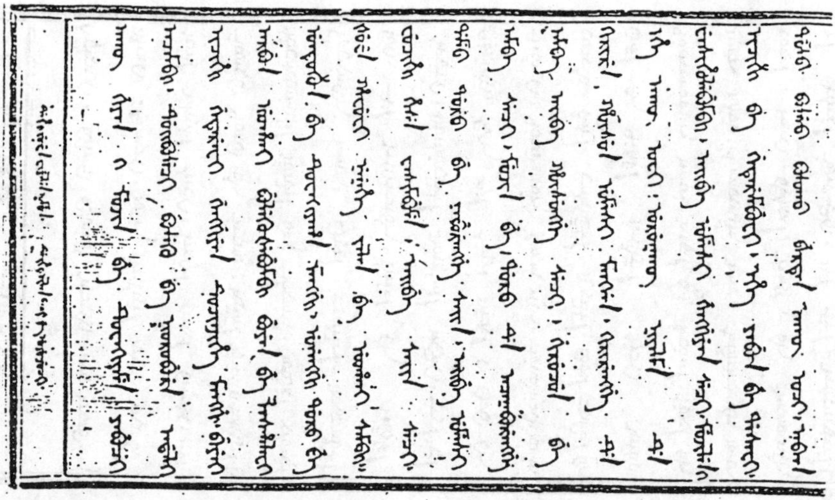

akū giyan i mujin be tuwakiyame yabuci acambi, duibuleci buleku be niorobure adali icihi geterefi genggiyen tucinjihe manggi, beyei arbun uthai bulekušebumbi buyen be lashalafi untuhun be tuwakiyaha manggi, unenggi doro be šuwe hafufi nenehe jalan be uthai sambi. fucihi hese wasimbume, aibe sain seci, damu doro be yaburengge sain, aibe umesi amba seci, mujin be doro de acanaburengge amba aibe hūsungge seci, girucun be kirire hūsun umesi mangga, kirirengge de ehe akū ofi, urunakū niyalma de wesihulubumbi, aibe umesi genggiyen seci, mujilen i icihi be geterembufi, ehe yabun be dasafi, dolo bolgo boloko berten akū oci, abka

要當守志行，譬如磨鏡，垢去明存，即自見形斷，欲守空，即見道眞，知宿命矣。佛言，何者爲善，惟行道善，何者最大，志與道合大，何者多力，忍辱最健，忍者無惡，必爲人尊，何者最明，心垢除，惡行滅，內淸淨無瑕，

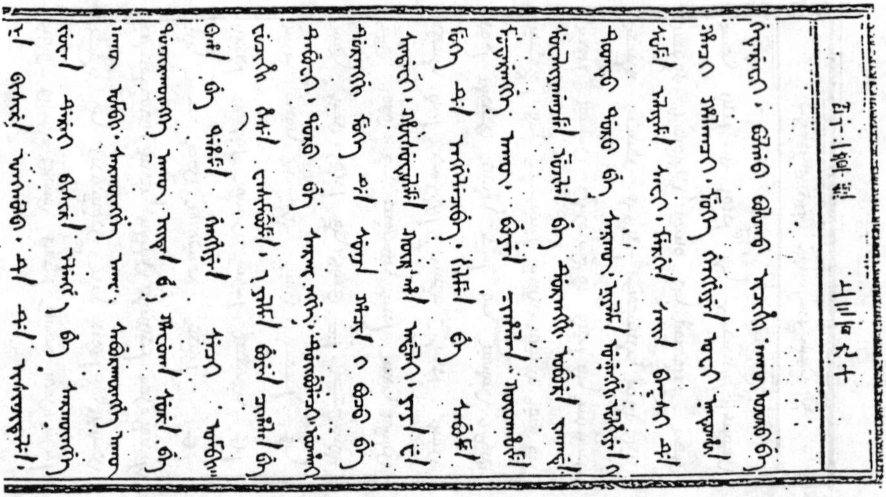


na bisire onggolo, te de isinjitele, juwan derei bisire elengge be sarkūngge akū ombi, sarkūngge akū saburakūngge akū donjirakūngge akū eiten be hafuka sure be baha be dahame genggiyen seci ombi. funcihi hese wasimbume, niyalma buyen cihalan be tebufi, doro be sarkūngge, duibuleci, uthai duranggi muke de sunja hacin i boco be sindafi, hūsutuleme kūrdaha adali, yaya we muke de enggelecibe, helmen be sabume muterengge akū, buyen cihalan kūthūme suwaliyaganjame mujilen be duranggi obure jakade, tuttu doro be sarkū, niyalma unenggi ulhiyen i sume aliyame safi, mergen sain baksi de hanci halanaci, muke genggiyen ofi nantuhūn geterefi, bolgo boloko icihi akū ojoro be

未有天地，逮于今日，十方所有，未嘗不見，得無不知，無不見無不聞，得一切智，可謂明矣。佛言，人懷愛欲不見道者，譬如濁水以五彩投其中，致力攪之，衆人共臨水上無能覩其影，愛欲交錯心中爲濁，故不見道，若人漸解懺悔來近知識，水澄穢除清淨無垢

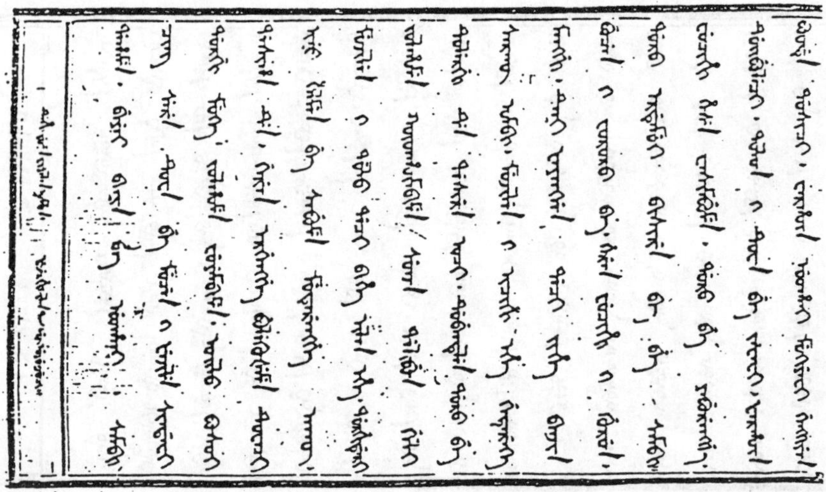

dahame, beyei banin be uthai sambi, cing sere tuwa be mucen i fejile sindafi dorgi muke jolhome fuyembime, oilo bosoi dasiha de, geren ergengge bulekušeme tuwaci inu helmen be sabume muterengge akū, mujilen i dolo daci bihe ilan ehe, dorgideri jolhome kūthūmbime sunja dalibun geli tulergi de dasire oci, dubentele doro be sarkū ombi, mujilen i icihi ehe getereke manggi, teni fayangga daci jihe banjin bucen i fororo be, geren fucihi i gurun, doro erdemui bisire ba be sambi. fucihi hese wasimbume, doro be yaburengge, duibuleci, tolon i tuwa be jafafi, farhūn boode dosici, farhūn uthai mukiyefi genggiyen

即自見形，猛火著釜下，中水踊躍，以布覆上，衆生照臨亦無覩其影上，心中本有三毒湧沸在內，五蓋覆外，終不見道，惡心垢盡，乃知魂靈所從來，生死所趣向，諸佛國土道德所在耳。佛言，夫爲道者，譬如持炬火入冥室中，其冥即滅而明，

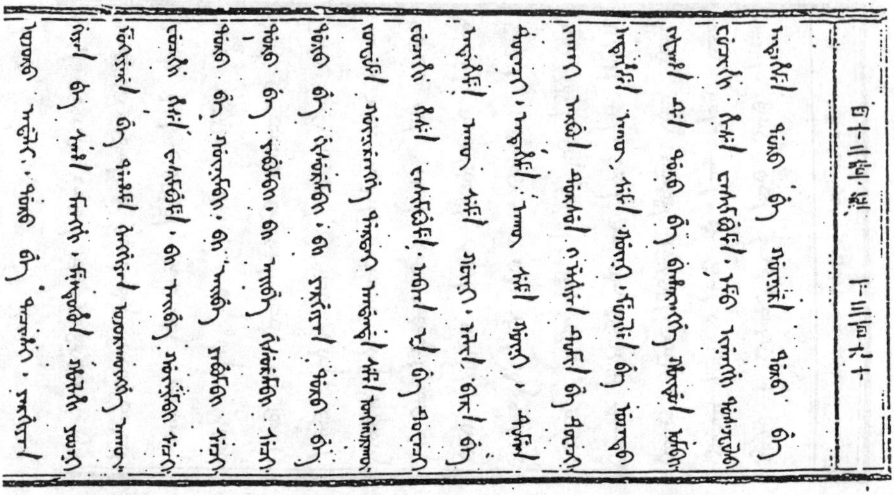


ojoro adali, doro be tacihai, yargiyan giyan be saha manggi, mentuhun hūlhi yooni mukiyere be dahame genggiyen ojororakūngge akū. fucihi hese wasimbume, bi aibe gūnimbi seci, doro be gūnimbi, bi aibe yabumbi seci, doro be yabumbi, bi aibe gisurembi seci, doro be gisurembi, bi yargiyan doro be jondome gūnirengge dartai andande seme onggorakū. fucihi hese wasimbume, abka na be tuwaci enteheme akū seme gūni. alin bira be tuwaci, enteheme akū seme gūni, tumen jakai arbun dursun i elgiyen tumin be tuwaci, enteheme akū seme gūni, mujilen be uttu jafaha de doro be baharangge hūdun ombi. fucihi hese wasimbume, emu inenggi dosotolo enteheme doro be gūnire doro be

猶存，學道見諦，愚癡都滅，無不明矣。佛言，吾何念念道，吾何行行道，吾何言言道，吾念諦道，不忘須臾也。佛言，覩天地念非常，覩山川念非常，覩萬物形體豐熾念非常，執心如此，得道疾矣。佛言，一日行常念道

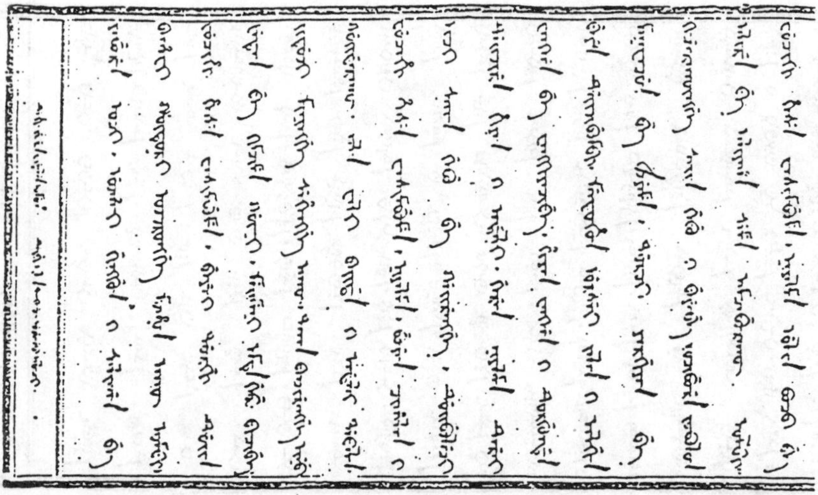

yabure oci, uthai ginggun i saligan be bahafi hūuturi ojorongge mohon akū ombi, fucihi hese wasimbume, beyei dorgi duin feten be kimcime gūni, meimeni emte gebu bicibe, jiduji miningge sehengge akū, taka banjirengge inu goidarakū, jala wali baita i adali dabala, fucihi hese wasimbume, niyalma, buyen cihalan i ici sain gebu be gairengge, duibuleci deijire hiyan i adali, geren niyalma derei wangga be wangkiyacibe, hiyan wangga i turgunde beye deijibumbi, mentuhun ursei jalan i algin maktacun be buyeme, doroi yargiyan be kicerakūngge sain gebu i beyebe jocibure jobolon alire be aliyaha seme amcaburakū ombi. fucihi hese wasimbume, niyalma ulin boco be

行道，遂得信根，其福無量。佛言，熟自念身中四大各自有名，都爲無吾我者，寄生亦不久，其事如幻耳。佛言，人隨情欲求花名，譬如燒香衆人聞其香，然香以薰自燒，愚者貪流俗之名譽，不守道眞，華名危己之禍，其悔在後時。佛言，財色之於人，

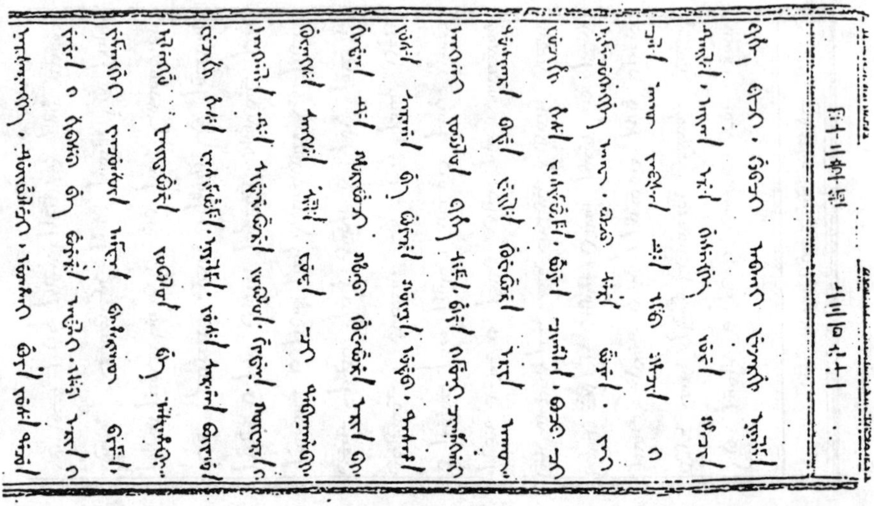

naršarangge, duibuleci, uthai buya juse dacun jeyen i hibsu be buyere adali, emu erin i jemenggei jancuhūn amtan baharakū bime, ilenggu faitabure jobolon be alihabi. fucihi hese wasimbume, niyalma, juse sargan boigon anggala de siderebure jobolon, gindana kūwaran i guwangse sangse sele futa ci dabanahabi, gindana de horibuci hono guwebure erin bi, juse sargan be buyere gūnin, udu, tasha anggai jobolon bihe seme, beye kemuni cihanggai dosinara bade weile guwebure erin akū. fucihi hese wasimbume, buyen cihalan, boco ci nimecukengge akū, boco sere buyen, jai cala akū jabšan de emu hajin i teile, aika ere gesengge juwe hacin bihe bici, gubci abkai fejergi niyalma

譬如小兒貪刀，刃之蜜甜，不足一食之美，然有截舌之患也。佛言，人繫於妻子寶宅之患，甚於牢獄桎梏桹檔，牢獄有原赦，妻子情欲，雖有虎口之禍，己猶甘心投焉，其罪無赦。佛言，愛欲莫甚於色，色之爲欲，其大無外，賴有一矣，假其二同，普天之民，

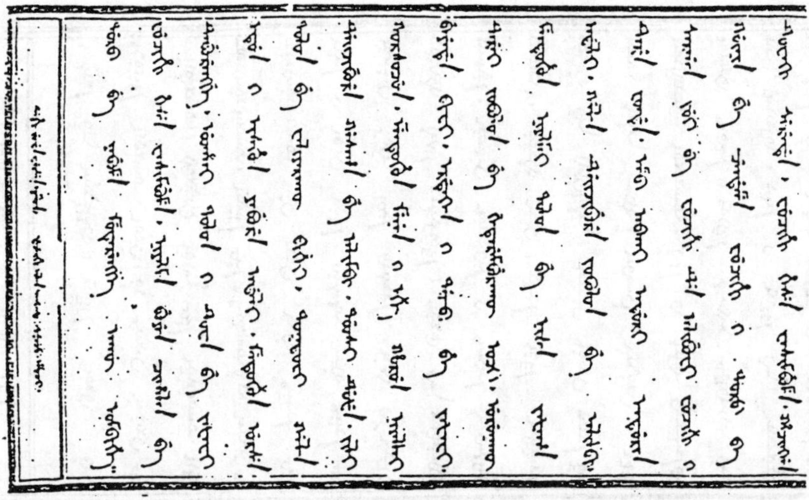

doro be yabume muterengge akū ombihe. fucihi hese wasimbume, niyalma buyen cihalan be teburengge, uthai tolon i tuwa be jafafi edun i ishun yabure adali, mentuhun urse tolon be waliyarakū bihei, toktofi gala deijibure gasaha be alimbi, doosi dufe, jili korsocun, mentuhun menen i ehe horun niyalmai beyede bifi, erdeken i doro be jafafi, terei jobolon be geteremburakū oci, urunakū mentuhun niyalmai tolon be niša jafaha adali, gala deijibure jobolon be alimbi, tere fonde, emu abkai enduri endurin sargan jui be fucihi de alibufi fucihi i gūnin be cendeme fucihi i doro be tuwaki serede, fucihi hese wasimbume, hacingga

無能爲道者。佛言，爲欲之於人，猶執炬火逆風而行，愚者不釋炬，必有燒手之患，貪婬恚怒愚癡之毒，處在人身，不蚤以道除斯禍者，必有危殃，猶愚貪執炬自燒其手也。時有天神獻玉女於佛，欲以試佛意，觀佛道，佛言，

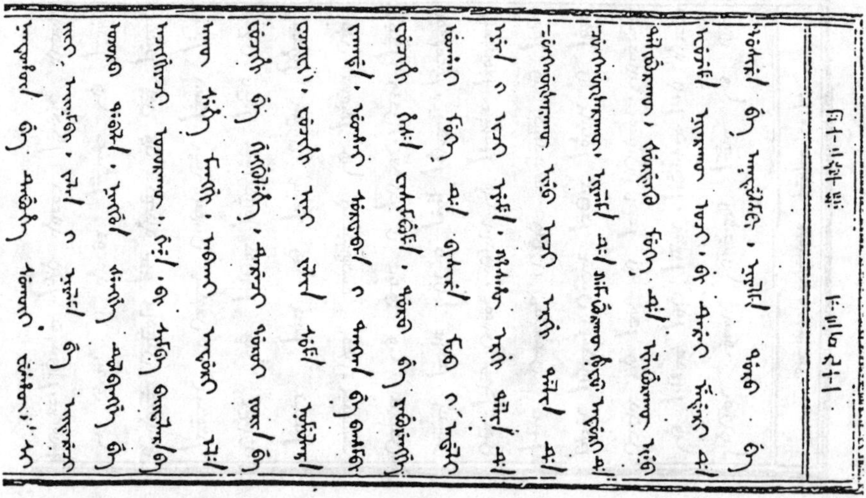

nantuhūn be tebuhe sukūi fulhū, si jifi ainambi, jalan i niyalma be citereci ojoro dabala, ninggun šengge tulbingge be aciggiyaci ① ojorakū, gene, bi simbe baitalara ba akū sehe manggi, abkai enduri ele fucihi be ginggulehe, tereci doroi jorin be fonjifi, fucihi ini jalin sume nomulara jakade, uthai surtaban i tangka be bahambi. fucihi hese wasimbume, doro be yaburengge, uthai muke de bisire moo i adali eyen i ici eyeme, hashū ergi dalin de cunggūšarakū, niyalma de gamaburakū hutu enduri de daliburakū, šurdeku muke de iliburakū inu efujeme niyarakū oci, bi terei mederi de dosire be akdulambi, niyalma doro be

革囊衆穢，爾來何爲，以可誑俗，難動六通，去，吾不用爾，天神愈敬佛，因問道意，佛爲解釋，即得須陀洹。佛言，夫爲道者，猶木在水尋流而行，不左觸岸，亦不右觸岸，不爲人所取，不爲鬼神所遮，不爲迴流所住，亦不腐敗，吾保其入海矣，人爲道

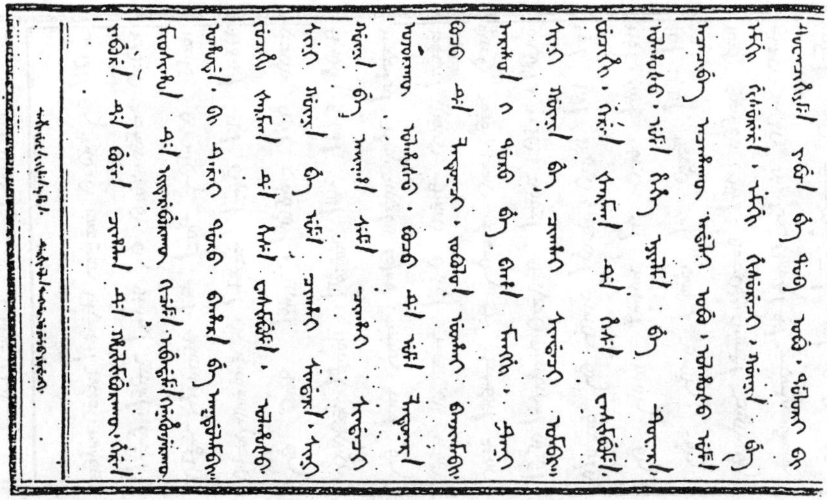

yabure de buyen cihalan de hūlimburakū, geren miosihon de eitereburakū kiceme ibedeme kenehunjerakū ohode, bi terei doro bahara be akdulambi. fucihi šarmana de hese wasimbume, olhošo, sini gūnin be ume cihani sindara, sini gūnin be ainaha seme cihani sindaci ojorakū olhošo, boco de ume latunara boco de latunaci, jobolon utai banjinambi, arhat i doro be baha manggi, teni sini gūnin be cihani sindaci ombi. fucihi, geren šarmana de hese wasimbume, olhošo, ume hehe niyalma be tuwara, acacibe acahakū adali obu, olhošo ume emgi gisurere, emgi gisureci, gūnin be tuwancihiyame yabun be tob obu, dolori bi

不爲情欲所惑，不爲衆邪所誑，精進無疑，吾保其得道矣。佛告沙門，愼無信汝意，汝意終不可信，愼無與色會，色會即禍生，得阿羅漢道，乃可信汝意耳。佛告諸沙門，愼無視女人，若見無見，愼無與言，若與言者，勑心正行，曰吾

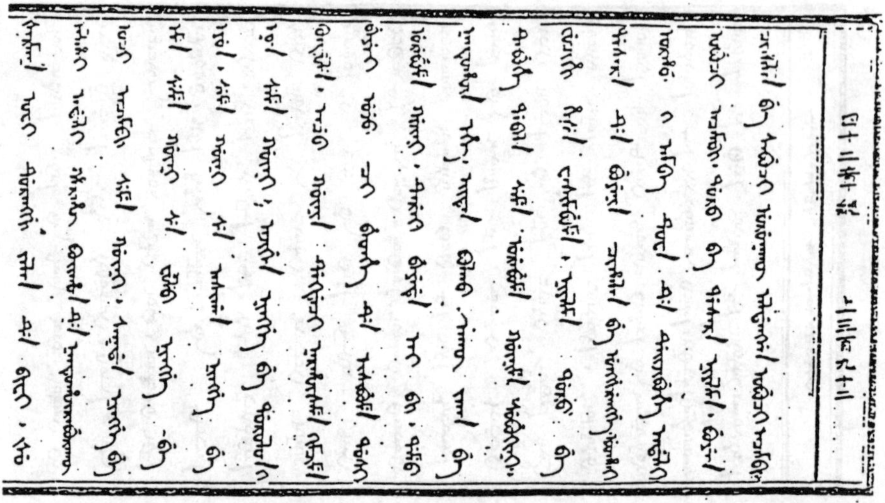

šarmana ofi duranggi jalan de bifi, šu ilhai adali harhū boihon de nantuhūraburakū oci acambi seme gūni, sakda ningge be eme seme gūni se fulu ningge be eyun seme gūni se asigan ningge be non seme gūni, ajigen ningge be dorolon i kundule, encu gūnin dekdeci narhšame kimcime beyci uju ci bethe de isibume dosi urebume gūni, terei beyede ai bi, damu nantuhūn ehe, eiten bolko akū jaka be tebuhe dabala seme urbume gūnime subukini. fucihi hese wasimbume, niyalma doro be dasara de buyenin cihalan be unggirengge uthai orho i amba tuwa de deijibuhe adali, obuci acambi, doro be dasara niyalma, buyen cihalan be sabuci urunakū aldangga obuci acambi.

爲沙門，處于濁世，當如蓮華不爲泥所污。老者以爲母，長者以爲姊，少者以爲妹，幼者敬之以禮，意殊當諦惟觀自頭至足自視內，彼身何有，唯盛惡露諸不淨種，以釋其意。佛言，人爲道去情欲，當如草見大火來已劫，道人見愛欲，必當遠之。

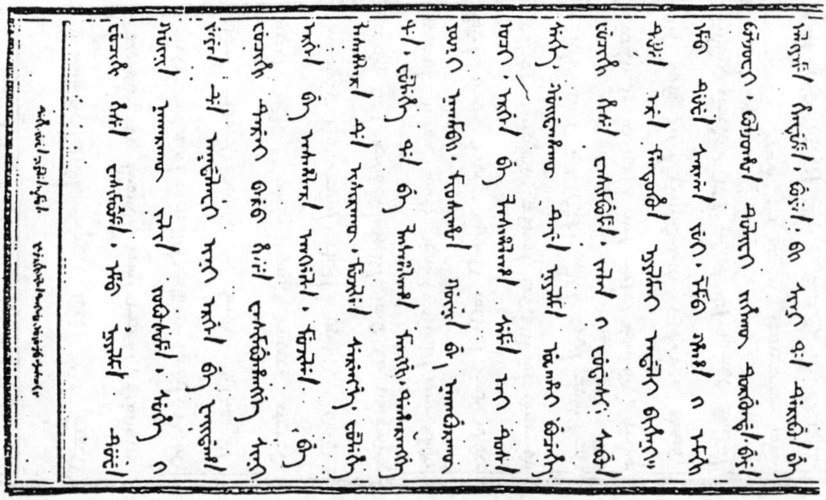

fucihi hese wasimbume, emu niyalma dufe gūnin nakarakū jalin jobšome, suhe i jeyen de akdalafi ini ergen be faidaha fucihi terei baru hese wasimbuhangge sini ergen be ashalara ① anggala, mujilen be lashalara de isirakū, mujilen serengge, fulehe da, fulehe da be lashalaha manggi, daharangge yooni nakambi, miosihon gūnin be nakaburakū oci, ergen be lashalaha seme ai tusa sehe goidahakū tere niyalma uthai bucehe, fucihi hese wasimbume, jalan i fudasi sabun dule ere mentuhun niyalmai adali biheni. emu dufe sargan jui, emu haha i emgi boljofi, boljohon tulifi jihekū turgunde, beye aliyame hendume, buyen, bi sini da deribun be

佛言，人有患婬情不止，踞斧刃上，以自除其陰，佛謂之曰，若使斷陰不如斷心，心爲功曹，若止功曹，從者都息，邪心不止，斷陰何益，斯須即死，佛言，世俗倒見，如斯癡人。有婬童女與彼男誓，至期不來，而自悔曰，欲吾知爾本，

①“ashalara”，按文意當作“lashalara”，此作“ashalara”誤。

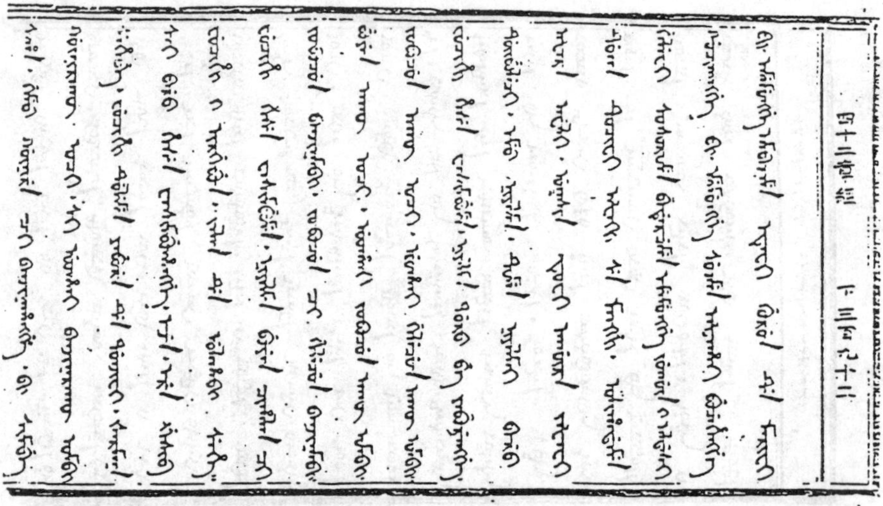

saha, gemu gūnire ci banjinahangge, bi simbe gūnirakū oci, si uthai banjinarakū ombi sehebe, fucihi duleme yabure de donjifi, šarmana sai baru hese wasimbuhangge, eje, ere g'asib fucihi i irgebun, jalan de ulahabi sehe. fucihi hese wasimbume, niyalma buyen cihalan ci jobocun banjinambi, jobocun ci gelecun banjinambi, buyen akū oci, uthai jobocun akū ombi. jobocun akū oci, uthai gelecun akū ombi. fucihi hese wasimbume, niyalma doro be yaburengge, duibuleci, emu niyalma tumen niyalmai baru afara adali, uksin tufi agūra jafafi duka tucifi afaki se manggi, olihadame gelefi sosorome bederceme ememungge jugūn i aldasi gucikangge bi, ememungge sujame afahai bucehengge bi, ememungge ambarame etefi gurun de marifi

意以思想生，吾不思想爾，即爾而不生，佛行道聞之謂沙門曰，記之，此迦葉佛偈，流在俗間。佛言，人從愛欲生憂，從憂生畏，無愛即無憂，不憂即無畏。佛言，人爲道，譬如一人與萬人戰，被甲操兵出門欲戰，意怯膽弱，迺自退走，或半道還，或格鬥而死，或得大勝還國

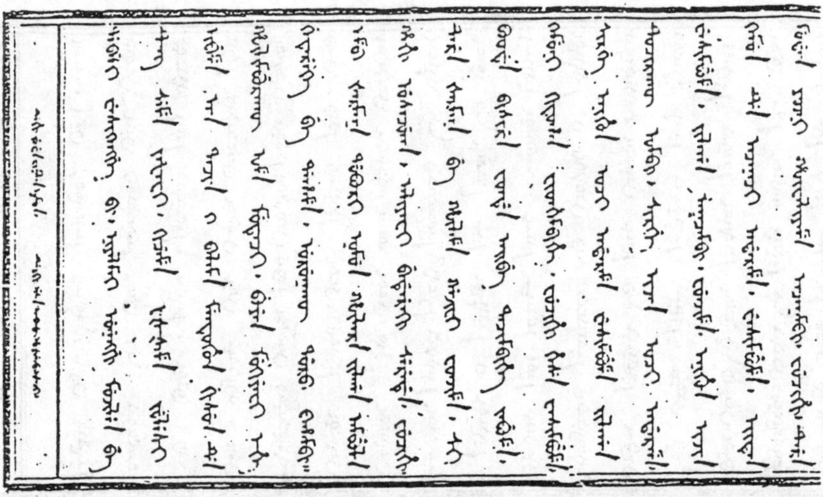

dabali wesikengge bi, niyalmai unenggi mujilen be teng seme jafafi, kiceme faššame julesi ibeme an tacin i balama mentuhun gisun de hūlimburakū ome muteci, buyen mukiyefi ehe getereke be dahame, urunakū doro bahambi. emu šarmana dobori nomun hūlara jilgan ambula hahi usacuka, aliyafi bedereki serede, fucihi, tere šarmana be hūlame gajifi fonjime, si boode bisire fonde aibe tacimbihe jabume, kemuni kituhan fiothembihe, fucihi hese wasimbume, sirge enihun oci adarame wesimbume jilgan tucirakū ombi, sirge ijin oci adarame, wesimbume, jilgan lakcambi, fonjime, enihun ijin kemun de acanaci adarame, wesimbume, eiten mudan yooni hūwaliyame acanambi, fucihi, tere

高遷，夫人能牢持其心，精銳進行，不惑於流俗狂愚之言者，欲滅惡盡，必得道矣。有沙門夜誦經，其聲悲緊，欲悔思返，佛呼沙門問之，汝處于家將何修爲？對曰，常彈琴。佛言，弦緩何如？曰，不鳴矣。弦急何如？曰，聲絕矣。急緩得中何如？曰，諸音普調，佛

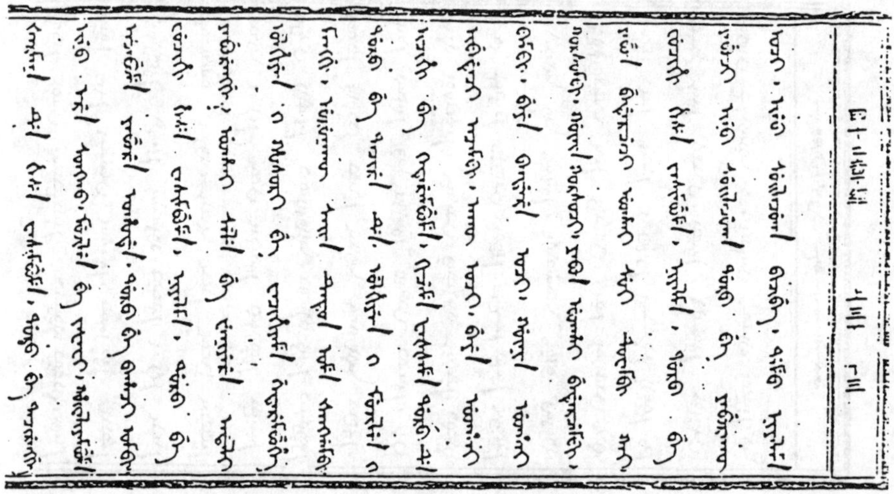

šarmana de hese wasimbume, doro be tacirengge inu ere songko, mujilen be jafafi, hūwaliyambume acabume yabure ohode, doro be bahaci ombi. fucihi hese wasimbume, niyalma, doro be yaburengge, uthai sele be weniyere adali ulhiyen i hosori be wacihiyame getermbuhe manggi, urunakū sain tetun ome šanggambi, doro be tacire de, ulhiyen i mujilen i icihi be keterembume, kiceme faššame doro de ibedeci acambi, akū oci, beye uthai bambi, beye bandare oci, gūnin uthai korsombi, gūnin korsoci, yabun uthai bedercembi, yabun bederceci uthai sui tuwambi kai, fucihi hese wasimbume, niyalma, doro be yabuci inu suilacuka doro be yaburakū oci, inu suilacuka bicibe, damu niyalma

告沙門，學道猶然，執心調適，道可得矣。佛言，夫人爲道，猶所鍛鐵漸深垂去垢，成器必好，學道以漸深去心垢精進就道，異即身疲，身疲即意惱，意惱即行退，行退即修罪。佛言，人爲道亦苦，不爲道亦苦，惟人

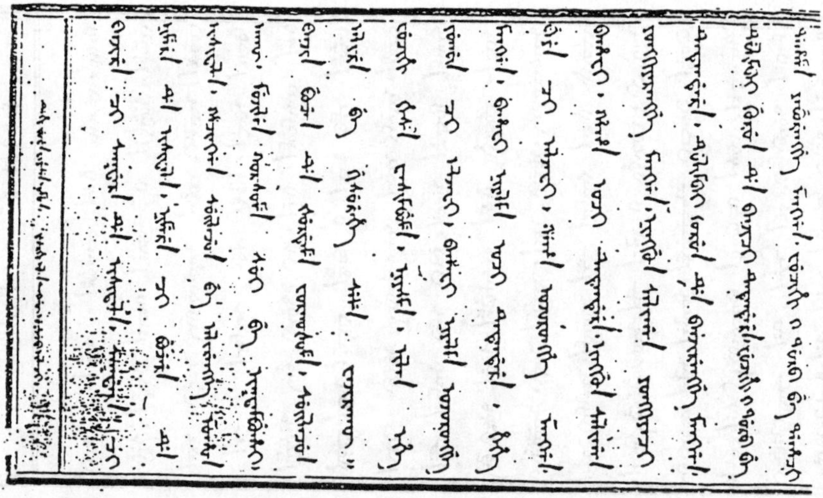

banjire ci sakdara de isitala, sakdara ci nimere de isitala, nimere ci bucere de isitala, hacingga suilacun be alirengge mohon akū, mujilen korsome sui be iktambuhai, banjin bucen de šurdeme forkošome, suilacun alire be gisurehe seme wajirakū. fucihi hese wasimbume, niyalma, ilan ehe jugūn ci aljafi, bahafi niyalma ojorongge mangga, bahafi niyalma oci tetendere, hehe beye ci aljafi, haha ojorongge mangga, bahafi, haha oci tetendere, ninggun saligan yongkiyarangge mangga, ninggun saligan yongkiyaci tetendere, dulimbai gurun de banjirengge mangga, dulimbai gurun de banjici tetendere, fucihi i doro be dahame yaburengge mangga, fucihi i doro be dahaci

自生至老，自老至病，自病至死，其苦無量，心惱積罪，生死不息，其苦難說。佛言，夫人離三惡道，得為人難，既得為人，去女即男難，既得為男，六情完具難，六情已具，生中國難，既處中國，值奉佛道難，

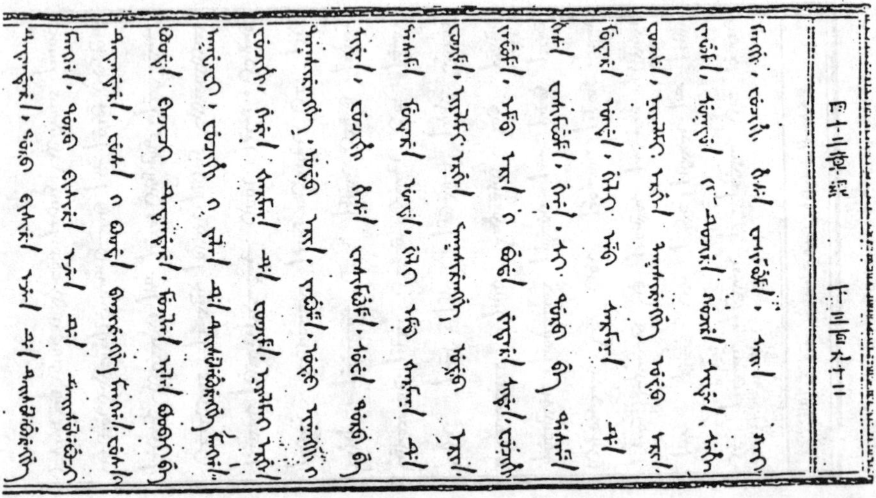


tetendere, doro bisire ejen de teisuleburengge mangga, doro bisire ejen de teisulebuci tetendere, fusa i boode banjirengge mangga, fusa i boode banjici tetendere, mujilen ilan boobai be akdafi, fucihi i jalan de teisuleburengge mangga. fucihi, geren šarmana de fonjime, niyalmai ergen taksirengge, udu erin, jabume, udu inenggi i siden, fucihi hese wasimbume, suwe doro be dasame mutere unde, geli emu šarmana de fonjime, niyalmai ergen taksirengge, udu erin, jabume, emu erin i buda jetere siden, fucihi hese wasimbume, gene, si doro be dasame mutere unde, geli emu sarmana ① de fonjime, niyalmai ergen taksirengge udu erin, jabume, sukdun i tucire gocire siden sehe manggi, fucihi hese wasimbume, sain kai,

既奉佛道，值有道之君難，既值有道之君，生菩薩家難，既生菩薩家，以心信三尊值佛世難。佛問諸沙門，人命在幾間？對曰，在數日間，佛言，去，子未能為道。復問一沙門，人命在幾間？對曰，呼吸之間。佛言，善哉！

①漢字「沙門」，滿文讀如“šarmana”，此作“sarmana”誤。

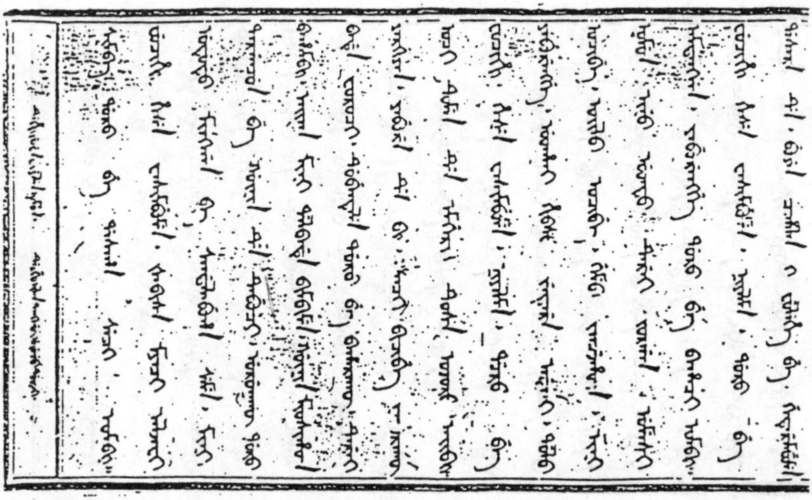

simbe doro be dasaha seci ombi. fucihi hese wasimbume, šabisa minci aljafi ududu minggan ba sandalabuha seme, mini targacun be gūnin de tebuci, urunakū doro bahambi, aika mini dalbade bimbime, gūnin miosihon bade foroci, dubentele doro be baharakū, erei yargiyan, yabure de bi, hanci bicibe yaburakū oci tumen de emgeri tua ojoro aibi. fucihi hese wasimbume, niyalma, doro be yaburengge, uthai hibsu jetere adali, dolo ocibe, oilo ocibe, gemu jancuhūn, mini nomun inu uttu terei jurgan umesi amtangga, yaburengge doro be bahaci ombi. fucihi hese wasimbume, niyalma, doro be dasara de, buyen cihalan i fulehe be geterembume

子可謂爲道者矣。佛言，弟子去離吾數千里，意念吾戒必得道，若在吾側意在邪，終不得道，其實在行，近而不行，何益萬分耶！佛言，人爲道猶若食蜜，中邊皆甜，吾經亦爾，其義皆快，行者得道矣。佛言，人爲道能拔除愛欲之根，

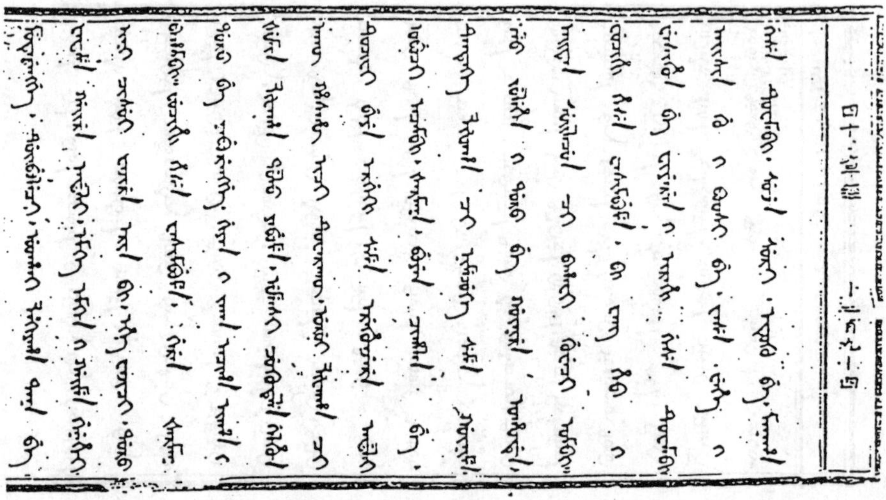

muterengge, duibuleci, uthai lakiyaha tana be fatame gaire adali, emke emken i gaime genehei, ini cisui wajire erin bi, ehe wajici, doro bahambi. fucihi hese wasimbume, geren šarmana doro be yaburengge, giyan i jaka aciha ihan i šumin lifahan dolo yabume, umesi cukutele gelhun akū hashū ici tuwarakū, urui lifahanci tucifi beye ergeki seme erehunjere adali obuci acambi, šarmana, buyen cihalan be, tenteke lifaha ci nimecuke seme gūnime, emu julehen i doro be gūnire ohode, aiten suilacun ci bahafi guweci ombi. fucihi hese wasimbume, bi wang heo i wesihun be fiyeren i irahi gese tuwambi, aisin gu i boosi be, wase wehe i gese tuwambi, suje suri etuku be, manaha

譬如摘懸珠，一一摘之，會有盡時，惡盡得道也。佛言，諸沙門行道，當如牛負行深泥中，疲極不敢左右顧，趣欲離泥以自蘇息，沙門視情欲，甚於彼泥，直心念道，可免衆苦。佛言，吾視王侯之位如塵隙，視金玉之寶如瓦礫，視紈素之服

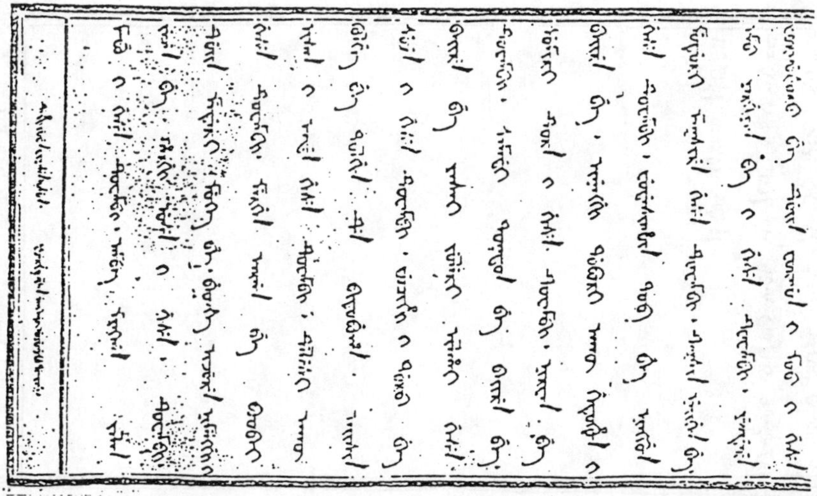

mabu i gese tuwambi, amba minggan jalan jecen be, hargi use i gese tuwambi, duin mederi muke be, bethe ijure nimenggi i gese tuwambi, mergen arga be boobai isan i ada gese tuwambi, delesi akū kulge be tolgin de bitubuha aisin suje i gese tuwambi, fucihi i doro be baire be yasai juleri ilhai gese tuwambi, samadi tokton be baire be, sumiri tura i gese tuwambi, nirwan be baire be, inenggi dobori akū getuhun i gese tuwambi, fudasihūn tob be ninggun muduri maksire gese tuwambi, teksin neigen be emu yargiyan ba i gese tuwambi, yendere forgošoro be duin forgon i moo i gese

如弊帛，視大千世界如一訶子，視四耨水如塗足油，視方便如筏寶聚，視無上乘如夢金帛，視求佛道如眼前華，視求禪定如須彌柱，視求涅槃如晝夜寤，視倒正者如六龍舞，視平等者如一眞地，視興化者如四時木，

tuwambi sehe manggi, geren amba bikcu sa fucihi i nomulaha be donjifi, gemu urgunjeme sebjeleme dahame yabuha.

諸大比丘，聞佛所說歡喜奉行。

# 薩滿信仰與滿族家譜研究

## 一、前　言

族譜學不僅是中國的特有文化，同時也是亞洲的特有文化。《蒙古秘史》可以說是現存蒙古文獻中最早用蒙古語文所寫成的典籍，在原書的開端，就有很長一段相當詳盡的族譜和各個氏族、分氏族起源的記載。在一般漢字音譯本十二卷中，第一卷的四分之三，都是有關族譜的記載，可以說明這些記載是在蒙古文字發明後蒙古族譜最初的形態。成吉思汗以下的世系在《元史》、《新元史》裡都留下了不少的記錄。滿族崛起後不斷與蒙古貴族之間互結姻親，受到蒙古的影響，這也是使滿族特別重視族譜世系的一個原因①。滿洲實錄中追溯滿族祖先世系的記載，頗爲詳盡，可以說明滿族纂修家譜的傳統，不僅受到漢族的影響，同時也受到蒙古的影響。滿族入關後，滿族家譜的制作，雖然不但更進一步仿效漢族家譜的體式，同時也有不少的講求符合漢族譜書的義例②，但是滿族各種不同形態的家譜以及滿族社會對家譜普遍的崇敬，仍有它的特色。

有清一代，滿族重視編纂家譜的原因，除了受到蒙古及漢族的影響外，還與滿族的八旗制度有密切的關係，可歸納爲：第一，在清代八旗制度中，滿族家譜是官職承襲的重要憑證；第二，滿族家譜是表明人丁身分地位的主要依據；第三，清代歷朝君主倡導修譜，例如乾隆皇帝敕修《八旗滿洲氏族通譜》，也助長了修譜風氣的盛行③。由於修譜風氣的盛行，滿族內部出現了幾乎一家一譜的現象。《滿族家譜選編》一書已指出天聰八年（1634）開始授予世襲佐領與公中佐領敕書。由於八旗官職可以世襲，因此，請求擔任世襲佐領時，必須以敕書說明承襲緣由，十七世紀後期以來，還需以家譜證明家世④。八旗世職官員，必須預先繕造家譜，存貯都統衙門⑤。滿族家譜的纂修，主要是依據旗署所存戶口冊、各旗檔冊、舊譜稿及佐領根源等第一手資料，不僅根據各民族內部的資料，同時也依據檔案，可信度較高。

滿族家譜的形式，與漢族相似，主要有譜單、譜書。一般人家只用一張高麗紙或宣紙依次論輩填寫上祖先的名字，由少到多，逐層分支，形成寶塔形的世系表，一目了然，這種單張世系圖表，就是譜單。至於譜書的內容，不僅有世系表，還有譜序、族源、祭祀禮儀、家訓、誥命、敕書、命名定氏、墳塋等項目，纂修成冊。所不同的是除了漢文本譜書外，還有滿文本、滿漢合璧本等。滿族家譜雖然只是一個家族的歷史記錄，但因滿族家譜所記載的內容，保存了許多珍貴的第一手資料，往往可以補充正史的不足。

滿族不僅重視修譜，而且還有保存家譜的傳統。1981年，中共國家檔案局與教育部、文化部聯合發出指示，要求全國各地上報現存的族譜目錄，並編纂了《中國族譜綜合目錄》。據大陸大約四百個單位及一些私人所藏的族譜估計，在大陸地區約有一萬兩千餘種。在山西太原還成立了中國譜牒學會，出版了《譜牒學研究》刊物。近年以來，根據初步調查，在遼寧、吉林等地區的滿族所保存的族譜，已多達五百餘部。在東北亞文化圈裡，由於薩滿信仰的盛行，滿族崇拜祖先，重視族譜，平日供奉族譜，在滿族修譜及讀譜的活動中，薩滿都是主要的神職人員。在現存的滿族家譜中，除傳統漢族形式的滿、漢文族譜外，還有薩滿神本子，其內容不僅記載神歌神詞，也詳載祖先、族源等，因此，神本子就是不可忽視的一種滿族家譜資料，滿族家譜仍有其特色。總之，薩滿信仰與滿族家譜確實有密切關係，探討滿族家譜，不能忽略薩滿信仰的研究。分析薩滿信仰的文化特質，有助於了解滿族家譜的特色。

## 二、薩滿信仰與祖靈崇拜

薩滿，滿洲語讀如"saman"，是阿爾泰語系通古斯語族稱呼跳神巫人的音譯。在通古斯族的語言中，薩滿一詞是指能夠通靈的男女，他們在跳神作法的儀式中，受到自我暗示或刺激後，即產生習慣性的人格解離，薩滿人格自我眞空，將神靈引進自己的軀體，使神靈附體，而產生一種超自然的力量，於是具有一套和神靈溝通的法術。薩滿，就是在相信泛靈論的環境中，與神靈溝通的靈媒，是溝通人的世界與神靈世界的橋樑，在阿爾泰語系各民族中，具有超自然能力的靈媒就是薩滿。

薩滿信仰雖然是屬於巫覡信仰的範疇，有它的形成、發展的過程，以歷史文化觀點分析薩滿信仰的特點，是有意義的。將薩滿信仰的特點作爲確定薩滿信仰的發祥地點及其在不同地區的分佈，也是較爲客觀的，薩滿信仰盛行於東北亞、北亞及西北亞地區，以貝加爾湖附近及阿爾泰山一帶爲發祥地，表現最爲典型。我國北方阿爾泰語系通古斯、蒙古、突厥等語族，例如匈奴、靺鞨、突厥、契丹、女眞、蒙古、滿洲、赫哲、達呼爾、錫伯、索倫、鄂倫春，維吾爾等族群，都崇奉過薩滿信仰，可以說明薩滿信仰的盛行，就是東北亞或北亞文化圈的共同文化特色。

薩滿信仰是一種複雜的文化現象，它既含有原始宗教的成分，同時又含有大量非宗教的成分。大自然是人類生存的環境，初民社會的原始宗教信仰，常把環境分爲兩類：一類是吉、善、福；

一類是凶、惡、禍，由這兩類互相對立的抽象概念，又產生了對待大自然的兩種不同態度：一種態度是消極安慰自己，以求得心理的平衡；一種態度是力圖積極控制它們。這兩種概念和態度形成了彼此交叉重疊的原始宗教意識和巫術意識的兩種不同意識場，這兩種不同意識場的存在，就是產生原始宗教與巫術不同性格及特徵的根源。吉、善、福以及人們對待它的態度是原始宗教觀念核心，原始社會的自然崇拜觀念、圖騰崇拜觀念和祖先崇拜觀念，都是由吉、善、福的概念以及對待這些概念的態度所構成的意識場爲核心而發展起來的宗教觀念範疇。巫術產生的基礎乃是以凶、惡、禍各種觀念爲核心的意識場，它產生於人們以自己的力量直接祓除凶惡，逃避凶惡，或達成向凶惡贖買的願望，並由此而衍化出巫術祓除災禍、驅祟袪病等一系列的社會功能。由此可知原始宗教意識與巫術意識是兩種非常相近的社會意識，它伴隨著吉凶、善惡、禍福等不同概念以及人們對這些概念所採取的不同態度所構成的意識場的出現而誕生⑥。薩滿爲病人病畜跳神驅祟，占卜吉凶，爲本氏族祈求豐收，消災除禍，送魂除殃等活動，都普遍運用巫術。薩滿跳神作法時，其巫術觀念、巫術原理，多貫穿於其中，巫術的因素，在東北亞文化圈的薩滿跳神活動中都有顯著的呈現。巫術在薩滿信仰的形成過程中起過重要作用，薩滿本身就是從原始的巫覡脫胎而來。薩滿信仰雖含有原始宗教的成分，但卻包含大量非宗教的成分，因此，薩滿信仰的觀念及其活動，就是以巫術爲主體和主流發展起來的複雜文化現象。

萬物有靈、靈魂不滅和靈魂互滲的思想，是複雜靈魂概念的集中表現，薩滿信仰的靈魂概念，就是以萬物有靈、靈魂不滅和靈魂互滲爲思想基礎。薩滿信仰的原始崇拜觀念是以自然崇拜、圖騰崇拜、祖先崇拜爲主體。東北亞文化圈的諸民族也相信他們的祖先離開人世以後，他們的靈魂仍然繼續存在，而成爲祖先神，好像在人世的時候一樣，以其神威爲後代子孫庇佑賜福及消災免禍，於是便產生了對祖先亡靈的崇拜。

東北亞古代諸民族的祖靈崇拜，最初是氏族團體內部的共同祖先的崇拜，包括本氏族的族源神祇及氏族神祇；本氏族的各種創業神祇及英雄聖者神祇；爲氏族征戰中的殉難英雄神祇；本氏族首輩薩滿及歷代傳世薩滿魂靈；本家族本姓氏宗譜中的祖先亡靈等，其中含有衆多的女性薩滿。氏族姐先崇拜隨著社會發展，逐漸發展成爲部族祖先或家庭祖先的崇拜。薩滿信仰中的祖先崇拜最鮮明的一個特色，就是凡屬自己直系血緣關係的祖先神祇都是善良祖靈，並由薩滿充當族人與祖靈溝通的媒介，由薩滿主持祖先神靈的祭祀，祈求祖先神靈的保佑。在薩滿信仰中，祖先神靈是正神，其他非氏族薩滿則不會有祖先正神附體，所以氏族薩滿的神威遠勝過其他非氏族薩滿。氏族薩滿因領氏族祖先正神，所以被氏族成員公認爲祖先神靈的代言人。

薩滿本身既從原始的巫覡脫胎而來，而且薩滿信仰愈是古老，巫術的氣氛，愈顯得濃厚。因此，在一般情況下，人們即將薩滿與巫覡視同一物。薩滿活動雖然普遍運用巫術，具有濃厚的巫術意識，但薩滿信仰同時也具有原始宗教意識。在東北亞文化圈裡，薩滿信仰出現了不同的發展趨勢，薩滿已經在專職祭司方面形成了自身的傳統，薩滿在祖靈崇拜與祖先崇拜的活動中都扮演了重要的角色。

祖靈崇拜是以靈魂觀念占有主導地位，祖先崇拜則以祖宗世系觀念占有主導地位。祖靈崇拜與祖先崇拜雖然是兩個類型的信仰，但在滿族社會裡，由於薩滿信仰的盛行，以及對宗族譜書的重視，因而在祖先崇拜的發展過程中，其祖宗靈魂觀念與祖宗世系觀念，都占有主導地位。由此可以說明探討滿族家譜，除了政治制度等因素外，也不能忽略在滿族修譜、續譜、家譜供奉等活動中薩滿所扮演的角色，滿族家譜與薩滿信仰有關，此即滿族家譜的一種鮮明特色。

## 三、薩滿神本與滿族家譜資料

薩滿神諭，滿語讀如"weceku ulebun"，滿字音譯作"渥車庫烏勒奔"，意思是神龕上的傳說。大致而言，薩滿神諭可以分為兩種形態；口傳神諭是最初的形態；文字記載的神諭，稱為神本子⑦，簡稱神本，滿語讀如"enduri bithe"，意即神書，是一種用九九八十一問的問答體構成的，據稱目前只剩二十幾問流傳於世。在近數年的深入調查中，滿族所保存的薩滿神譜神辭的珍貴手抄本，多有發現⑧。

神本子或神本，多以滿文或滿文漢字音譯寫成，是薩滿在祭祖過程中所念誦的全部詞句，它是家族的傳世珍品，只有在闔族祭祀時，始能由薩滿取出，這種神本子平日貯放於西墻供祖的神匣子裡⑨。薩滿神本子存在於東北各地滿族諸姓之中，不僅卷帙繁多，而且已具文化傳統，是滿族最具代表性的神諭發展形態。根據調查，乾隆年間，在黑龍江偏遠地區，已發掘到較早的薩滿神本子，但為數不多，道咸以後至光緒年間，神本子數量大增，特別是民國初年以來，神本子更多，有以滿文書寫的滿文神本子，也有以漢字標記滿語讀音的漢字神本子，還有滿漢文兼書的滿漢合璧神本子⑩。富育光、孟慧英等人在東北滿族聚居地區搜集到的滿文神本子，多達四十餘冊，此外還有漢字轉寫的滿文神本子，都是滿族用來記述薩滿神歌、神靈、祭祀儀式，及至本氏族、本部族的神話傳說，多為具有族譜性質的珍貴資料。富育光、孟慧英對四十三個滿洲族姓中八十餘名薩滿進行調查後指出他們承襲的多爲本姓本族祖先相傳的薩滿神本子，這些神本子所述及的各姓祖籍地，星羅棋布般地遍及黑龍江南北及松花江、牡丹江、遼河流域、烏蘇里江、圖們江等地區。

我國北方民族的源流問題，十分複雜，要想了解北方民族的發展史、關係史，首先必須考察各民族的發展源流，然後才能夠眞正了解各原始部落、民族的相互聯繫，相互融合，以及在此基礎上逐漸形成的新的民族共同體，從而研究現代民族的分佈、變遷，以及語言風俗的演變。富育光著《薩滿教與神話》一書指出東北地區民族繁多，特別是明季之前，扈倫成百，達爺成千，民族間爭戰、遷徙和互相融合特別頻繁，其源流非常複雜。再加上，東北地區大部分民族沒有本民族的文字歷史，他們僅有的一些歷史是中原漢族文學工作者的一些片斷記載。因此，對於廣泛微集仍保留在民間的各民族宗譜、族記、族訓，以及本族族源傳說等文字與口碑資料，相當重要，過去被一些學者所忽視，近些年已經引起諸方學界的興趣，對於研究和撰寫我國東北地區各民族文化史、民族關係史，都是非常重要的參證，能塡補歷史上的許多重要空白⑪。除滿族家譜外，薩滿神本子也是重要的族譜資料。《薩滿教與神話》一書提供近年來的滿族神話調查資料，頗爲豐富。其中滿族徐姓薩滿神本子講述徐姓的氏族起源神話及遷徙經過云：

> 祖居於薩哈連支流安班刷迎畢拉石洞溝地方，遠古棲古洞幽居，受日陽而生人，周身皆毛，衍繁爲洞穴毛人，隨年月日久而人齒日盛，便是黃河古洞人，後成部落，太祖北伐薩哈連，部達率族人歸，隨征戰薩哈連，移居朝陽、蘇登、古溝等地方，姓奚克特哈喇，漢音爲徐姓，隸正紅旗

虎可舒牛彔統轄⑫。

引文中「安班刷迎畢拉」，滿文讀如"amba suwayan bira"，意即大黃河，是黑龍江（sahaliyan ula）北側支流，又稱結雅河。徐姓，滿語讀如「奚克特哈喇」，是野人女眞後裔，其祖先最早居住於結雅河中下游的石洞溝。徐姓南遷後，仍祭石洞，並在祖先神匣內恭放三珠白卵石，相傳此石爲遠世薩滿南遷時，世代傳替，帶有石圖騰崇拜的遺跡。

據調查報告指出，居住在吉林九臺縣松花江沿岸小韓村和東阿屯的石姓，藏有薩滿神本子共六冊，小韓村和東阿屯各藏三冊，都是漢字轉寫的滿語漢字音譯本。據石姓薩滿神本子記載，石姓先祖隨努爾哈齊起兵南下，進駐瀋陽郊區，隸滿洲正黃旗。順治元年（1644），原是兄弟三人的石姓，有兩兄弟隨軍入關，進駐北京近郊區落戶。最小的兄弟名叫吉巴庫，奉命前往烏拉等處採珠捕貂，於是離開瀋陽郊區，前往打牲烏拉總管衙門當差，後世小韓村和東阿屯兩處的石姓，便是吉巴庫的後裔⑬。

滿族薩滿神本子，除了記載神譜、神歌外，還載有族源、譜敘，亦即有關滿洲各族源流發展、分支的文字，以不同的形式記載了本族的發展史、人物及重大事件。因此，神本子除了傳播薩滿信仰外，也是傳播本族歷史發展的族譜資料。宋和平、孟慧英合著《滿族薩滿文本研究》指出石姓薩滿神本子中敘述滿族原依柳枝萌芽繁衍，石姓高祖原籍長白山，帶著男女子孫，從長白山徒步到瀋陽老城。尼瑪察哈拉（nimaca hala），漢姓爲楊姓，在楊姓薩滿神本子中記載楊姓原住綏芬河岸。族中又相傳楊姓原屬東海窩集部野人女眞，從琿春遷居吉林九臺縣地方。滿族瓜爾佳氏，漢姓作關姓，居住在吉林永吉縣烏拉街韓屯村的關柏榕所提供的關姓薩滿神本子，以滿文寫成，共計五冊，其中一冊，以滿文詳列世代祖先名冊，並標明「嘉慶十三年正月」等字樣，這一冊滿文神本子，實際上就是關姓家譜，其餘四冊，與家譜並存。由此可知後世流傳的薩滿神本子，對滿族研究提供了許多族譜性質的珍貴資料，滿族家譜與薩滿信仰有關，說明滿族家譜有它的特色。

## 四、薩滿與滿族辦譜活動

滿族家譜纂修告成以後，每隔數年，或十二年續修譜書一次，就初修家譜進行補充和修正，舊家譜如有遺漏，或後來出生的家族成員，續修時都須增入，族系分支重新立譜，也是續修譜書的活動。續修譜書或譜單，簡稱續譜，初修家譜及續譜，習稱辦家譜，簡稱辦譜，在滿族辦譜活動中，薩滿扮演重要的角色。彭勃著《滿族》一書指出，滿族譜書由總穆昆達（mukūn i da）即總族長專管，家族分支要修譜書時，必須以厚禮相求，一般需要宰三口豬祭祀。愛輝縣瓜爾佳氏關文彬，他的老家從寧古塔遷來，祖先存三支，分遷到齊齊哈爾的一支掌管譜書，民國年間，想修譜書，掌管譜書的穆昆達出幾個條件，要抬三口大豬，還要請薩滿跳神祭祀。因花銷太大，關文彬家族無力籌資，所以未把譜書續修出來⑭。由此可知續譜活動的祭祀儀式中，跳神祭祀的靈媒，就是薩滿。

《滿族薩滿教研究》一書指出滿族續譜時，要請本族或本姓薩滿舉行祭祀，將重新修正的宗譜懸掛於西墻沿至北墻，擺列神案祭祖，薩滿響動法器，腰佩神鈴，頭戴神帽，身穿神裙。族人磕頭、燒香、供祀祭品。祭祀時間，可長可短，或二、三天，或三、五天，甚至六、七天，由穆昆聯席會議決定。時間一般在陰曆正月初二日至初五日，滿族多選在龍、虎、鼠等年辦譜，期許子孫如生龍活虎又聰明。由於續譜是整個族姓的大規模活動，它同燒官香的範圍，規模一致。所謂燒官香，即燒公香，凡遇與整個族姓重大利益相關的大事，闔族舉行的全姓祭祀，就是燒官香。如遇洪水災害、瘟疫、地震、火災，本族人能夠平安度過，或闔族遷居外地後，人丁興旺，生活富裕起來，穆昆達即族長與薩滿達（saman i da）即薩滿長便一起籌畫整個族姓祭祀活動，向祖宗表示致謝之意。因此，燒官香與續譜結合成爲一次全族姓的祝祭活動⑮。

滿族錫克特里哈喇，隸屬佛滿洲（fe manju）正黃旗。「錫」字切音爲「石」，冠漢字單姓爲「石」，石姓家族共分七大支，現有人口約六百人，大部分住在吉林九臺市胡家鄉小韓村。石文炳撰〈九臺錫克特里氏族祭紀實〉一文指出，小韓村石姓家族中先後共出十位神授薩滿，一百多名札立（jari），即祝唱神歌的人，漢譯爲二神。因神職人員衆多，並有承襲性，所以族中的祭祝活動延襲已久。石姓於道光二十一年（1841）正月開始，按照滿文家譜的先後輩序，從高祖起，將前三代共九位太爺的畫像供奉在西條炕上方的祖宗板上，每逢陰曆初一或十五兩日，承受族人的香火和磕拜。

小韓村石姓家族辦譜，也選在龍虎年的正月初進行，其目的也是希望後輩子孫個個生龍活虎，慓悍無比。因每隔十幾年才能續譜一次，所以儀式隆重。辦譜前先由穆昆達召集各大支的族長組成譜會，研究辦譜有關事宜，確定專人負責通知本支族成員按時參加及所應承擔的義務。石姓家族辦譜的主持人，雖然是穆昆達。但辦譜是屬於祭祖活動，所以薩滿在辦譜活動中也擔任了重要任務。在辦譜祭祖儀式中，祝神人是札立，他負責用滿洲語言表達後人對祖先的虔誠，主筆人負責將尚未上譜的男孩和媳婦寫入總冊及分冊的譜書上。

接譜是辦譜的第一項程序，當天上午辰刻由穆昆達帶領各大支族長前往上次供祖的家中接譜，隨行家族成員在族長的帶領下，按先長後少的輩分，向先祖行三拜九叩大禮，接著由札立用滿語向先祖稟告，大意說：「我們都是石姓家族的子孫，您的後輩時刻不敢忘記先祖艱苦創業之恩德，如今舊月已過換新月，子孫們用新打下來的飽滿新糧，上好的美酒、新鮮的瓜果、自製的芸香、新買的香火，擺成了大供，在此良辰吉日，按祖制規定，特來敬請先祖到某地享祭」等語。札立念完後，始將盛放先祖畫像的譜匣和盛放譜書的譜箱抬走。原供祖之家，須拜跪相送，以表示對先祖的虔誠和敬仰。

亮譜是辦譜的第二項程序。當譜匣和譜箱抬到辦譜地點時，一進大門便要鞭炮齊鳴，族人按輩分跪接先祖，進屋後，按事先選好的吉時，淨手後取出先祖的畫像，背北面南，懸於西屋北墻之上，懸譜完畢後，便要擺供焚香，第一個上香的是始母祖先神，第二個上香的是在祖宗板上享祭的氏族神，他生前是薩滿，死後歸長白山爲神，並闖香堂報號而又抓了新的薩滿者，才有資格在祖宗板那裡享祭。由於所祭的是神而不是人，所以要第二個上香。第三個上香供祭的是氏族的先祖，屬人魂，而不是神魂。

續譜是辦譜的第三項程序，凡是沒有上譜的兒孫及媳婦均用毛筆把名字續寫在譜書上，存者一律用硃砂或銀書寫，歿者一律用黑色將原來已上了譜的名字的紅字描蓋上去，有官職和學位者，要在名諱的右邊書寫明白，以示光宗耀祖。

後世所見石姓族譜，長九尺，寬六尺，是道光二十一年（1841）正月間彩繪出來的，譜的最上方畫著奇峰疊嶂的長白山，奔騰的松花江，莽莽的輝嶺和輝發河圖案。族譜正中是「金鏤神堂」，內畫高祖倭力和庫的坐像。稍下神堂中，畫著二代曾祖太僕寺的總珠軒達即採捕之長吉巴庫爾楚和的畫像。最下方是第三代七位曾祖並排的畫像。族譜的左右兩邊和上方寫有對聯和橫批，上聯是「福如東海長流水千古永存」，下聯是「壽比南山不老松萬年長青」；橫批是「樂吉孝思」。

宰牲是辦譜的第四項程序，宰牲前要在室內進行領牲儀式，豬頭朝祖爺像，札立跪在豬頭左側，用滿語對先祖的功德進行讚頌，並稟明今日宰牲是爲祭祖恭請先祖享祭之意，如果豬搖頭擺耳，即表示先祖及諸神祇已同意此次宰牲而領牲了，如果豬不搖頭擺耳，就表示先祖不同意宰牲，或因某事尙未辦妥，那就必須請薩滿走「托里」。托里，滿洲語讀如"toli"，意即神鏡。薩滿走托里說明不領牲的原因。走托里時，薩滿左手拿著銅鏡背面的龍頭，即銅鏡的背鈕，右手拿一個半拉兒神珠，一邊誦滿語，一邊將神珠放到銅鏡上。薩滿一邊走托里，一邊用滿語把自己所懷疑神豬不領牲的原因翻念出來，如果某一句說對了，神珠便立刻原地自轉。這時薩滿將神珠拿下來再重新走托里，並將滿語重新翻上幾次，如果每次神珠都停下來自轉了，就說明原因找對了，只要按照神器明示的事物去補辦，神豬立刻就會領牲，領牲後才可以宰豬，最後全族聚餐，除豬頭按祭規送給薩滿外，其餘的肉都要吃光。在滿族傳統社會裡，相信薩滿本身就是大神，所以全族人送他一個豬頭，敬請享用。收譜是辦譜的最後一項程序，將先祖畫像和譜書請回譜匣及譜箱，供奉在西墻的上方，撤退所有的供品，辦譜活動也就正式結束了⑯。

從滿族各姓族祭過程及石姓族譜內容，可以知道在祭祀中的先祖，曾在生前充當薩滿。薩滿是大神，札立是二神，都是薩滿信仰中的兩種主角。薩滿跳神作法時，必須由札立隨著助唱神歌，擊打神鼓，也全靠札立，必須配合音調相助。薩滿過陰追魂，魂靈出竅，進入催眠狀態時，也由札立扶他躺下，然後挨著薩滿坐下，唱著引導神祇的神歌，並看守薩滿的軀體，薩滿、札立就是一唱一和的老搭檔，缺少了訓練有素的札立，薩滿就很難施展降神附體及過陰追魂的法術了。從九台石姓辦譜過程中薩滿與札立所扮演的重要角色，可以說明薩滿信仰與滿洲家譜確實有密切的關係。

## 五、薩滿家祭與族譜供奉

辦譜祭祀和家祭是滿族祭祀活動中的兩大類，有時候也分別舉行。滿族家祭的神職人員，就是薩滿，他的主要任務是主持本氏族或本族姓的例祭，家薩滿的法器比較簡單，有的穿戴神帽、神裙、神鏡，有的則否。這種祭祀的主祭者是三位一體式的，有薩滿、穆昆達，以及抛置供品、宰牲的鍋頭。富育光、孟慧英著《滿族薩滿教研究》一書指出滿族的家祭，有著極強的穩定性，這種穩定性表現在各姓大同小異的祭儀、祭品、祭具及運用民族語言世代延續，氏族法規及歷史的長久傳襲上。因此，滿族家祭有著鮮明的民族文化個性⑰。

滿族的習俗，以西爲大，以南爲長，正房的西炕，是供奉祖宗的地方，西墻上方供著一塊祖宗板，板上有一個小木箱，箱內除了藏放他們崇信的神偶外，還珍藏著本民族沿襲長久的家譜⑱。瀋陽遼濱塔處滿族住房，習稱口袋房，東外間爲灶房，南門通室外，西裡間爲萬字炕，南北炕住人，西炕墻上搭有祖宗板。進行大祭前，從族長處接取族譜，供在西墻正中香板上供奉⑲。

北鎮縣地處遼寧西部，北鎮滿族的祭祀種類及方式，均極繁雜，貧富有別，地區有別，家族有別，伊徹滿洲與佛滿洲有別，惟就民間一般的祭祀而言，則大同小異。北鎮滿族最重視祭祖，視祖先爲神，幾乎每家都在西墻設祖先神位，放置祖宗匣，匣中除了祖先影像外，多放有自己族姓的譜書或譜單，祭祖時，也同時供奉族譜⑳。

滿族郭合樂哈拉，漢姓爲郭姓。烏丙安著《神秘的薩滿世界》一書指出滿族部合樂哈拉祭祀一位本族第一代祖先神，他的名字被遵稱爲鄂多蠻尼。每次祭祖宗時，必把這尊神像供在香案上，前面同時擺放郭合樂哈拉宗族譜書㉑。滿族祭祖時的神職人員是薩滿，族譜從木匣請下來擺在供桌上供奉時，就是由薩滿和穆昆達主祭，將族譜和祭祖活動結合在一起，如同神偶一樣地供奉族譜，就是滿族家譜的一種特色。

韓屯是吉林永吉縣烏拉街滿族鄉所屬的一個滿族聚居村，全村滿族居民，以關、趙二姓爲主。據說到韓屯立村建屯最早的是關姓，分爲蒙文關、大戶關、百姓關、羅關、侯關等支系，其中百姓關，至今還保存一份族譜，從順治三年（1646）開始立譜，一直延續到民國三十八年（1949）爲止，共經歷了三百多年的辦譜活動。長期以來，崇奉薩滿信仰以及按照滿族傳統燒香祭祖的祭祀活動就是其中較突出的一例。一九九一年七月，劉龍初、張江華、夏之乾等人到韓屯進行短期的調查，並將韓屯滿族薩滿信仰以及薩滿主持燒香祭祖活動的材料整理出來。

韓屯滿族燒香祭祖活動，是每逢甲子年、虎年和龍年舉行，屆時全族集中在家譜房或莫昆達家，由族長出面組織燒香祭祖活動，同時續修家譜，這種活動就是燒官香。每一個家族，都有一個祖匣，匣內藏有本家族的族譜。平時，祖匣放在專門的譜房內，或封存在穆昆達家西炕的墻上。非祭祖期間，任何人都不能開啓它。一家人單獨舉行祭祖活動時，要邀請本家族的成員參加，共同供祭祖匣。若祖匣不在祭祀者家裡，全族人就要一同前往譜房或穆昆達家迎接族譜，由穆昆達祭拜香案，開啓祖匣，取出族譜，供於香案上，擺設各種供品。但供奉族譜的祭祖儀式，也要由薩滿主持，全身用神器武裝起來，跳神舞，用滿語念神詞，搖手鼓，擺腰鈴，在供案前來回走動。韓屯滿族的祭祖儀式，一般就在族譜房內，或保管族譜的穆昆達家裡舉行㉒。由調查報告可以知道，韓屯滿族的祭祖儀式中也要供奉族譜，每逢甲子年、龍年、虎年的祭祖活動，同時也續修族譜，其祭祀儀式，都由薩滿主持，可以說明薩滿信仰與滿族家譜受到族人的崇敬及供奉，確實有密切的關係。

## 六、結　語

在滿族傳統社會裡，重視族譜的纂修及保存，長久以來，蔚爲風氣。滿族政權覆亡後，其風猶存，在一般滿族聚居的村屯裡，有些家庭在除夕晚上，一家成員吃完團圓飯後，家庭的男性家長還帶著這家男性成員到保存本哈拉家譜的穆昆達家去，爲祖先燒香磕頭，給年輕人講解本哈拉的發展歷史，然後到其他長輩家去拜年。滿族不僅重視族譜纂修及保存，而且崇敬族譜，這種原因除了與八旗制度政治因素有關，以及受到蒙、漢等族影響外，還與薩滿信仰有關，分析薩滿信仰與族譜的關係，可以說明滿族家譜的特色。

在古代的時候，國家的大事，是祀與戎，祭祀與征伐，皆見諸中外歷史，在東北亞文化圈內的滿族社會裡，祭祀更是重要的信仰儀式。祭祀時，多由薩滿充當祭司，念誦祝詞，薩滿跳神作法的功能，主要是爲族人祭祀祖先神祇，禳災祈福，祈求豐收，保佑人畜平安。滿族祭祀，有家祭，也有族祭。家祭是以一家一戶爲主，本族人可以參與，邀請薩滿參加；族祭是凡同族人都參加，薩滿理所當然要參加㉓。家祭與族祭的形式，除春秋常例大祭、燒官香、許願祭、背燈祭，還願祭外，祭祖及辦家譜也是滿族一系列祭祀活動中的大規模典禮，辦譜要祭祖，祭祖要供奉族譜，充當祭祖及辦譜活動的神職人員，就是薩滿和札立。由於薩滿信仰的盛行，薩滿神本子傳承，有助於了解滿族諸姓的族源、遷徙及人物事蹟，也提供了很珍貴的族譜資料。滿族家譜與祖宗神偶或影像供在西墻祖宗匣內，更說明滿族對族譜的崇敬。

滿漢文的滿族家譜，記載翔實，可信度較高，爲研究清代家族史、地方史、民族史和研究滿族風俗習慣、語言文字及宗教信仰，都提供了許多寶貴的資料，有重要的史料價值，不僅應當妥善保存，同時也應當整理出版。除滿族家譜外，滿漢文本的薩滿神本子，同樣值得搜集整理出版。尤其更應當加強對薩滿信仰的研究，借助於薩滿信仰的研究成果，可以對滿族家譜的特色作進一步的了解。

【註　釋】

① 札奇斯欽撰〈蒙古族譜概說〉，《第三屆亞洲族譜學術研討會會議記錄》（臺北，聯合報文化基金會國學文獻館，民國七十六年九月），頁57。

② 陳捷先撰〈談滿洲族譜〉，《第三屆亞洲族譜學會會議記錄》，頁62。

③ 李林著《滿族宗譜研究》（瀋陽，遼瀋書社，1992年6月）頁1。

④ 《滿族家譜選編》（瀋陽，遼寧民族出版社，1988年7月），序言，頁3。

⑤ 《軍機處檔・月摺包》（臺北，國立故宮博物院），第二七三六箱，

八六包，145429號，光緒二十七年十一月初六日，善耆等奏摺。

⑥ 徐昌翰撰〈論薩滿文化現象——「薩滿教」非教芻議〉，《學習與探索》，1987年，第五期（哈爾濱，黑龍江省社會科學院，1987年9月）頁122。

⑦ 富育光、孟慧英著《滿族薩滿教研究》（北京，北京大學出版，1991年7月），頁134。

⑧ 烏丙安著《神秘的薩滿世界》（上海，三聯書店上海分店，1989年6月），頁273。

⑨ 楊錫春著《滿族風俗考》（哈爾濱，黑龍江人民年版社，1988年6月），頁86。

⑩《滿族薩滿教研究》，頁134。

⑪ 富育光著《薩滿教與神話》（瀋楊，遼寧大學出版社，1990年 10月。）頁256。

⑫ 《薩滿教與神話》，頁257。

⑬ 宋和平譯註《滿族薩滿神歌譯註》（北京，社會科學文獻出版社，1993年10月），頁26。

⑭ 彭勃著《滿族》（三河縣，民族出版社，1985年5月），頁119。

⑮ 《滿族薩滿教研究》，頁71。

⑯ 石文炳撰〈九台錫克特里氏族祭紀實〉，見孫邦主編《吉林滿族》（長春，吉林人民出版社，1991年10月），頁215。

⑰ 《滿族薩滿教研究》，頁71。

⑱ 《吉林滿族》，頁254。

⑲ 《瀋陽滿族誌》（瀋陽，遼寧民族出版社，1991年8月），頁249。

⑳ 《北鎮滿族史》（瀋陽，遼瀋書社，1990年8月），頁164。

㉑ 烏丙安著《神秘的薩滿世界》（上海，三聯書店上海分店，1986年6月），頁159。

㉒ 《民族文化習俗及薩滿教調查報告》（北京，民族出版社，1993年12月），頁251。

㉓ 尹郁山編著《吉林滿俗研究》（吉林，吉林文史出版社，1991年12月），頁120。

# 清代紅幫源流考

## 一、前　言

歷史記載，是以人物爲中心，歷史學就是以人物作爲主要研究對象，惟其注意力不宜僅集中於統治階層的少數人物身上，以致忽略下層社會的廣大群衆。近一、二十年來，中外史家對中國歷史的研究方向，已由上層社會的王公大臣逐漸轉移到下層社會的市井小民或走卒販夫。所謂秘密社會，主要是指下層社會的秘密宗教與秘密會黨而言，因其活動並未得到官方的認可，而成爲不合法的組織，中外史家研究秘密社會的風氣，雖然日盛一日，不過由於資料不足，官書記載固失之於隱諱，私家著述則多憑藉傳聞，神話傳說的成分居多。近人根據神話傳說，牽引史事，以考證秘密社會的起源與發展，所得結論，或穿鑿附會，或推求影射，以致異說紛紜，莫衷一是，俱非信史。

明代末年，由於社會經濟的變遷，秘密社會的問題，已極嚴重。滿洲入關以後，秘密社會的活動，益趨頻繁，歷朝君主取締秘密社會，不遺餘力，直省文武大吏遵旨查辦秘密社會的案件，其呈報朝廷的各類文書仍多保存。國立故宮博物院現藏清代檔案，主要爲中央與地方的政府文書，依其來源，大致可分爲宮中檔、軍機處檔、內閣部院檔、史館檔四大類。宮中檔主要爲康熙年間以降歷朝君主親手批發的滿漢文奏摺，除少數部院廷臣的摺件外，主要來自直省外任官員，對地方事件奏報極詳，含有很豐富的地方史料；軍機處檔包括檔冊與月摺包，前者爲軍機處經辦文移分類彙抄的檔冊。後者則爲宮中檔奏摺錄副存查的抄件，以及部院衙門奏摺的原件，可補宮中檔的闕漏；內閣部院檔主要爲票簽處及各部院辦理國家庶政分類繕錄的種種簿冊；史館檔包括清代國史館與民初清史館所纂輯的紀、志、表、傳之各種稿本，以及爲纂修稿本所搜集的有關資料。

清代檔案，浩瀚無涯，近年以來，由於檔案的陸續發現與積極整理，使清代史的研究，走上新的途徑。有清一代，秘密社會滋事案件，層出不窮，地方官查辦各案件的奏摺及所錄罪犯的供詞，都是最珍貴的直接史料，蒐集直接史料，發掘檔案，比較公私記載，排比史實，從事有系統的分析與敘述，才是探討秘密社會的正確途徑。清代以來的紅幫，就是家喻戶曉的一種秘密社會，向來頗引起中外學人的注意與興趣。惟坊間發行各書，俱演繹神話傳說，穿鑿附會，並無史實根據。本文撰寫之目的即在嘗試儘量發掘檔案，掌握直接史料，以探討紅幫的源流，俾有助於秘密社會信史的重建。

## 二、關於紅幫起源的異說

關於紅幫的傳說，不僅內容有出入，即其名稱，亦不一致，其起源問題，更是異說紛紜，莫衷一是。常聖照編《安親系統錄》一書謂：

> 當清廷乾嘉之際，有所謂紅幫的興起，其實，它便是青幫所分化的一支。不過，他們袒護清廷的意識佔多數，紅幫的祖師，便是總紅，此人無姓無名，非常神祕，可能是清廷的化身，但不久也便衰落，又復併其勢力入於青幫。這與青幫的變質，是有重大關係，也可以說，是清廷善於運用幫會的明證①。

前引文字中指出紅幫的興起時間是在乾嘉之際，是由青幫分化而來，具有濃厚的政治意味，袒護清廷的意識很強烈，紅幫的祖師是總紅，姓名不詳。南懷瑾撰〈青幫興起的淵源與內幕〉一文亦謂：

> 總紅確有其人，他的名字是否就是如此的稱呼，那也無從考證，祇是在洪門與青幫之間，當滿清中葉之時，又分化成立一個紅幫，它與青幫既互相照應，又互相分立，據說就是總紅祖師所創的。這位祖師，又是雍正或乾隆的祖師，所以幫忙他創立紅幫，以分化洪門與青幫的勢力。他有很高的武功與法術，可能是一位學習密宗紅教的學者，所以便叫總紅②。

前引文字中亦認爲紅幫是由青幫分化而來，祖師總紅「可能是一位學習密宗紅教的學者」。南懷瑾在文中又謂「那位避居塞外的祖師，又名爲總紅，是蒙古人。」常聖照與南懷瑾所稱紅幫由青幫分化而來，爲祖師總紅所創的說法，純屬傳說，並無史實依據，俱不足採信。

日人末光高義著《中國之秘密結社與慈善結社》一書，略謂紅幫係匪徒之間結合而成的秘密團體，其源流分爲雙龍山、春保山、伏虎山三個時期，雙龍山是紅幫的創立時期，春保山是紅幫的再興時期，伏虎山是末期。清文宗咸豐四年（1854），有林鈞等十八人，俱係退役將領，率其部屬約一千人，在江蘇北部雙龍山鴻鈞廟組織秘密團體，因爲這個團體產生的地點是在鴻鈞廟，所以在初創時叫做「鴻幫」。清穆宗同治年間，平定太平軍後，鴻幫遭受清軍將領彭玉麟的攻擊，而被解散。大約在同治四年（1865）前後，有秀才盛春山者與無賴漢三共謀復興鴻幫，在江北春保山聚集群衆，並易名爲紅幫③。書中所述紅幫的起源，傳說的成分居多，於史無徵，仍然不足採信。幫會叢書《金不換》則稱元末韓山童、劉福通、徐壽輝、郭子興、朱元璋等起兵，其兵頭戴紅巾，朱元璋爲郭子興部將，後來代領其衆而有天下，爲紀念朱元璋起義時所戴紅巾，遂稱爲紅幫。原書引天地會文件中包頭詩「紅巾一條在手中，包在頭上訪英雄」兩句，遂謂紅幫是以頭包紅巾而得名④。但紅幫與紅巾無涉，紅幫因紅巾而得名的說法仍待商榷。蕭一山撰〈天地會起源考〉一文云：

天地會的名稱不一，普通所稱之三合會、三點會都是牠的別名，後來的清水會、匕首會、雙刀會、鉢子會、告化會、小紅旗會、小刀會、劍仔會、致公堂、以及哥老會、青紅幫等都是他的分派。但牠原來的總名，對外則稱天地會，對內則自稱洪門。因爲恐怕外人識破，又把天地會三字改寫爲『㵂㵂岃』，倫敦不列顛博物院所藏天地會文件抄本 Oriental 8207 E（1）有道：『自入洪門之後，手足相顧，設立忠義堂，拜爲㵂㵂岃歃血聯盟。』（見史料卷二洪門小引）可見洪門天地會是他們原來的名稱了⑤。

前引文字中認爲青紅幫等都是天地會的分派，其原來總名，對外稱天地會，對內則自稱洪門。蕭一山同時指出「紅幫是哥老會的正統，由於洪家一名轉來的，洪家當然就是洪門了。」陶成章撰〈教會源流考〉一文亦謂：

三點會也，三合會也，哥老會也，無非出自天地會，故皆號洪門，又曰洪家，別稱洪幫（俗訛爲紅幫）。哥老會既出現以後，乃又有潘慶者，竊其餘緒以組織潘門，或曰潘家，又曰慶幫（俗訛作青幫）。其分立之原因，蓋由潘慶爲販賣私鹽之魁，哥老會之徒皆湘勇，則又爲捕販賣私鹽者也，勢成反對，故別立旗幟，然湘勇之捕鹽梟也其名，而暗通也其實，故雖有反對之名，而無其實，且其源流本出洪門，尚未盡忘木本水源之意，故凡潘門兄弟，遇見洪門兄弟，其開口語必曰潘洪原是一家⑥。

陶成章也認爲洪幫是天地會的別稱，因「洪」與「紅」兩字讀音相近，所以「洪幫」又訛爲「紅幫」。日人平山周著《中國秘密社會史》一書指出青幫是鹽梟及光蛋，而紅幫則爲哥老會中的正統⑦。

紅幫爲天地會別稱的說法，固不可信，紅幫爲哥老會正統的論點，同樣仍待商榷。戴玄之教授撰〈清幫的源流〉一文中已指出清幫源出洪門，爲天地會支派的論點，衆口一辭，視同定理，此種觀念，牢不可破，但清幫的成立年代早於洪門數十年，清幫源出洪門之說，實不足徵信⑧。清幫既非源出洪門，紅幫同樣也不是天地會的別稱，洪幫俗訛爲紅幫的說法，尤不可採信。紅幫並非屬於天地會的範疇，探討紅幫的起源，發掘檔案及認識秘密宗教的性質，才是正確的途徑。

## 三、紅幫與羅祖教的關係

明清時期，秘密社會的活動，日趨活躍。所謂秘密社會，就是指下層社會中各種非公開活動的組織而言，因其生態環境、思想信仰、組織形態、社會功能，彼此不同，各有其特殊條件，所以研究中國秘密社會問題，必須分爲秘密會黨與秘密宗教兩個範疇，南會北教，不可混爲一談。會黨是屬於多元性的異姓結拜組織及械鬥團體，並非起於一地，也不是始於一時，更非創自一人，其創立是起於抵抗鄉紳大姓，或營兵胥役及異籍之人的欺凌壓迫，在天地會成立以前，鐵鞭會、父母會、鐵尺會、一錢會、小刀會、邊錢會、添弟會、雷公會等會黨已先後正式出現⑨，天地會並非原來的總名，會黨林立，名目繁多，天地會就是其中一種勢力較大的會黨。秘密宗教起源於民間的各種信仰，並雜糅儒釋道的思想而創生，是屬於多元性的信仰結構，教派林立，名目繁多，其中羅祖教與紅幫的起源有極密切的關係，清代羅祖教的成員，除農村城鎮的善男信女外，有漕省分的糧船水手多皈依羅祖教，雍正元年（1723）十二月，刑部尚書勵廷儀於〈奏請嚴禁怙惡邪教水手〉一摺略謂：

> 竊查糧船每隻頭舵二名，水手八名，又閑散二、三名，此類率多無籍之徒，朋比爲奸，本船正副旗丁二名，勢不能彈壓制服。當漕糧兑足之後，仍延捱時日，包攬私貨，以致載重稽遲，易於阻淺，不能如期抵通，及回空經產鹽之地，又串通風客，收買私鹽，此其弊端之彰著者。乃尤有不法之事，凡有漕七省之水手多崇尚羅門邪教，而浙江、湖廣、江西三省，其黨更熾，奉其教者，必飲生雞血酒，入名冊籍，並蓄有兵器。按期念經，則頭戴白巾，身著花衣，往往聚眾行兇，一呼百應，於康熙五十七年浙江與湖廣之船在武清縣地方相遇爭鬥，殺傷多人。六十一年，嚴州、廬州等幫在山東地方有行劫鹽店大夥劫殺等事。凡此種種兇惡，漸不可長，亟思懲治之法，莫若飭令該省督撫務著本軍充當水手，則此弊自可禁絕。聞從前糧船因撐駕乏人，招募數名，謂之外水，歷年以來，呼朋分類，盤踞漕船，視爲常業，旗丁畏其勢眾，不能不行僱募⑩。

有漕省分包括直隸、山東、河南、江西、江南、浙江、湖廣等省，其中江浙湖廣等省，崇奉羅祖教的糧船水手，爲數尤夥。

羅祖教簡稱羅教，教中傳有《三世因由》一書，是探討羅教源流的重要秘籍，惟後世查獲的「三世因由」，其文字略有出入。

乾隆年間，雅爾哈善在浙江巡撫任內查辦羅祖教案時，查閱《三世因由》一書，內載「一世羅因，二世殷繼南，三世姚文宇，自稱三祖。」⑪據近人的考證，「因」即「英」的音訛，羅英就是羅清的化名。羅清是山東萊州府即墨縣豬毛城城陽社牢山人，生於明英宗正統七年（1442），明世宗嘉靖六年（1527）坐化⑫，享年八十六歲，法名悟空，羅祖教、無爲教俱尊祖師。惟據閩浙總督喀爾吉善所查獲的《三世因由》則謂「初世羅成，就生長山東，在古北口修道；二世殷繼南，生長浙江縉雲縣；三世姚文宇，生長慶元縣。」⑬雍正年間，羅祖教的信徒張維英供稱「我們是鄉間人，此教是羅明忠的祖上羅成就在正德年間傳下來的，封爲無爲教，誦的是一部苦心悟道經，吃齋點燭。」⑭供詞內所述羅祖姓名，與喀爾吉善所查獲的《三世因由》一書的記載相符合，無爲教是由羅姓祖上羅成所創立，所以又稱爲羅祖教。二世殷繼南是浙江處州府縉雲縣虎頭山人，生於明世宗嘉靖十九年（1540），十五歲時信奉羅祖教，法號普能，自稱是羅祖轉世。明神宗萬曆四年（1576），率弟子登天臺山，宣揚教義，聚衆三千餘人，地方官以其妖言惑衆，捕送處州府監禁，萬曆十年（1582）伏誅，享年四十三歲。三世姚文宇生於萬曆六年（1578），傳說生後數年不言，至殷繼南死後始開口說話，自稱是羅祖轉世，清世祖順治三年（1646）被殺，享年六十九歲。

羅祖著有五部六冊經卷，即苦功悟道卷、歎世無爲卷、正性除疑無修證自在卷、《巍巍不動泰山深根結果寶卷》各一冊，《破邪顯證鑰匙卷》上下二冊，合計五部六冊。後世流傳的羅祖教經卷大多爲明代正德年間至清代康熙年間的原刻、校正、重刻本，各部經卷是屬於變文的形式，敷衍故事，鄙俚通俗，並吸取了佛道經典、各種詞曲及戲文的形式與思想，容易爲識字不多的一般民衆所接受，五部六冊的抄寫刊刻，流傳很廣，成爲明清時期秘密宗教各教派的共同經卷。羅祖教吸取了禪宗的空，道家的無與淨土宗的彼岸思想，再加上劫變的觀念，而概括出「眞空家鄉，無生父母」八字眞言，用彼岸思想否定了現實世界，以無極淨土爲宇宙的本源。世人皈依羅祖教，吃齋誦經，則苦業離身，解脫沈淪，返回眞空家鄉，進入理想的未來極樂世界。明清時期，社會多亂，羅祖教極爲盛行，正反映下層社會的貧苦大衆對現實世界的失望，及其對未來千福年理想境界的憧憬與渴望⑮。

信徒供奉羅祖神像誦經棲息之所，稱爲庵或庵堂，有漕省分運河兩岸糧船停泊地方，建有許多庵堂。江浙地方的庵堂，主要爲山東、直隸各屬糧船水手回空棲息之所，其中杭州府北新關外拱宸橋地方，向爲糧船停泊之處，附近庵堂更多。閩浙總督崔應階具摺指出杭州各庵的由來，其原摺略謂：

> 杭州府北新關外拱宸橋地方，向爲糧船停泊之所，明季時有密雲人錢姓、翁姓、松江潘姓三人流寓杭州，共興羅教，即於該地各建一庵，供奉佛像，喫素念經，於是有錢庵、翁庵、潘庵之名。因該處逼近糧船水次，有水手人等借居其中，以致日久相率皈教，該庵遂爲水手己業，復因不敷居住，醵資分建至數十庵之外，庵外各置餘地，以資守庵人日用，並爲水手身故義塚，每年糧船回空，其閒散水手皆寄寓各庵，積習相沿，視爲常事，此水手皈教之由來也⑯。

北新關外各庵內寓歇的水手，以異籍之人爲主，籍隸山東、直隸者尤夥。各庵由駕船出身、年老無依的水手看守管理，以庵堂作爲託足棲身之所，平日皈依羅祖教，茹素誦經，以求精神寄託。庵外置有空地，不識字未能念經者，耕種空地，以資餬口，並利用空地作爲水手身故掩埋的義塚。糧船水手於每年回空時，其無處傭趁者，即赴各庵寓歇，每日付給守庵者飯食銀兩。其無力支給者，則由守庵之人墊給飯食，俟重運將開，水手得有佳價時，即計日償錢，守庵老水手就可以藉沾微利，取資過活。庵堂的設立，其主要目的就是要使生者可以託足，死者有葬身之地，確實解決了流寓外地的糧船水手年老退休、疾病相扶、意外相助及在異地寓歇的切身問題⑰。

皈依羅祖教可以享受各種好處，庵堂的設立，具有宗教福利的社會功能。自從明末清初以來，由於漕船水手與日俱增，拱宸橋地方的庵堂，陸續增設達七十餘庵。雍正五年（1727），浙江巡撫李衛曾訪聞北新關外仍有三十餘庵，各庵內寓歇的水手俱係異籍之人，因恐盡行拆燬後，回空之日，無所依歸，所以僅燬去經像，不許仍稱羅祖教，惟保留二十餘庵，其餘各庵俱經拆燬。乾隆年間，浙江仁和縣知縣王莊訪聞拱震橋地方有十餘庵，其中朱光輝所住老庵，本係錢庵，因年代久遠，故稱老庵；唐潮所住萬庵，原是翁庵，因萬姓改建，所以稱爲萬庵；此外劉庵、陸雲庵、八仙珠庵、滾盤珠庵、周庵、閻庵、石庵等，俱由錢庵分出。至於楊欽所住劉庵、李應選所住李庵，周成龍所住王庵及章庵、黃庵、虞庵、彭庵等則自翁庵分出。又高萬成所住清涼淹，丁文學所住王庵，張國柱所住劉庵，是由潘庵分出。各庵由錢、翁、潘三庵輾轉分化，以致庵堂林立。浙江巡撫覺羅永德等認爲糧船水手皈依羅祖教者甚夥，都是好勇鬥狠之徒，聲應氣從，尤易齊心生事，而奏請燬去庵名，改爲公所，以爲水手託足容留之處。但清高宗認爲所辦未盡妥協，於乾隆三十三年（1768）九月十七日命軍機大臣寄信覺羅永德從嚴辦理，其諭旨略謂：

據永德奏北新關外查出庵堂十餘處，庵内收藏經卷，供奉羅像，每年糧船回空水手容留托足，請將皈教之人從重處治，毀其經像，革除庵名，改爲公所，仍許水手回空時棲止等語，所辦尚未盡妥協。杭州各處經堂，向係糧船水手所設，借棲止爲名，信奉羅教，本應嚴禁，從前雖經李衛查毀經像，而房屋尚存，以致故智復萌，各庵内仍藏羅經羅像，是其惡習難返，非徹底毀禁，不能盡絕根株。若僅如該撫所奏，將庵堂改爲公所，數年之後，查察稍疏，伊等勢必又將公所變爲庵堂，總非正本清源之道。至水手棲止之所，原不必官爲籌畫，此輩皆旗丁臨時雇募應用，更非官丁可比，即或散居各處，至期自能赴幫應雇，何必爲之鰓鰓過計。況有漕之處，不止浙江一省，即如江南、湖廣、河南、山東均有糧船，均需水手，並不聞皆有棲止公所，何獨浙江爲然，況此等游手好閑之人，群居一處，必至滋生事端，於地方又有何益？著傳諭永德，除將本案從重辦理外，所有各庵堂概行拆燬，毋得仍前留存，復貽後患，欽此⑱。

覺羅永德遵旨檄行藩臬兩司，將北新關外所查出三十三庵，概行拆燬，不使留存，其拆下各物料及地基，逐一估計，變價造冊報部，留充地方公用。

紅幫是信奉羅祖教的糧船水手之秘密組織，而且往往就是分類械鬥團體，其名稱的由來，與洪門無涉，而是因糧船幫而得名。河道運粟，主要分爲漕糧與白糧，山東、河南、安徽、江蘇、浙江、湖廣等省徵納白米，轉輸入京，稱爲漕糧；江蘇蘇、松、常三府，太倉一州，浙江嘉、湖兩府，歲輸糯米於內務府，以供上用及百官廩祿之需，稱爲白糧。漕運糧船有船幫的組織，江、浙轉輸白糧，沿明代民運舊制，其後以臨期雇募民船，時日稽遲，改行官運，但仍不便民，乃令漕船分帶，以省官民之累。江、浙運白糧船，原定蘇州、太倉爲一幫，松江、常州各爲一幫，嘉興、湖州各爲一幫。各幫水手械鬥滋事案件，層出疊見，所謂紅幫或青幫的「幫」，本爲漕運糧船幫的「幫」。胡珠生撰〈青幫史初探〉一文中指出，青幫在不同時期具有不同的特點，而將青幫的歷史分做三個階段：從明季至清季道咸之交，大約二百五十年間，是爲前期，屬於漕糧河運階段，是以糧船水手爲主體的組織；從道咸之交至辛亥革命，大致六十年間，是爲中期，屬於漕糧改由海運階段，成爲以私鹽販爲主體的組織；辛亥革命以降則爲後期，是沒落的階段⑲。青幫的「幫」，的確就是糧幫的「幫」，紅幫與青幫都是以糧船水手爲主體的組織，但糧船水手走私販鹽等不法活動，在漕糧河運階段已極猖獗，並非始於海運階段。

## 四、紅幫的形成

紅幫的形成，是清代漕運積弊下的產物。由於糧船旗丁人數甚少，且不諳水性，只得雇募水手，由千總保結，然後呈報守備及府廳等官。又因漕船體積日增，水手人數亦隨著增加，每船旗丁、舵工、水手不下三、四十人⑳。雍正年間，江西巡撫謝旻已指出各省糧船有七千隻，以頭舵、水手計之，不下十萬餘人，而糧船經過之地，需用剝淺、頭縴、提溜等項人工，又不下數萬人㉑。向來糧船行走，准許旗丁沿途酌量水勢，其應需縴夫，聽其臨時自行雇募。水手素質低劣，多係下層社會的貧苦民衆，或游手好閒之徒，江、浙惰民或「賤民」就是糧船水手的主要來源，「強悍性成」，每致恃衆械鬥，滋生事端，清廷曾議及更換頭舵、水手，但本軍不諳撐駕，無從更換。漕運總督張大有具摺時略謂：

茲於糧船過淮盤驗時，臣逐船查點，每船只換一、二名，

> 或三、四名不等，據各糧道弁丁同稱：糧船除正副旗丁之外，其本軍內或貿易爲生，或務農爲業，撑駕之事，多不諳練，糧船涉江渡黃，提溜打閘，關係重大，非熟諳之人，不能勝任，不得不將老練水手留用數人撑駕，俟本軍學習諳練，然後盡得更換，且糧船旗丁有什軍朋運者，可以學習撑駕，漸次更換，若户少丁稀，併無什軍者，勢不得不僱募外人代撑等語㉒。

頭舵、水手操縱漕運，積弊叢生，漕糧運弁不隨幫管押重空，常擅自離幫，正丁、副丁亦未能專管糧船，舵工則以漕船爲世業，各幫水手肆行無忌，各立教門，其中翁庵與錢庵的羅祖教信徒，合爲一教，稱爲老安教，潘庵信徒另爲一教，稱爲潘安教，從翁、錢各庵分化出來的新庵，合爲新安教，供奉羅祖神像，每教內各有主教，叫做老官，又作老管，每幫有老官船一隻，供設羅祖，入其教者，投拜老官爲師，各船水手聯合資助。據御史王世紱統計三教不下四、五萬人，沿途縴手尙不在此數。各幫老官操生殺予奪之權，水手犯過，必送老官處治，輕者責罰，重者立斃，沉入河中。向來幫船沿途給發水手錢文，是由各幫頭船開寫一單，遞交在後各船，照單開發，稱爲溜子。水手雇値，向例不過一兩二錢，水手以雇値低微，往往挾制旗丁，每名索錢二、三十千文不等，貪得無厭，除應發身工等項外，沿途屢次勒索，各船多已加至百餘千文。糧船水手，一遇重空兩運，水淺停滯，或催趲閘壩，即藉端向頭船旗丁加索錢文，逼寫溜子，溜子一出，即須挨船給付。倘若頭船不發溜子，一、二次以後，懷怨既深，每於停泊曠野處所，乘夜聚衆滋鬧，以洩其忿，打船進艙，持刀恐嚇，無所不爲，不但旗丁畏之如虎，即丞倅運弁，亦不敢過問㉓。羅祖教聲勢既盛，老官竟開寫溜子，當糧船銜尾前進時，忽然停止，老官即傳出溜子，索添身工價值，旗丁不敢不從。

各糧船老幫水手多係老安教的信徒，新幫水手多係新安教的信徒，老幫水手與新幫水手彼此之間亦常因利害衝突，互相仇殺，糧船水手的分類械鬥案件，遂屢見不鮮，道光五年（1825）三月，杭三新幫水手李廣明、郭世正、楊起敬三名到浙江省城喊控。據供稱向來嘉白、杭三兩幫內，老幫水手俱是齊心一氣。是年二月初四日，嘉白老幫水手與新幫水手爭鬧，杭三老幫水手於是日夜間，將幫內新幫水手尋殺，新幫被殺屍身撈獲十一軀，其老幫首領是吳在明，其餘頭目有徐老大等二十多人㉔。御史錢儀吉指出浙省糧船水手所立老安教與潘安教，糾衆仇殺，在嘉興西麗橋水次鬥殺，自二月初四日起至初七日止，教中「以朱墨塗面」，各爲標幟，持刀鬥殺，晝夜不散，其逃逸上岸者俱被追殺，有的被截斷手足，投擲河流，傷斃多人，過往客船皆被攔截搜拏，甚至有行人因走避不及誤遭刃斃者，數日內城門晝閉，府縣營汛坐觀無策，兵役等竟無一人上船會拏滋事水手。其自行投案的水手李明秀、馬文德二名，在縣城拘禁，幫中水手旋即糾衆劫獄，府縣畏葸驚惶，竟商同將李明秀等二名釋放。

老安教習稱老堂，潘安教習稱潘堂，水手兇狠好鬥，據漕運總督恩特亨額指出江、浙兩省不安分的水手計有二十餘幫，各幫糧船內藏匿大量器械，包括鳥鎗、鐵砂、長槍、撲刀、鐵鞭、大斧、腰刀、雙刀、鐵尺、順刀、鬼頭刀、木棍等。糧船沿途雇募的縴手，必推曾經械鬥受傷的人充當頭目。據御史王世紱奏稱，教中遇有爭鬥，老官「以紅箸爲號」，人即立聚。嘉興白糧幫，全幫共六十九船，水手有一千餘名，主要爲籍隸徐州、山東各州縣，結成一氣，衆心甚齊，幫中俱「以紅布繫腰」，作爲標幟。由於各幫之間，利害相衝突，動輒糾衆械鬥，夙讎始終未釋。道光八年（1828）七月內，嘉興白糧幫停泊通州劉格莊東岸，有水手名王大小者，上街購買衣物，與臺州前幫水手李大楞等會遇，李大楞等企圖報復，將王大小殺傷斃命。嘉興白糧幫水手楊德糾合同幫水手百餘人，各持刀槍器械前往尋毆。臺州前幫水手，力不能敵，傷亡衆多，李大楞等被殺，棄屍河內。臺州前幫水手以處州後幫多係老安教，後來亦有潘安教徒雜入其中，遂勾結處州後幫老安教水手，將處州幫中潘安教水手殺斃多人，將屍身紛紛拋棄河中，其挾讎兇鬥之烈，實已目無法紀㉕，各幫糧船水手，爭強鬥狠，地方文武官員竟不敢過問。浙江巡撫烏爾恭額具摺奏聞漕運水手各分黨羽的情形，其原摺略謂：

> 查浙江糧船水手習教，起自前明羅姓之徒翁、錢、潘三人，翁、錢兩教謂之老安，潘姓一教謂之潘安，每幫頭船名爲老堂，供有師傅羅姓牌位，凡投充水手，必拜一人爲師，各分黨羽，意在爭窩爭鬥以自強，與別項邪教之煽惑人心者各別，其中年老水手間有持齋，並誦金剛等經之人，亦與念習荒誕之咒語不同。自道光五年嘉白等幫分類械鬥，殺斃多命，大加懲創後，其教漸衰，其堂亦漸廢，不敢設立師傅羅姓牌位。又在每幫船上供奉觀音大士神像，於糧艘渡黃過壩以前，朔望焚香念誦心經，祈保平安，於是復有經堂名目㉖。

御史錢儀吉具摺時已指出糧船水手多係強狠無籍之徒，每至沿途擾累滋事，漕務官弁，以趲路爲急，不暇深求，而地方官又以事隸漕船，不妨推諉，俱圖敷衍目前，日久遂釀成鉅案㉗。御史陸以烜亦指出浙江幫船水手，向來多由無業窮民募充，兇悍性成，恃衆滋事，目無法紀，無所不爲，不但旗丁畏之如虎，甘心隱忍，即各船丞倅運弁，亦以人役無多，莫敢過問，稟報上司，交地方官審辦時，則化大爲小，不過將水手從輕擬罪，而稟報之員，卻以約束不嚴，已先干吏議，以致各幫甫經懲創之後，處州後幫水手復糾衆互毆。

糧船水手薛三、姜占波、谷泳幅等，分隸山東濟寧、臨清、武城等縣，各在鎮江、杭湖、寧紹、溫處、安慶等幫充當水手，屢次滋事，訛作錢文，道光十六年（1936）八月，於山東被拏獲，據護理山東巡撫布政使劉斯嵋具摺指出各幫船上向有羅姓流傳老安、潘安教會，供奉羅祖神像，該教分列支派，入教之人給予老管香錢一、二百文不等，朔望焚香磕頭，諷誦苦功經，勸人爲善，水手拜老管爲師，方有照應。從前只准老管收徒，其後因各水手輒轉傳徒，習教者漸廣，竟不聽老管的約束㉘。

老安教、潘安教與新安教，都是從羅祖教轉化而來。浙江巡撫烏爾恭額已指出嘉白等幫的爭窩爭鬥，就是一種分類械鬥，老安教與新安教固然彼此械鬥，即老安教與潘安教同樣也互毆械鬥。老幫水手與新幫水手爭窩爭鬥的情況，更加嚴重，嘉興白糧幫與臺州前幫、處州後幫挾讎械鬥的案件也是層出不窮。各幫糧船水手多皈依羅祖教，具備相同的宗教信仰，但因彼此利害不同，以致動輒毆鬥，殺斃多人。因此，老安教、潘安教、新安教、嘉興白糧幫、臺州前幫、處州後幫等都是一種械鬥團體。各種械鬥團體的由來，與羅祖教的發展、糧船水手素質的低劣、漕政積弊的日趨嚴重都有密切的關係，至於導致械鬥的原因也很多，或因水手向旗丁索取雇值，逼寫溜子不遂，或因水手爭駕新船而起釁，或因走私販毒而引起糾紛，或因爭奪地盤即所謂爭窩而毆鬥，各幫彼此因利害衝突，動輒火併，地方官化大爲小，處理不善，姑息一時，日久遂釀成巨患，涓涓不塞，終成江河。

各幫糧船水手械鬥時，均有其特殊標幟，其中嘉興白糧等幫以紅箸爲號，黨夥立聚，以紅布繫腰，作爲識別，且以朱墨塗面，以爲標幟，因幫中以紅色爲其最顯著的特徵，所以稱之爲紅幫。簡言之，以紅色爲標幟的糧船幫，就叫做紅幫，紅幫的名目，是由嘉興白糧幫械鬥時的標幟而得名，並非創自一人之手。紅幫的「紅」與洪門的「洪」，雖然諧音，但彼此並無直接關係，所謂「哥老會實由洪門演變而來，俗稱爲『紅幫』者也」㉙，「紅幫是哥老會的正統，由於洪家一名轉來的，洪家當然就是洪門了」的說法㉚，實出自後人的附會。至於蒙古人總紅祖師創立紅幫的論點，純屬虛構的神話傳說，渺無實際，俱非信史。紅幫的起源，實與羅祖教有極密切的關係，既非天地會的分派，更非哥老會的正統，而是以信奉羅祖教的糧船水手爲基本成員的秘密行幫組織，各幫糧船水手霸佔漕船，視同己業，沿途則於濱河曠僻處所開設茶酒等舖，以寄存贓物㉛。老官據糧船爲經堂，號召徒衆，各結黨羽，彼此因爭奪地盤等利害關係，逞強兇鬥，在性質上是屬於分類械鬥，紅幫就是以糧船水手爲基本成員的一種團體，藉宗教信仰，以祈保水手航行的平安，利用宗教組織，建立縱的師徒關係，並以嚴格的幫規，約束黨夥，強化內部的組織，紅幫勢力既盛，其滋事案件，層出不窮，遂成爲清代漕運方面的嚴重問題。

## 五、防範糧船水手滋事章程

清廷鑑於各省漕船水手多崇尙羅祖教，聚衆械鬥，一呼百應，滋生事端，傷害多人，行刦鹽店，搶奪商民船隻，所以屢飭漕運總督及有漕省分各督撫妥議嚴禁糧船水手滋事章程。道光四年（1824），漕運總督魏元煜議奏各幫糧船水手責成頭舵分別雇用確知姓名籍貫的水手，保結存案，並飭運弁將頭舵、水手的年貌、籍貫、造冊呈報，每名發給腰牌，停泊時按船查驗，不准虛應故事㉜。道光八年（1828），漕運總督訥爾經額具奏籌備江浙等幫水手章程八款：㈠浙省幫船每幫出運時，酌添閑運一人協同重空千總往回照料，專令沿途彈壓稽查；㈡各幫老官師傅責成糧道督同運弁及地方官根查確實，無論曾否滋事，俱按月拏解原籍交地方官嚴加管束，不准外出，以「水手老官」四字刺面，按月點驗；㈢雇用頭舵、水手責令重空千總及閑運備弁督同本船旗丁就本地良善水手雇募，取其確實年貌、籍貫、住址，按船造冊呈送備查，並令出具連環保結，一船生事，十船連坐；㈣各幫水手滋事傷及人命，拏交地方官照例辦理，其有逞強勒加身工津費不服管束者，俱交督押糧道總運丞倅訊明錄供後交地方官治罪，情節可惡者，面上刺「滋事水手」四字；㈤每船水手藉口防夜，多藏匿兇器，幫弁於出運前應按船搜查淨盡，並飭旗丁、頭舵隨時防範；㈥各幫船開行後俱有無籍惡徒隨幫放散風，每於昏夜勾串水手朋比爲奸，應責成本官嚴拏究辦，不准容隱；㈦沿河捕快多有老安、潘安等教信徒混跡充當，暗爲糧船水手護符，勾串漁利，應飭沿河所屬河廳州縣認眞緝捕，從重治罪；㈧浙幫過淮，責成派出營員，酌帶弁兵數十名一路彈壓，至柘園交直隸地面，由天津鎭專委營員帶兵接替彈壓。

由於漕運積弊已深，運弁旗丁因循苟且，虛應故事，糧船水手獷悍性成，滋事毆鬥由來已久，各幫之間利害衝突，挾讎報復，目無法紀，運弁旗丁遂畏之如虎，防範水手章程形如具文，以致各幫鬥殺案件仍層出疊見，道光十五年（1835）八月，清宣宗頒諭云：

> 朕聞糧船水手類皆無籍匪徒，性成獷悍，均由習教之人老管師父招雇上船，各分黨與，恃眾逞強，以致在途互鬥，殺傷劫奪行旅之案，層見疊出。即如上年山東清平縣地方

有廬州二幫水手王汶舉等鬥殺多命，今春鎭江前後兩幫水手復敢藏匿刀械，施放火器各案，是水手逞兇滋事，江浙幫船爲尤甚，而此外各省恐亦有此惡習。朕因科道陳奏，屢經降旨諭令有漕省分及沿途各督撫、漕運總督嚴行查察，隨時懲辦，不啻至再至三，乃兇悍之風，至今愈熾，推原其故，總由此等匪徒瞥不畏法，即有重案，審明後正法數人，該匪徒等亦祇視爲故常，毫無警畏，幾成積重難返之勢，現在辦理新漕，若不乘此痛加振作，力清其源，年復一年，伊於何底，儻釀成巨案，尚復成何事體？因思各省幫船，爲數眾多，糧道總運各員稽查，容有未周，且運弁既慮生事端，旗丁復受其挾制，其沿途州縣營汛各員弁，又因漕船行走，不准停泊，即有械鬥搶劫各案，只得將就了事，無誤漕行，因而化大爲小，化有爲無，雖奉嚴旨飭查，輒以並無案據爲詞，一奏塞責，而居民商旅隱受其害者，實不知凡幾矣，又何怪該匪徒等肆行不法，有恃而無恐耶，似此積習相沿，深堪痛恨，與其懲治於事後，不若防患於未然。嗣後各幫漕船受兌之先，如何責成旗丁募雇確有籍貫之人充當水手，不由老管師父盤踞把持，私相庇護。至所過地方如何令幫弁旗丁認眞管束，毋許滋事，儻有鬥毆搶劫等案，州縣營汛立即捕擒治罪，不得因屍身拋棄，首告無人，輒爲諱匿不究㉝。

各幫老官師父盤踞糧船，江浙幫船向來雇募外來水手，日久相沿，不易驅除，祇能遇事嚴懲，隨時防範。道光十六年三月，軍機大臣等議奏約束水手章程六款，其要點如下：

一，嚴查藏匿兇器。長刀、利矛、火鎗、抬鎗，必須隨時搜查，幫船開行以前責成糧道督率幫弁會同地方文武先在水次實力搜查，俟各幫重運過淮，即由漕運總督逐船搜括一次，抵天津回空時，仍督飭總運幫弁各員複查一次，如有藏匿違禁器械，立即提犯跟究，從重懲辦。

二，嚴定頭舵保結。雇募人手，應令衛所備弁責成頭舵保結，確知實在姓名、籍貫，方准充當，每人置給腰牌，不許擅離本船，如有滋事潛逃，即向原保之人指令交出，申嚴保結，一遇犯案，即可跟究緝拏。

三，嚴置兇徒重典。糧船水手行劫殺人，不分人數多寡，曾否得財，俱擬斬立決梟示，先行正法，其搶奪案內下手殺人之犯亦照行劫殺人例一體正法梟示。

四，嚴治游幫惡徒。漕船經過地方沿途岸上游幫惡徒，以糧船為連逃藪，日則上岸滋事，夜則赴船食宿，內外勾結，朋比爲奸，游幫惡徒有搶劫殺人及被獲時拒捕殺傷人者，均照糧船水手搶劫拒捕例一體懲辦。

五，酌寬地方處分。水手等如有鬥殺搶劫等案，沿途州縣營汛員弁立即稟知漕務本管各官將該船暫行停泊會同幫弁將兇犯拏獲究辦。

六，沿途派兵防緝。飭令沿途各省督撫等每年於漕船經過之先揀派文武員弁多帶兵役，分別段落，彼此照會，往來接遞，如有水手及游幫藉端滋事，立即會同地方官嚴拏究辦㉞。

糧船水手、短縴等，多係傭工餬口無業貧民，獷悍成性，以漕船爲逋逃淵藪，文武各官因其人數衆多，恐激成拒捕重案，以致相率容隱，化大爲小，終於成爲東南漕務之蠹。咸豐元年（1851）四月，泗州等幫糧船水手張八仔等五十二名因藉端訛詐旗丁被拏獲，江蘇巡撫楊文定具摺時指出張八仔等分隸江蘇、安徽、山東、直隸等州縣，張八仔、袁兆祥、陳二捫等人均在泗州後幫糧船充當水手，道光二十九年（1849），糧船回空南下，陳二捫向張八仔等道及貧難，起意創立名目，批溜勒索，張八仔等允從，又糾邀齊三等七人向旗丁勒批捉小口鹽利等名目錢數千文，到各船傳說，如不依允，即將糧船停泊，旗丁慮其鬧事，不敢違拗，逐一批明付給，按股分用。鳳常幫漕船南下行至七級地方時，通幫水手道及辛工無多，貧難度日，水手胡鳳岐起意邀允張保汰等七人向旗丁索討不准賣私鹽錢文，如不給付，均各停船不走。旗丁見人多勢兇，各船給錢九千文，按股分用㉟。由此可知糧船水手的滋事案件與紅幫的起源及發展，一方面可以說清代漕運積弊下的產物，一方面也反映下層社會民生問題的嚴重。

## 六、結 論

秘密宗教是釋道以外的各種教門，教派林立，名目繁多，並非都由白蓮教轉化而來，羅祖教是由佛教禪宗五宗之一的臨濟宗發展而來的一個教派㊱，源遠流長。羅祖教吸取禪宗、道家的空無觀念及淨土宗的彼岸思想，其經卷刻本流傳甚普遍，文字淺顯，俚俗易曉，其教義頗適合下層社會的宗教需求。自明季正德年間以來，羅祖教傳佈漸廣，清世宗雍正年間直省督撫奉旨查禁羅祖教，不遺餘力，清高宗乾隆年間破獲羅祖教案多起，拆燬庵堂，嚴懲教徒，但羅祖教的勢力並未稍替。

羅祖教容納下層社會各行業的群衆，薙頭人就是奉羅祖爲祖師，每年七月十三日，相傳爲羅祖生辰。是日，凡習業薙頭者，皆拜羅祖，燒香祈福㊲。漕運糧船水手，多爲迫於生計，陷於困境的貧苦民衆，即所謂「無籍之徒」，水手信奉的也是羅祖教。羅祖教不同於其他教派，教中固無吃符念咒的法術，其迷信成分並不濃厚，皈教者卻可享受貧病相扶，患難相助的各種好處，各庵堂的設立，解決了異籍同教住宿飲食的切身問題，充分發揮了民間宗教正面的社會功能，其初並未含有政治意味或種族意識，不必強調反滿的思想。羅祖教的盛行，其宗教福利措施，實爲不可忽視的重要因素。

清代有漕省分，即直隸、山東、河南、江西、江南、浙江、湖廣等七省，各省糧船水手多崇奉羅祖教，各幫頭船設立羅祖牌位，供奉羅祖神像，祈保水手的平安。惟因羅祖教支派日繁，老安、潘安、新安等派別俱由羅祖教分化出來，以老官爲教主，操生殺予奪之權，老官自立教門，各分黨羽，凡投充水手者，必須拜老官一人爲師，方有照應。各幫水手，其籍貫不同，地域觀念非常濃厚，各幫之間，往往因利害衝突而釀成械鬥巨案。檢查現存清代檔案，所謂紅幫就是崇奉羅祖教的糧船水手的一種械鬥團體。浙江嘉興白糧幫，簡稱嘉白幫，幫中老官以紅箸傳號，黨夥立聚，遇有械鬥時，則以紅布繫腰，並以朱墨塗面，作爲識別，因幫中以紅色爲最顯著的特徵，所以稱之爲紅幫。其宗教色彩較淡薄，而其械鬥性質，又跡近會黨，所以紅幫就是一種秘密行幫，但並非由天地會分化出來的幫派，也不是哥老會的正統或旁支，而是屬於秘密宗教的範疇，紅幫就是由羅祖教發展而來的一種秘密幫派，以漕運水手爲基本成員。由於水手人數與日俱增，清代中葉以降，漕運積弊日深，積重難返，紅幫的勢力益盛，凡投充水手者，如欲立足糧船，必須加入幫派，甚至短縴、游幫及岸上開張茶酒各舖、捕役以及走私販毒不法商人等亦加入紅幫，動輒滋生事端，肆行無忌，目無法紀，形成嚴重的社會問題。

【註　釋】

① 常聖照編《安親系統錄》（臺北，古亭書屋，民國六十四年），頁37。

② 南懷瑾撰〈青幫興起的淵源與內幕〉，《新天地》，第五卷，第八期（民國五十五年），頁14。

③ 末光高義著《中國之秘密結社與慈善結社》（臺北，古亭書屋，民國六十四年），頁29～30。

④ 《金不換》（臺北，皖江書店，民國三十五年仲夏），頁6。

⑤ 蕭一山撰〈天地會起源考〉，《近代秘密社會史料》（臺北，文海出版社，民國六十四年），卷首，頁4。

⑥ 陶成章著〈教會源流考〉，《近代秘密社會史料》卷二，頁5。

⑦ 平山周著《中國秘密社會史》（臺北，古亭書屋，民國六十四年），頁76。

⑧ 戴玄之撰〈青幫的源流〉，《食貨月刊》復刊，第三卷，第四期（臺北，民國六十二年），頁24。

⑨ 莊吉發撰〈從國立故宮博物院現存檔案談清代的秘密社會〉，《歷史與中國社會變遷研討會》（臺北，中央研究院三民主義研究所，民國七十一年），下冊，頁322。

⑩ 《宮中檔雍正朝奏摺》，第二輯，頁139，雍正元年十二月初七日，勵廷儀奏摺。

⑪ 《史料旬刊》（臺北，國風出版社，民國五十二年），第二四期，天861，乾隆十八年七月十九日，雅爾哈善奏摺。

⑫ 澤田瑞穗著《校註破邪詳辯》（日本道教刊行會，昭和四十七年），頁222。鈴本中正編《千年王國的民衆運動之研究》（東京大學出版會，1982年），頁168，謂羅清生於正統八年（1443）。

⑬ 《軍機處檔．月摺包》第2772箱，15包，2042號，乾隆十三年二月二十七日，喀爾吉善奏摺錄副。

⑭ 《宮中檔雍正朝奏摺》，第十四輯，頁698，雍正七年十月十三日，劉世明奏摺。

⑮ 莊吉發撰〈四海之內皆兄弟——歷代的秘密社會〉，《中國文化新論·社會篇》（臺北，聯經出版公司，民國七十一年），頁308。

⑯ 《史料旬刊》，第十二期，天408，乾隆三十三年十一月三十日，崔應階奏摺。

⑰ 葉文心撰〈人「神」之間——淺論十八世紀的羅教〉，《史學評論》，第二期（民國六十九年），頁7。

⑱ 《清高宗純皇帝實錄》，卷八一九，頁3，乾隆三十三年九月壬寅，寄信上諭。

⑲ 胡珠生撰，〈青幫史初探〉，《歷史學》（1970年），頁102。

⑳ 《清高宗純皇帝實錄》，卷一四五三，頁10，乾隆五十九年五月丙午，上諭。

㉑ 《宮中檔雍正朝奏摺》，第十七輯，頁514，雍正九年正月二十四日，謝旻奏摺。

㉒ 《宮中檔雍正朝奏摺》，第二輯，頁435，雍正二年三月二十五日，張大有奏摺。

㉓ 《清宣宗成皇帝實錄》，卷一六三，頁29，道光九年十二月壬午，寄信上諭。

㉔ 《清宣宗成皇帝聖訓》（臺北，文海出版社），卷八一，靖奸宄，頁29，道光五年三月庚戌，上諭。

㉕ 《清宣宗成皇帝實錄》，卷一四一，頁31，道光八年八月丁酉，寄信上諭。

㉖ 《宮中檔》第2776箱，1包，580號，道光十七年二月二十二日，烏爾恭額奏摺。

㉗ 《清宣宗成皇帝實錄》，卷八〇，頁28，道光五年三月辛亥，寄信

上諭。

㉘ 《軍機處檔・月摺包》，第2768箱，107包，72341號，道光十六年八月二十日，劉斯嵋奏摺錄副。

㉙ 蕭一山著《清代通史》（臺北，臺灣商務印書館，民國五十一年），第一冊，頁909。

㉚ 蕭一山撰〈天地會起源考〉，頁5。

㉛ 《宮中檔》，第2776箱，1包，376號，道光十七年正月二十日，色卜星額奏摺。

㉜ 《食貨志》四（臺北，國立故宮博物院），漕運五，弁丁八。

㉝ 《清宣宗成皇帝聖訓》，卷八十四，頁4，道光十五年八月戊申，上諭。

㉞ 《軍機處檔・月摺包》，第2768箱，97包，70492號，道光十六年三月二十六日，長齡等奏摺。

㉟ 《宮中檔》，第2709箱，3包，453號，咸豐元年四月十三日，楊文定奏摺。

㊱ 喻松青撰〈明清時代民間的宗教信仰和秘密結社〉，《清史研究集》第1輯（1980年），頁120。

㊲ 《宮中檔》，第2726箱，20包，3134號，經額布奏摺。

# 清世宗拘禁十四阿哥胤禵始末

## 一、前 言

清聖祖玄燁御極六十一年，休養生息，物阜民康。惟康熙末年，因皇太子再立再廢，諸子樹黨傾陷，紊亂國政，聖祖心力交瘁，容顏清減，用人施政，不免失之廢弛。世宗胤禛在藩邸四十餘年，於政治得失利弊，頗多洞悉，故於御極之初即以嚴法爲施政之本，綜覈名實，乾綱獨斷，裁革陋規，懲治貪墨，一時內政清明，財政充裕，時弊釐剔，政風大轉，奠定清初盛世的基礎。或謂聖祖、世宗兩朝酷肖太祖、太宗兩帝，太祖係大金國的創業者，太宗則整頓太祖所開闢的耕地；聖祖係滿洲入關後大清國的創業者，世宗則充實聖祖所開闢的耕地。不過就其治術而論，寬嚴相濟，相反相成，則似漢代文景兩帝。《清史稿》論曰：「聖祖政尚寬仁，世宗以嚴明繼之，論者比於漢之文景，獨孔懷之誼疑於未篤，然淮南暴伉有自取之咎，不盡出於文帝之寡恩也。帝研求治道，尤患下吏之疲困，有近臣言州縣所入多，宜釐剔，斥之曰，爾未爲州縣，惡知州縣之難，至哉言乎，可謂知政要矣。」世宗踐阼之初，內苦於宗室諸王的排擠，外困於滿漢大臣的黨禍，於是裁抑宗室，集權中央，打破朋黨，剷除異己，終於禍起蕭牆，成爲威德之累。在聖祖諸子中，除胤礽、胤禔因廢儲被囚外，其餘皇子爲世宗所畏忌者厥惟胤禩與胤禵二人，胤禩懷柔有術，黨羽尤衆；胤禵身膺撫遠大將軍，立功西陲，威望甚重，頗得人心，世宗繼承大統後即命胤禵總理事務，旋封親王，以安反側，並召還胤禵，拘禁湯山，以守景陵，旋圈禁於壽皇殿，終世宗之世，不予釋放。世宗在政治上不失爲一代令主，惟於昆弟之間，獨有慚德。本文撰寫之目的，即在就國立故宮博物院現藏清代宮中檔不錄奏摺等原始檔案，以探討清初廢立皇儲的原因，世宗嗣統的由來，及其拘禁胤禵的經過，俾有助於清初史事的探討。

## 二、滿洲入關前的皇位之爭

滿洲社會的舊俗，雖然所有嫡子不拘長幼，皆有繼承皇位的權利，但清初皇帝欲遵漢人古訓，嘗試立嫡立長，遂導致皇室骨肉相殘的悲劇。在清太祖努爾哈齊的十六子之中，其可稱爲嫡子的只有四位大福金所生的八子，即：佟佳氏所生的褚英、代善；富察氏所生的莽古爾泰、德格類；葉赫納喇氏所生的皇太極；烏拉納喇氏所生的阿濟格、多爾袞、多鐸。太祖在建元天命以前，已令長子褚英執掌國政，建立元儲。萬曆四十一年（1613）三月二十六日，因褚英詛咒出征烏拉的皇父以及諸弟與五大臣的樹黨傾陷，太祖將褚英圈禁在高牆的屋內，萬曆四十三年（1615）八月二十二日，終於將其處死①。褚英卒後，所餘七位嫡子中任何一人都可能繼承皇位，惟其中最有力的角逐者則是代善、莽古爾泰與皇太極三人。天命十一年（1626）八月十一日，太祖崩殂後，諸子爭繼皇位，實有各不相上下之勢。巡撫袁崇煥奏疏中已有「奴酋哈赤死於瀋陽，四子與長子爭繼未定」之報②。在皇位角逐過程中，代善等人由於地位的低落，而告失敗，使皇太極成爲漁翁得利者，再加上德格類等人的阿附，皇太極終於取得最後的勝利③。朝鮮使臣鄭忠信還自金國後亦稱皇太極雄桀，其即位係奪位。順治八年（1651），世祖追論攝政王多爾袞罪狀時指出多爾袞曾云「太宗文皇帝之位原係奪立」等語，此與朝鮮方面的記載，竟不謀而合④。《丙子錄續》記載皇太極奪立經過云「丙寅五月，建州奴酋奴兒赤疽發背死，臨死，命立世子貴榮（一作永）介，貴榮介讓於弟弘他時（一作洪太始）曰，汝智勇勝於我，代立，弘他時略不辭讓而立。」《燃藜室記述》又云「或曰奴兒赤臨死，謂貴永介曰，九王當立而年幼，汝可攝位，後傳於九王，貴永介以為嫌逼，遂立洪太氏。」⑤易言之，皇太極憑藉武力，以其本身所領正白旗及代善所領兩紅旗的力量，取得最後的勝利，因而使阿敏貝勒及諸弟敢怒而不敢言。

皇太極在位十七年而崩，《太宗文皇帝實錄》初纂本載崇德八年八月初九日「庚午亥時，帝崩，在位十七年，壽五十有二。」未云其崩殂原因。其重修本則稱是日「上無疾，端坐而崩。」朝鮮〈承政院日記〉卻稱「八月初八日，皇帝迎婿設宴，世子及大君入參，終夕而罷。初九日夜，皇帝暴崩。」⑥皇太極暴崩於清寧宮，未遑遺囑，復啓廢立之爭。朝鮮《仁祖實錄》載「二十一年九月朔壬辰，文學李袗在瀋陽馳啓曰，清汗於本月初九日夜暴逝，九王廢長子虎口王，而立第三子，年甫六歲，群情頗不悅云。」⑦皇太極雖未明立長子為皇儲，惟從《九王廢長子》的記載，仍可推知諸王欲遵古訓，立嫡立長。《承政院日記》敘述較詳，其文云「（八月）十四日，諸王皆會於大衙門，大王發誓言曰，虎口，帝之長子，當承大統云。則虎口曰，福小德薄，非所堪當，固辭，退去，定策之議未及歸一，帝之手下將領之輩，佩劍而前曰，吾屬食於帝，衣於帝，養育之恩，與天同大，若不立帝之子，則寧死從帝於地下而已。大王曰，吾以帝兄常時朝政，老不預知，何可參於此論乎！即起去，八王亦隨而出，十王默無一言。九王應之曰，汝等之言是矣，虎口王既讓退出，無繼統之意，當立帝之第三子，而年歲幼稚，八高山軍兵，吾與右眞王分掌其半，左右輔政，年長之後，當爲歸政，誓天而罷。所謂第三子，年今六歲云。俊王及小退密言於大王曰，今立稚兒，國事可知，不可不速爲處置云。則大王曰，既立誓天，何出此言，更生他意，往問於九王，則亦牢拒，又往十王家要見，則十王曰，此非相訪之時，終使不見。復問於大王，則大王曰，何爲再發妄言，禍必立至，任汝所爲，旋即發告。九王曰，吾亦聞知云，而十六日夕，捉致俊王、小退於衙門，露體綁縛，並俊王母及小退妻皆縊殺之，要退子俊王弟一人，既縛而旋釋，黨與皆不治，俊王財產軍兵，沒入大王，小退財產軍兵，沒入九王，小退俊王即大王之子與孫也。刑政除拜大小國事，九王專掌之，出兵等事，皆屬右眞王，八王則心非其立功，退去之後，稱病不出，帝之喪次，一不往來云。小退籍沒之財，九王皆不入己，散給率下軍人，馬八百匹，分與將官等，范文程以下漢人三百名移送於皇帝，高山其軍卒三千三百名自領云。」⑧前引文中的大王即代善，右眞王即濟爾哈朗，九王即多爾袞，八王即阿濟格，要退即岳託，虎口即豪格，俊王即阿達禮，小退即碩托，多爾袞所立第三子，實即太宗第九子福臨。世祖福臨在位十八年，順治十八年（1661）正月初七日，崩於養心殿，第三子玄燁繼位，時年八歲，改明年爲康熙元年。世祖崩殂後，因皇子不多，又皆幼弱，故不見皇位紛爭⑨。

## 三、清聖祖廢立皇太子的經過

聖祖玄燁有后妃嬪貴人二十一人，生子三十五人。康熙六年九月二十日，聖祖年方十四歲，其榮妃馬佳氏生第一子承瑞，旋卒。八年十二月十二日，孝誠仁皇后赫舍里氏生第二子承祜，旋卒。九年閏二月初一日，惠妃納喇氏生第三子承慶，翌年卒。十年十二月二十五日，榮妃馬佳氏生第四子賽音察渾，旋卒，俱因殤不齒序。十一年二月十四日，惠妃納喇氏生第五子胤禔，即皇長子，但非嫡出。十三年四月十六日，第六子生，即於是日卒，不齒序。十三年五月初三日，孝誠仁皇后赫舍里氏生第七子胤礽⑩，即皇二子，亦即聖祖嫡長子。十四年六月二十一日，榮妃馬佳氏生第八子長生，因殤不齒序。同年十月初八日，通嬪納喇氏生第九子萬黼，亦因殤不齒序。十六年二月十九日，榮妃馬佳氏生第十子胤祉，即皇三子。十七年十月十三日，孝恭仁皇后烏雅氏生第十一子胤禛，即皇四子，十八年二月三十日，第十二子生，期年而卒，因殤不齒序。十八年十二月初四日，宜妃郭絡羅氏生第十三子胤祺，即皇五子。十九年二月初五日，孝恭仁皇后烏雅氏生第十四子胤祚，即皇六子，五年後卒，因殤無封。十九年七月二十五日，成妃戴佳氏生第十五子胤祐，即皇七子。二十年二月初十日，良妃衛氏生第十六子胤禩，即皇八子。二十二年八月二十七日，宜妃郭絡羅氏生第十七子胤禟，即皇九子。同年十月十一日，溫僖貴妃鈕祜祿氏生第十八子胤䄉，即皇十子。二十四年五月初七日，宜妃郭絡羅氏生第十九子胤禌，即皇十一子，因殤無封。同年十二月初四日，定妃萬琉哈氏生第二十子胤祹，即皇十二子。二十五年十月初一日，敬敏皇貴妃章佳氏生第二十一子胤祥，即皇十三子。二十七年正月初九日，孝恭仁皇后烏雅氏生第二十二子胤禵，即皇十四子。三十二年十一月二十八日，順懿密妃王氏生第二十三子胤禑，即皇十五子。三十四年六月十八日，順懿密妃王氏生第二十四子胤祿，即皇十六子。三十六年三月初二月，純裕勤妃陳氏生第二十五子胤禮，即皇十七子。四十年八月初八日，順懿密妃王氏生第二十六子胤祄，即皇十八子，因殤無封。四十一年九月初五日，襄嬪高氏生第二十七子胤禝，即皇十九子，三歲而卒，因殤無封。四十五年七月二十五日，襄嬪高氏生第二十八子胤禕，即皇二十子。五十年正月十一日，熙嬪陳氏生第二十九子胤禧，即皇二十一子。其後謹嬪色赫圖氏生第三十子胤祜，即皇二十二子。五十二年十一月二十八日，靜嬪石氏生第三十一子胤祁，即皇二十三子。五十五年五月十六日，穆嬪陳氏生第三十二子胤祕，即皇二十四子。五十七年二月初一日，第三十三子生，即於是日卒，因殤不齒序⑪。

康熙十四年（1675），聖祖年方二十二歲，即議建儲。是年六月初六日，諭禮部云「帝王紹基垂統，與治久安，必建立元儲，懋隆國本，以綿宗社之祥，慰臣民之望，朕荷天眷，誕生嫡子，已及二齡，茲者欽承太皇太后皇太后慈命，建儲大典，宜即舉行，今以嫡子允礽爲皇太子，爾部詳察應行典禮，選擇吉期具奏。」⑫是年十二月十二日，因冊立皇太子，聖祖特遣大臣告祭天地、太廟、社稷。次日，聖祖御太和殿，遣輔國公葉伯舒、都統大學士圖海爲正使，戶部尚書覺羅勒德洪、兵部尚書王熙爲副使，授胤礽以冊寶，正式立爲皇太子，正位東宮。十四日，頒詔天下，布告中外。聖祖於皇太子加意教育，煦嫗愛惜，舉凡經史騎射，無不躬親訓誨，特令大學士張英教其讀書，由態賜履講解性理之學，又令老成翰林官隨從，朝夕納誨，「仁以育之，義以訓之」，俾成一代令主。聖祖南巡江浙，西巡秦晉，閱視河工，輒命皇太子隨行，冀其諳習地方風俗，民間疾苦。聖祖屢稱「伊之儀表及學問才技，俱有可觀。」⑬聖祖親征準噶爾期間，飭令各部院衙門本章停其馳奏，凡事俱由皇太子聽理，一如太祖令長子褚英執政故事，若遇重大緊要事件，則命諸大臣會同議定，啓奏皇太子，聖祖讚云「舉朝皆稱皇太子之善」。至於祈穀於上帝，祭社稷，享太廟，夏至祭地於方澤，冬至祀天於圜丘，俱遣皇太子行禮。皇太子飲食服御陳設等物，較之聖祖有過之，而無不及，朝鮮、蒙古藩屬進貢方物於聖祖之外，另需多備一份進呈皇太子，清室儼如二君。

康熙四十七年（1708）九月初四日，聖祖廢黜皇太子胤礽。皇儲名分關係重大，聖祖熟諳史冊，何以驟行廢儲？據《聖祖仁皇帝實錄》所載皇太子胤礽被廢的原因爲：㈠暴戾淫亂，任意凌虐諸王大臣，恣行箠撻；㈡專擅威權，喜好攬事，輕重倒置；㈢窮奢極慾，恣取國帑，苛索外吏；㈣邀截外藩入貢使臣，任意攘取貢物；㈤鳩聚黨羽，窺伺乘輿，以致聖祖「未卜今日被鴆，明日遇害，晝夜戒慎不寧。」胤礽何以不孝不仁至於斯極，據聖祖稱胤礽宮人所居擷芳殿，其地陰黯不潔，居者輒多病亡，胤礽往來其間，致中邪魅，蔽其本性，言動失常，遂成狂疾，難託重器，在絕望之餘降旨拘執胤礽，圈禁於咸安宮。九月十八日，遣官告祭天地、太廟、社稷，並諭諸皇子及滿洲大臣等，諸阿哥中倘有鑽營爲皇太子者，即係國之賊，其邀結人心樹黨相傾者斷不姑容。復將太祖置褚英於法，太宗幽禁阿敏貝勒，世祖誅戮碩托、阿達禮等宗室結黨傾陷大案爲例，飭諸阿哥等引以爲戒。惟皇太子既廢，諸皇子覬覦儲位，要結黨援，傾陷益烈，滿漢大臣私議立儲，紊亂國政。聖祖自圈禁皇太子後，後日不流涕，巡幸南苑，憶及皇太子等隨行情景，不禁傷懷，甚至於睡夢之中，見太皇太后容顏不悅，皇后亦以皇太子被冤見夢。是年十月十七日，搜出皇長子胤禔魘魅，詛咒胤礽物件，聖祖一面幽禁胤禔，一面召左右加意調治胤礽，其病漸痊，乃於康熙四十八年（1709）三月初九日，遣官告祭天地、宗廟、社稷，初十日，復立胤礽爲皇太子。

皇太子胤礽復正儲位後，諸皇子樹黨傾陷，其風未息，昔日庇護皇太子者復大肆活動，滿漢大臣見聖祖年齒漸高，而趨附皇太子者日衆。康熙五十年（1711）十月二十七日，聖祖召集諸王大臣宣示諭旨云「今國家大臣各結朋黨，或有爲朕而爲之者，或有爲皇太子而爲之者，諸大臣皆朕擢用之人，受恩五十年矣，欲爲皇太子而爲之者，意將何爲也？」⑭是時，不僅諸皇子之間要結朋黨，即皇太子與皇帝之間亦有壁壘。康熙五十一年九月三十日，聖祖奏聞皇太后後即將皇太子胤礽拘執看守。十月初一日，奏事員外郎傻子雙全傳旨云「朕不但書此諭旨時有愧，即與天下之人亦有愧焉，朕今雖六旬，賴祖父之福，自幼嘗以英傑自許。朕於胤礽，非不能制，如此等小兒，禁即禁之，縱即縱之耳。但今之人善者少，而惡者多，胤礽秉性凶殘，與惡劣小人結黨，胤礽因朕爲父，雖無弒逆之心，但小人輩懼日後被誅，倘於朕躬有不測之事，則關係朕一世聲名。彼有一小太監善福出便，皆遣人伺守，以此觀之，當無處不令人伺守者矣。昨質問彼隨侍二太監，當面唾辱，毫無愧色，其不堪可知。況前者釋放時，曾有善則爲皇太子，否則復行禁錮之旨，詳在檔冊，今毫無可說，故有此諭。」⑮十月十九日，將廢皇太子胤礽圈禁於咸安宮。朝鮮譯官李樞報稱「皇帝在熱河時，部院重臣，相繼下獄，回駕後，而諭大臣，放置太子，而姑無頒詔之舉云，故詳探則以爲太子經變之後，皇帝操切甚嚴，使不得須臾離側，而諸弟皆在外般遊，故恨自己之拘檢，猜諸弟之閒逸，怨恨之言，及於帝躬，而皇帝出往熱河，則太子沉酗酒色，常習未悛，分遣私人於十三省富饒之處，勒徵貨賂，責納美姝，小不如意，訴讒遞罷，皇帝雖知其非，不得已勉從。而近則上自內閣，下至部院，隨事請托，必循其私而後已。皇帝自念年邁，而太子無良，其在熱河時，部院諸臣曾受太子請托，屈意循私之人，鎖頂拘囚，回駕後放置太子於別宮云，其後仍付其禮部咨文，而我國所獻太子方物，亦令停止矣。」⑯胤礽放縱乖戾，一如諸皇子。朝鮮冬至使趙泰采亦稱「太子不良，雖十年廢囚，斷無改過之望，締結不逞之徒，專事牟利，財產可埒一國。」⑰然而皇太子胤礽復遭廢囚的原因，實非如聖祖實錄所載「狂易之疾，仍然未除。」胤礽固無弒逆之心，卻有窺伺乘輿之意。趙泰采曾指出「太子蝦多，智善，結黨羽。」⑱朝鮮提調李頤命亦稱「聞太子性甚悖戾，每言古今天下，豈有四十年太子乎，其性行可知。」⑲易言之，皇太子胤礽不安於位，竟欲逼皇父遜位。康熙五十一年十月初一日，聖祖頒諭稱「至於臣庶不安所處爲難者，朕亦知之，今衆有兩處總是一死之言。何則，或有身受主恩，不肯從彼，日後死則死之，傾心向主者，亦有微賤小人，但以目前爲計，假意逢迎，結爲朋黨，被朕知覺，朕即誅之者，此豈非兩處俱死之勢乎？」又稱「皇太子前番之事，朕所誅之人頗多，皆係皇太子惡劣所致。今番此事，鎖拏之人亦多，朕不悉誅，伊處有慫恿皇太子爲惡而罪當誅者二三人，朕處則無可誅者，此鎖拏之人，今欲放即放之耳。此番朕亦不窮究，何故令臣庶徒在其間無辜受戮耶，嗣後衆等各當絕念，傾心向主，共享太平。」⑳康熙五十二年二月初二日，聖祖召領侍衛內大臣滿漢大學士九卿大臣等諭云「昔立皇太子時，索額圖懷私倡議，凡皇太子服御諸物，俱用黃色，所定一切儀注，與朕無異，儼若二君矣。天無二日，民無二王，驕縱之漸，職是之故，索額圖誠本朝第一罪人也。」㉑皇太子胤礽僭越驕縱，已非聖祖所能容忍，聖祖動輒以瘋疾責宗室，其親生皇子亦不例外。翰林院檢討朱天保於胤礽被圈禁後，仍奏稱「二阿哥仁孝」，看守胤礽之人亦云「二阿哥聖而益聖，賢而益賢。」㉒皇太子經冊立之後，既易陷於驕縱僭越，故大臣奏請復立儲貳者，必受重懲。大學士王掞於聖祖六十歲大慶時復密摺建儲，私議復儲，甚至游說江蘇巡撫張伯行特疏昌言復儲，繼令十二御史公疏。聖祖將王掞密摺發交諸王九卿閱看，俱痛斥其妄㉓。康熙五十七年（1718）正月，朱天保奏請復立胤礽爲皇太子，經滿九卿等議奏朱天保立斬，其父朱都納凌遲處死，朱都滿二幼子立絞，家產籍沒入官。

皇大子胤礽驕縱僭越固毋庸置疑，惟其種種過失，似諸阿哥傾陷之語居多。於皇九子胤禟處教書的漢人詞林秦道然供稱「二阿哥未廢之時，允禟常向我說二阿哥的過失，因二阿哥待他和允禩、允禵三個人不好，所以同心合謀，有傾陷東宮希圖儲位之意。」㉔聖祖廢囚胤礽，然而無意更立他子的原因，據朝鮮謝恩使礪山君稱「或云太子之子甚賢，故不忍立他子，而尙爾貶處云矣。」㉕聖祖則稱「宋仁宗三十年未立太子，我太祖皇帝並未立皇太子，後諸王貝勒大臣奉太宗皇帝即位，太宗皇帝亦未立世祖皇帝爲皇太子。漢唐以來，太子幼沖，値人君享國日淺，尙保無事，若太子年長，其左右群小結黨日久，鮮有能無事者，人非聖人，誰能無過，安得有克盡子道，如武王者。今衆皇子學問見識，不後於人，但俱長成，已經分封，其所屬人員，未有不各庇護其主者，即使立之，能保將來無事乎，此福亦非易享，伊等並無冀望之心，如果有冀望之心，則不堪矣。」㉖預立皇太子，群小結黨，互相傾陷，不易克盡子道，史冊記載甚詳，惟聖祖所稱清太祖未立皇儲則非事實，太祖圈禁長子褚英，旋即誅戮，殷鑑不遠，聖祖不欲重蹈覆轍，故於圈禁胤礽之後，仍令侍衛及咸安宮看守人役加意看護，以防被害。

## 四、清世宗嗣統的由來

由於聖祖嘗試建儲的失敗，遂導致諸皇子兄弟鬩牆的紛爭，諸皇子既經分封，其所屬人員各庇護其主，滿漢大臣亦捲入紛爭，分門別戶，樹黨暗鬥，亂兆已萌。皇太子胤礽第二次被廢囚後，則以皇八子胤禩黨勢力最雄厚，此黨以皇九子胤禟、皇十四子胤禵等爲黨羽，內則要結滿漢大臣以窺伺乘輿，外則招納門客以博取人心。據相面人張明德稱胤禩「丰神清逸，仁誼敦厚，福壽綿長，後必大貴。」胤禟亦有「帝王體」。西洋人穆景遠供稱「我因向年羹堯說允禟像貌大有福氣，將來必定要做皇太子的。」㉗胤禟曾向其親信同知何圖稱「我初生時，有些奇處，妃娘娘曾夢日入懷，又夢見北斗神降。」在胤禟家教書的秦道然亦供云「允禟曾向我說，當日妃娘娘懷娠之日，身子有病，病中似夢非夢，見正武菩薩賜以紅餅，狀如日輪，令妃娘娘喫了，果然病愈胎安。又說我幼時耳後患癰甚危，已經昏迷，忽聞大響一聲，我開眼時見殿梁間金甲神圍滿，我的病就好了，這俱像是我的瑞兆。」惟胤禟「卻是個糊塗不堪，無才識的人。」胤禩亦深知胤禟係一庸才，其所以厚結胤禟的緣故，據秦道然供稱「不過爲他肯替允禩使錢，要藉他錢財收拾些人心。允禩每訪得九流術士中有些異樣的便令心腹人招至家中藏之密室，到打發去的時節，便叫允禟送他銀子，或一百兩，或二百兩不等，這種人也多得緊。」㉘胤禟既「圖受用，又好酒色」，雖然懷著妄想，然非有大志者。胤禩爲人善於沽名釣譽，說話謙和，待人親切。據秦道然供稱「允禟也曾對我說過，八爺會沽名，如當初託何焯之弟在南方各處買書甚多，這些南方的文士都說允禩極是好學，極是個好王子。」滿漢大臣中倡議欲立胤禩爲皇太子者實不乏其人。胤禩竭力趨奉老裕親王，期於聖祖面前讚揚胤禩，裕親王病時，曾以廣善庫爲因，力薦胤禩有才有德。胤禟亦稱贊阿靈阿有忠心，肯替朝廷出力，稱贊揆敘才學操守俱佳，又盛贊七十、蘇努係文武全才，一氣串結，謀爲不軌。皇太子胤礽既廢囚，揆敘、王鴻緒等與廷臣暗通，各人手心俱書一八字，遂合詞保舉胤禩，原冀合謀必成，不料大忤聖祖之意。考其原因，似與聖祖深惡胤禩有關。胤禩平日不遵旨戒酒，每於醉後打人。聖祖嫌胤禩書法不佳，故命其每日必書寫十幅呈覽，胤禩不耐其煩，每每託人代寫以欺誑聖祖。而且胤禩出生較低，「乃辛者庫賤婦所出，自幼心高陰險，自相面人謂伊有人君之福，遂大背臣道。」㉙

王鴻緒等保舉胤禩失敗，胤禩失寵於聖祖後，胤禟等遂轉而與皇十四子胤禵深相結納，以與皇四子胤禛相抗，胤禵生於戊辰甲寅癸未辛酉，即康熙二十七年正月初九日酉時，其八字雖非「元武當權，貴不可言」，但胤禵才略兼備，「聰明絕世」。同知何圖供稱「胤禵常向我說允禵才德雙全，我弟兄們內皆不如，將來必大貴。」康熙五十七年十月十二日，皇十四子胤禵年三十，正當血氣方剛之時，聖祖以準噶爾部的勢力猖獗，特任命胤禵爲撫遠大將軍，授予立功機會，以建立其聲望，聖祖既降大任，已有擬爲儲貳之意㉚。西洋人穆景遠供稱「後來十四爺出兵的時節，他（胤禟）又說十四爺現今出兵，皇上看的也很重，將來這皇太子一定是他。」㉛胤禵起程前，胤禟日至其家，二三更方回，所商之事，「總是要允禵早成大功，得立爲皇太子。」胤禟將其財富轉而供胤禵動用，穆景遠供稱胤禟「先送了一萬兩銀子，後來又差姚子孝送去銀一二萬兩，還有衣服食物，往來不停。」胤禵亦囑咐胤禟「若聖祖皇帝但有欠安，就早早帶一個信。」㉜足見當時宮廷已盛傳十四阿哥胤禵將立爲皇太子。傳說當時聖祖以十四阿哥的面貌最酷肖聖祖本人，特見鍾愛，故任命胤禵爲撫遠大將軍或許就是冊立其爲皇太子前的預備行動㉝。總之，胤禵才識優長，又任西路軍務大將軍，權勢頗重，當王鴻緒等聯合保奏胤禩爲皇太子的計劃徹底失敗以後，皇十四子胤禵就成爲唯一可立爲皇太子的最佳人選。

聖祖雖然從無立皇四子胤禛爲皇太子之意㉞，但由於胤禛暗樹黨羽，預謀攘奪，胤禵既任撫遠大將軍，遠離京城，胤禛遂得大肆活動，置京城於其掌握之下，而與步軍統領秘密接觸。隆科多既控制京師武力，故當康熙六十一年十一月十三日聖祖駕崩時遂時於倉卒之間，一言而定大計。雖然有「恂勤郡王諱允禎，聖祖皇十四子，改名禵」的記載㉟，然而「先帝欲將大統傳與允禵，聖躬不豫時降旨召允禵來京，其旨爲隆科多所隱，先帝賓天之日，允題不到，隆科多傳旨，遂立當今」的傳說，以及「聖祖皇帝原傳十四阿哥允禵天下，皇上將十字改爲于字」的談論㊱，似非事後野人揑造之語，當時宮廷中可能盛傳已廣。朝鮮遠接使金演自北京迎敕而歸，將其所聞者報於戶曹判書李台佐云「康熙皇帝，在暢春苑病劇，知其不能起，召閣老馬齊言曰，第四子雍親王胤禛最賢，我死後立爲嗣皇，胤禛第二子有英雄氣象，必封爲太子，仍以爲君不易之道，平治天下之要，訓戒胤禛，解脫其頭項所掛念珠與胤禛曰，此乃順治皇帝臨終時贈朕之物，今我贈爾有意存焉，爾其知之。又曰，廢太子、皇長子性行不順，依前拘囚，豐其衣食，以終其身，廢太子第二子，朕所鍾愛，其特封爲親王。言訖而逝，其夜以肩輿載屍還京城，新皇哭隨後，城中一時雷哭，如喪考妣。十三日喪出，十五日發喪，十九日即位，其間日子雖多，此非秘喪也，新皇累次讓位，以致遷就，即位後處事得當，人心大定。遺詔二十七日除服，而新皇以太短，不忍遵教。康熙後宮德妃，以新皇所生母，而今生存，十四王擁重兵西征，素有威名者，而新皇之同母弟也，新皇即位後，即命召還，必無跋扈之慮云。」㊲文中諱飾之語爲多，所謂新皇累次讓位，毋寧說彼此爭立，互相攘奪。朝鮮諸臣據報時已不敢盡信，「斯言豈其然乎，彼以夷狄之君，又不豫定國本，其諸子之覬覦爭立，其勢十八九矣，又以其非秘喪，人心大定等語推之，適足以彌增疑惑也。」傳聞念珠係聖祖臨終贈物，與朝鮮記載不謀而合。《清史要略》一書稱「時聖祖已昏迷矣，有頃，微醒，宣詔大臣入宮，半晌無至者，驀見獨胤禛一人在側，知被賣，乃大怒，取玉念珠投之，不中，胤禛跪謝罪，未幾，遂宣言聖祖上賓矣。胤禛出告百官，謂奉遺詔冊立，並舉玉念珠爲證，百官莫辨眞僞，奉之登極，是爲雍正帝。」㊳但無論念珠爲聖祖臨終贈予或投擲之物，其說俱不可信。雍正二年（1724）八月二十二日，《上諭內閣》云「朕向者不特無意於大位，心實苦之。前歲十一月十三日，皇考始下旨意，朕竟不知，朕若知之，自別有道理，皇考賓天之後，方宣旨與朕。」聖祖賓天之際，胤禛既不在側，授受念珠，似非出自聖祖親手。《乾隆帝傳》一書稱「當康熙帝臨終時，本想傳位給十四皇子，可是那時他遠在韃靼內地，假如把他叫回北京再宣布傳位詔書，在這空位階段勢必發生皇位的糾紛，不得已只好傳位給四皇子胤禛了。」㊴是書採調和之說，惟胤禛紹承大統，似非聖祖的本意。朝鮮密昌君樴奏稱「雍正繼立，或云出於矯詔，且貪財好利害及商賈。或言其久在閭閻，習知民間疾苦，政令之間聰察無比，臣亦於引見時觀其氣象英發，語音洪亮，侍衛頗嚴肅，且都下人民妥帖，似無朝夕危疑之慮矣。」㊵胤禛嗣位若出於矯詔，則《大義覺迷錄》內所云「皇考欲傳位於允禵，隆科多更改遺詔，傳位於朕」等語似非誣謗之言。胤禛得位不正，宮廷紛紛傳播，應嗣大位的十四阿哥胤禵威望既高，復握兵權，於胤禛無異一大威脅，如芒刺在背，此即胤禛於即位之初即召還胤禵而將其拘禁的主要原因。

## 五、清世宗拘禁胤禵於湯山的經過

康熙六十一年（1722）十一月十四日，即聖祖崩殂翌日，世宗胤禛降旨於十四阿哥胤禵，令其與弘曙馳驛還京，限二十四日抵京㊶，並令宗室延信就近管理大將軍印務，代領其衆，復以陝西總督年羹堯協助管理西路軍務糧餉及地方事務。胤禵所統兵丁既不過數千人而已，年羹堯以陝西總督在彼彈壓，實足以箝制胤禵。隆科多與年羹堯二人兵權在握，以控制反側，則胤禵在授受之際，遂能太平無事㊷。雍正元年（1723）四月初六日，世宗胤禛賜隆科多御書額爲「世篤忠貞」，賜年羹堯額爲「青天白日」，頗耐人尋味。隆科多一手擁立胤禛，胤禵於心不服，胤禵在保德州曾向延信云「如今我之兄爲皇帝，指望我叩頭耶，我回京不過一覲梓宮，得見太后，我之事即畢矣。」㊸《大義覺迷錄》引曾靜供詞云「聖祖皇帝在暢春園病重，皇上就進一碗人參湯，不知何如，聖祖皇帝就崩了駕，皇上就登了位，隨將允禵調回囚禁，太后要見允禵，皇上大怒，太后於鐵柱上撞死，皇上又把和妃及他妃嬪都留於宮中等語。」太后晏駕，是否撞死，固不得而知，但太后想念其子，欲見胤禵，實乃人情之常。《聖祖仁皇帝實錄》及《大義覺迷錄》所載聖祖鄙賤胤禵之處，皆誣謗之語，多出世宗胤禛之意。

聖祖崩後，葬於景陵，其陵寢在河北遵化州馬蘭峪。康熙六十一年十二月初三日，世宗命十七阿哥固山貝子胤禮會同署理工部戶部尚書孫渣齊監造陵寢。是月十七日，又命文華殿大學士蕭永藻總理陵寢事務，同日，撫遠大將軍胤禵自西寧還京，易喪服，叩謁梓宮。雍正元年二月二十日，世宗爲彈壓陵寢重地，改古北口總兵爲提督，改馬蘭峪副將爲總兵，復置副將移駐三屯營，旋以范時繹爲馬蘭峪總兵，以李如柏爲三屯營副將。同年四月初三日，世宗命胤禵留駐馬蘭峪以東的湯山，以守護聖祖陵寢，蓋欲令胤禵與聖祖長相厮守，世宗用意，不難窺知。是月初六日，世宗逮胤禵家人雅圖，護衛孫泰、蘇伯、常明，永遠枷示。《永憲錄》記述其事云「上送梓宮時，傳問貝子家人，向日貝子在軍，聞有吃酒行兇之事，回奏並無。上怒，拿送刑部，永遠枷號，伊等之子年十六歲以上者皆枷。又天津監生徐蘭在貝子府教阿哥書，亦以其人不端，逐還原籍，交地方官收管。」㊹五月十三日，因雲貴總督高其倬奏疏中誤以大將軍王與世宗並寫，世宗以胤禵在西路軍營時惟以施威僭分爲事，以致聲名赫奕，官吏無不畏懼，遂於是日降旨革除胤禵祿米，永行停止。孝恭仁皇后崩殂，世宗遣使馳召胤禵，其使抵達三屯營轄地時，副將李如柏以部文未聲明旨意，又無印使爲憑，而將來使粘竿子、侍衛吳喜、朱蘭泰等監禁請旨，由此可知李如柏監視胤禵，防範嚴密。五月二十四日，世宗復遣武選司員外郎前往湯山，令胤禵乘驛赴京，隨從不得過十人。次日，胤禵至遵化門，見守備迎接皆摘纓，始知皇太后崩，乃哭入城，易服入宮㊺。五月二十六日，因副將李如柏攔阻胤禵，世宗嘉其誠信，擢爲總兵，以赴軍前効力。同日，世宗於大行皇太后梓宮前詔封胤禵爲郡王，以慰母后，惟仍命其居住湯山守陵。

世宗於《大義覺迷錄》中辯稱「阿其那在京，塞思黑在陜，悖亂之蹟，日益顯著，是其逆心必不可折，邪黨必不肯散。而雍正四年又有奸民蔡懷璽投書允禵院中，勸其謀逆之事，朕始將允禵召回京師拘禁之，是允禵之拘禁，乃太后升遐三年以後之事。」㊻但早在雍正元年世宗已命胤禵往守聖祖陵寢，復令三屯營副將李如柏等嚴密監視其行動，胤禵在事實上已被囚禁，因此，「皇太后因聞囚禁允禵而崩」的傳言，似非誣捏之語。

李如柏擢爲總兵後，改授趙國瑛爲三屯營副將，其監視胤禵之嚴密，一如李如柏。趙國瑛所有奏摺，從不敢使人知覺，皆親手書寫，不假手於人，奉硃批發還後，俟下次摺奏，隨將原摺固封進呈，所奏事件俱不見於官方記載，世宗利用密奏制度，以監視胤禵，使胤禵成爲籠中鳥。雍正元年九月初一日，怡親王胤祥傳旨於馬蘭峪總兵范時繹稱「十四郡王著在湯山住，照十五阿哥例，每逢祭祀日期，著令到陵祭祀。」㊼同日，范時繹在興隆口送駕，又奉世宗面諭，令其轉諭三屯營副將知道。九月初五日，趙國瑛奉到上諭後隨即撥派千總把總帶兵二十名前往湯山易服巡視，同時因湯山開工修茸陵寢，深恐「奸徒」混雜，復外委守備一員，馬兵二十名前往查察，趙國瑛本人則與遵化遊擊馬義常川前赴湯山明暗察視。雍正元年十一月二十三日，趙國瑛將奉旨辦理情形密奏後，世宗以硃筆批諭云「知道了，密曉諭看守兵丁，不可接受允禵的詐買賞賜，作你的主意說，不可說有旨。」易言之，趙國瑛派兵丁看守胤禵，係奉世宗密諭行事。十一月二十五日四更，胤禵進陵上祭，趙國瑛令看守行宮兵丁高明、扈玉、曹子玉等引道，打燈籠跟隨。二十六日，胤禵賞給兵丁高明等小銀錁六個，胤禵馬匹因圈在西窯上，離湯山一里，趙國瑛即撥官兵在該處巡察。世宗閱趙國瑛奏摺時硃批云「知道了，這纔是，凡事要酌量大義，分別輕重，不可上下自留地步，公私以爲兩全，恐禍不可測，你此任干係不輕，是則獲福無量，否則受害不淺，著實留一番心，總以誠勤實心奉公方不負朕之任用也，勉之，慎之。」㊽世宗既操生殺予奪之權，臣工禍福，繫於世宗一念，敢不聽其驅使，趙國瑛懾於世宗威勢，當不至自取罪戾。十二月十二日，趙國瑛奉到世宗硃批後，在悚息戰兢之餘，覆奏云「臣祖父均受國恩，啣結無地，臣雖年幼不知，臣母在日，不時面諭，並諄諄以忠孝爲本。今臣蒙皇上殊恩特任，即捐糜頂踵，不能圖報，敢不實心勤慎以供厥職，如負君親嚴訓，適所以自取罪戾也。」

是時守備陳萬里探知胤禵詭稱曾遣王首領進京，恭請聖安，王首領回至湯山後令人揚言「皇上甚喜，有旨著其回京」，因旨意不甚明白，復遣白首領請旨。陳萬里據實稟報趙國瑛，趙國瑛恐有詐僞，隨即減從前往體訪。據世宗稱並未降旨令胤禵遣人進京，而係「小人之愚論耳」。

在湯山行宮前，向由遵化營守兵八名派往看守。胤禵赴陵祭祀時，守兵即來回引道。雍正元年十二月二十九日，胤禵賞給守兵扈玉等銀每名一兩，共賞銀八兩，趙國瑛隨即將八名守兵內應換者撤回三屯營原汎，另撥守兵補足其缺額，仍在湯山行宮前看守，另派守備一員，馬守兵共四十名在湯山行宮前往來巡查。趙國瑛將辦理情形密奏以聞，世宗在趙國瑛奏摺上硃批云「知道了，向後若有感頌王子之恩德者，必加以重處，以警將來。」㊾天無二日，民無二君，除皇帝之外，不許臣民感頌胤禵恩德。趙國瑛奉到硃批後覆奏稱「臣伏思本係何等樣人，蒙皇上重用，臣雖至愚，斷不敢替他人隱匿，自取罪尤，臣唯知有君有父，除報主之外，更有何恩？」雍正二年二月初四日，薊州營都司武格探得有一可疑之人過薊，前往湯山。次日，趙國瑛據報後隨即密遣把總王公麟前往察訪，探明係胤禵屬下穆爾森之子，於是月初五日晚間啓稟胤禵稱「有信要著貝子允祹來換回京。」趙國瑛鑑於類此訛言不時播散，搖動人心，實爲未便，故密令兵丁小心防範。趙國瑛屬下把總靳士正探得二月十八日於胤禵處有喀喇沁格格差一藍翎子隨帶一人到湯山向胤禵請安，並啓稱有喀喇沁額駙欲來請安。趙國瑛曾屢次囑咐喜峰路遊擊古舜，凡係喀喇沁人到喜峰口出入，務必嚴加查探，此次喀喇沁人進出關口，往來湯山，遊擊古舜竟未覺察，趙國瑛奏參云「查古舜原係提督馬進良長隨，出身微賤，難托邊疆重任。臣更有不敢請者，喜峰一口甚屬緊要，臣日夜驚心，若得同心同力，深知大義之員方可密托。此係臣蒙皇上重任不敢辭，僭妄之罪，伏惟我皇上睿裁。」是時因世宗欲親往祭陵，趙國瑛開始嚴密佈置，自世宗出京日起，即擬密領遊擊馬義等帶千把等官挑選精練馬兵五十名，鳥鎗手五十名在湯山往來要道及前後左右暗地安插，俟世宗回鑾之後始撤歸。屆祭祀日期，胤禵原奉旨到祭，但趙國瑛以此次世宗親自察陵，非泛常可比，而「郡王允禵心難揣測」，故應旦夕警防，若探知胤禵欲往接駕，趙國瑛即將力阻，並奏稱「郡王允禵似可不必陪侍，亦應阻止。」惟世宗硃批云「太過了，不至於此，他能如何，你不過在此暗探其行止來往而已，明作的事不與你相干，接駕事任憑蕭永藻，你總不必管，在喀爾沁人亦不過暗探之而已，亦不可明阻，古舜若不堪，報明何祥書，他自有道理。」㊿

雍正二年（1724）三月初六日，世宗恭謁陵寢，行清明節致祭禮，於是日啓行，駐蹕趙里。次日，駐蹕定符莊，初八日，駐蹕賈家莊，初九日，駐蹕姚家莊，初十日，詣暫安奉殿、孝陵、孝東陵行禮，晉謁景陵，入隆恩門，至寶城前行禮，是日，駐蹕馬蘭峪，十一日，世宗回鑾。十二日，三屯營副將趙國瑛送駕後，即回至湯山以東下營住宿，隨後訪知是月十一日胤禵自聖祖陵寢回至湯山後曾賞給馬蘭鎮引導兵丁豬一頭。十三日，胤禵差遣何首領帶領太監三名，披甲人四名赴京接胤禵次子，復發銀六兩差人在福泉寺之西踹民房二所。世宗據奏後硃批云「知道了，只要密探其動靜，外邊若虛張一點聲勢使不得。」(51)趙國瑛遵諭派兵防範胤禵，復密探其行止，世宗據趙國瑛密奏，於胤禵言行動靜，無不瞭若指掌。是年五月二十四日，有蒙古七人由張家口趕羊一百隻，牛十五頭，送至胤禵處，是月二十八日，復有喀喇沁額駙僧燕查普格格差太監一名及跟隨之人一名至胤禵處請安，趙國瑛探訪確實後即密摺具奏。據此可知蒙古人屢次差往胤禟處，似與胤禟在撫遠大將軍任內威望有關，因而更引起世宗的慌恐，是年六月，馬蘭鎮總兵接到宗人府滿字來文奉上諭保泰之子廣善革去世子打發到胤禟處，與胤禟之子白啓以閑散宗室隨公之品級與胤禟一處居住。

雍正二年四月，胤禟福金似已患病，因閏四月初四日馬蘭鎮總兵已奉硃批，令其「將醫生聞㬥之往來形跡留心看訪，或福金病好之後形跡仍然著一人無心中陳其利害，勸令其小心。」總兵范時繹遵旨日夜匪懈細加察訪，探得五、六月間，醫生聞永仍爲福金看病，或其自往，或由湯山遣人來接，每日清早而往，日暮方歸，胤禟賞給醫生衣服緞疋銀兩數量甚多。據范時繹奏稱「今臣等探得福金病勢已漸癒愈，而聞㬥之往來未見稍疏，深恐未便，臣等互相計議，因各托病延醫聞㬥到臣郎泰家中閒語之際，業將允禟之性習悖逆不平，而福金醫藥任大責重，況病已漸愈無用醫，爾何如人無因綢繆，歷歷教以大義。」㊾范時繹等所稱「大義」究竟指何而言，實不言而喻。七月初七日，趙國瑛奉到提督牌委查勘潘家口抵關無票私木。是月初九日午刻，接到把總靳士正探報胤禟福金於初八日卯時病故，趙國瑛隨派千總一員帶馬兵二十名同原委密守把總前赴湯山，暫委遊擊馬義代爲安插，藉口看守福金靈柩，以便暗探往來人等。世宗據奏後諭云「如今允禟移往他庄頭處去，大概也是你管轄之地，可令心腹人密探，你亦看，閑時親到察其動靜光景，只作殷勤伺候光景，不要露查察辭色。」㊿趙國瑛既係世宗心腹，所有世宗密諭無不懍遵辦理。七月二十五日，胤禟福金的靈柩遷移至閆家峪地方陳庄頭處安厝，胤禟即在陳庄頭東鄰鑲黃旗園頭劉德臣家居主。是日，趙國瑛親身巡查，面見胤禟，撥馬步兵二十名，藉口看守福金靈柩，四圍安插，派千總把總在內暗探，又另使數人易服，裝作買賣人等在該處細察。因閆家崆地方係屬都司武格所管地土，熟悉其情，該處往來人等異常叢雜，武格又係正白旗包衣下人，素稱練達，趙國瑛恐一人的智力未周，遇有要務回營時，即令其更替，以便分身料理，往來照應兩地。但世宗諭云「轉諭武格，他一生是非榮辱禍福利害，在此一差也，爾亦如是，若有不及差錯處，推委武格不得，亦再差訪武格行爲居心可也，不可全信。況武格當日與允禵處有來往相認識與否，朕不深知，今你用此人是則總是，非則總非，汝二人同休戚者也，勉之，慎之。」㊿趙國瑛奉到硃批後即一面密諭武格禍福利害，不可不慎，務須小心協理，仰報皇恩，一面密飭輪班弁役稽查出入。七月二十九日，趙國瑛探得喀喇沁格格奉旨到達湯山後，額駙即至太平庄上。

雍正二年閏四月以後，馬蘭鎮總兵范時繹等已探知胤禵福金病況好轉，無庸醫治，何以至七月驟而身故，甚爲可疑。福金身故後，胤禵令木匠做成金塔二座，下有蓮花座子，共高四尺，寬二尺，計二十三層，據稱此二座蓮花金塔，一係給福金安放骨灰，一係胤禵自爲存用，造作之處頗爲隱密。世宗閱摺後硃批云「知道了，著實機密，看你使來的人，口裏不甚穩當。」並詢問趙國瑛「金塔係包赤色金葉的，是用金漆造的，在允禵什麼地方製造，若用金塔，自然是熟葬了，他福金發了火了麼，幾時發火的。」㊺八月十九日，趙國瑛接到世宗發還硃批奏摺後，即令密守弁役探訪金塔監造的地方，據稱雖在胤禵居處後面，但不許閒人窺探，並探得胤禵第三子有差傳醫生李藏二人入內診脈之事，惟症狀不詳，其格格與額駙已於八月十九日起程回京。八月二十八日，世宗以胤禵所造金塔係非禮之物，妄行匿造，故命散秩大臣佛倫傳旨總管郎泰，總兵官范時繹協同前赴閆家崆地方將胤禵逆造金塔要出，查驗明白，隨即搬移至范時繹所轄王家莊地方派兵嚴行看守，並派人在胤禵住處附近乘便伺察，聞得是日晚點燈以後，胤禵在住處狂哭，大叫厲聲，至半夜方止。世宗據奏後批諭云「此所謂罪深業重，神明不佑，人力亦無可奈何矣，但朕之心自有上蒼照鑑，任他等罷了。」㊺九月初七日，胤禵給福金上墳後，即於次日回至湯山福泉寺居住。趙國瑛旋又探得十月初五、六日胤禵處有京中男婦十家派在閆家崆看靈，十六日未時，胤禵至閆家崆，十七日晨過百期墳，胤禵於是日巳時率同二子，兩個格格仍回湯山，其長子、三子、四子之妻則於十七日一同回京，僅留下「老公」六人，新來男婦十家及朱姓門上人在閆家崆看守㊼。十月二十一日，胤禵長子、三子、四子自京城至湯山，二十三日，至閆家崆柩前奠酒，並於當日巳時起身回京。

雍正三年二月二十七日，馬蘭鎮總兵范時繹探有胤禵門上藍翎對齊及王太監自京中前往湯山，俱進入胤禵住處，是日午後復探有藍翎厄勒得衣乘車一輛及跟隨家人四名抵達湯山，胤禵即出廟門外彼此執手問好，站立說話良久，胤禵方進入廟內。同日，范時繹復探得胤禵門上常姓哈哈朱子一名帶領家人二名自京中欲往湯山，是日，住在石門店，於次日晨始至湯山，相隨胤禵。二十八日，胤禵門上太監劉銀自京中抵達湯山，復有藍翎朱包衣大即內務府佐領自閆家崆前往湯山。二十九日，胤禵差哈哈朱子巴蘭太及孟太監前往閆家崆，至三月初一日始回湯山。胤禵住居湯山期間，往來之人未有似近日之頻且密者，范時繹疑其謀爲不軌，故將所有往來湯山之人，倍加伺察，據實奏聞。自新歲以來，胤禵門上之人，即自京中前往湯山請安，並攜帶果子食物及新鑄黃錢等。范時繹旋探得胤禵門上侍衛鐵柱前往湯山迤東六里外袁家莊約合鄉民彭二傻子等至湯山扮唱，因彼此口角，鐵柱喝令飯房人役等將彭二傻子綑打，以至皮破血流，彭二傻子受打不過，跪哭哀求，始將其釋放。世宗據奏後批諭云「此等事只要他多多做」。易言之，多行不義，必自斃，世宗處心積慮欲縱成其罪，使罹大辟。三月初三日午時，胤禵管馬人朱黑子入京。是日傍晚，胤禵二福金之母梁氏同子一人、家人二名、女人三口，一同坐車至湯山，居住郭家莊。初四日，胤禵差門上李太監、劉太監及茶飯等人六名前往閆家峪，預備上墳。初五日五鼓，胤禵帶領其次子同往閆家峪上墳，並於是日回至湯山。據范時繹奏稱「允禵於來去之間，俱經臣密密差人改扮尾隨。」初六日，胤禵差太監趙良壁前往京城，行動隱秘。初七日，胤禵門上人客克衣、屠勒古特、那勒泰及拜唐阿等陸續抵達湯山換班。初八日，京城胤禵門上差內庫朱姓拜唐阿前往湯山。初九日，胤禵差門上藍翎那勒泰及王太監前赴京城賫摺謝恩，范時繹將湯山往來人等形跡逐一奏聞。三月十七日，胤禵差遣門上人役四五名前赴石門趕集，范時繹即暗派兵丁尾隨探聽察訪，胤禵旋又差遣一向在馬圈當差的圖苟子即藍翎屠勒古特之姪步行入京，范時繹所安設的探聽兵丁即沿途跟蹤。十一月十八日，范時繹探得跟隨胤禵居住湯泉的太監劉玉一名潛行逃走，范時繹以其蹤跡可疑，即遣人伺察。

馬蘭鎮總兵范時繹監視胤禵行動，其愼密一如三屯營副將趙國瑛，惟世宗似未將范時繹視爲心腹，故於范時繹奏摺上硃批字數甚少，密諭罕見，趙國瑛密奏時，於范時繹亦頗不以爲然。湯山原屬鮎魚關把總專汎，向隸三屯營統轄，因此趙國瑛探訪及監視胤禵行止，頗爲近便，旋因奉部議，將鮎魚等關撥交馬蘭鎮總兵管轄，奉旨依議。湯山地方的弁兵既屬范時繹直轄，趙國瑛遂不敢越境控制，只得將防守湯山兵丁漸次抽減。世宗亦諭令趙國瑛云「你不便越境管理，只暗暗留心訪探，有所聞奏知，閆家峪照舊留心訪察，所奏是。」[58]趙國瑛向用心腹鮎角關把總靳士正往來密探胤禵行止。靳士正原係遵化營城守把總，趙國瑛差其辦事，頗爲愼密，惟因距離湯山路遠，趙國瑛即詳請提督何祥書調往鮎魚關，湯山既係其汛地，近便易於稽察，所有探報亦極機密。其後鮎魚關既歸馬蘭鎭統轄，而總兵范時繹又曾查問三屯營是否有人在馬蘭鎭，趙國瑛見范時繹動疑，遂不敢顯明用人，而將把總靳士正之子留在三屯營當差，令其往來鮎魚關探信，使人不疑。但鮎魚關等五汛盡歸范時繹統轄後，范時繹對待把總靳士正獨詞嚴色厲，復將其調至窄道子守汛，故探報信息漸疏，趙國瑛旋調補兗州鎭總兵，陛見時面請世宗將三屯營守備黃欽、遵化營千總劉士美及靳士正帶往兗州鎭，以便差遣，世宗俱允其請。

## 六、清世宗圈禁胤禵於壽皇殿的經過

世宗即位之初，因政權尚未鞏固，故頒詔敕欲與諸昆弟共享昇平之福。康熙六十一年十一月十四日，即聖祖崩殂翌日，世宗即命胤禩同胤祥、馬齊、隆科多總理事務。並封胤禩等爲親王，胤礽之子弘晳則封爲郡王。十二月十一日，封胤禩爲和碩廉親王，弘晳爲多羅理郡王。世宗用意，端在欲安反側。然而由於胤禩、胤禟等既樹黨援，要結人心，世宗爲窮治朋黨，故於政權安固之後，遂不復保全昆弟，除將胤禵拘禁於湯山外，復將胤禟遠徙西寧，胤䄉逐往張家口，命胤禑守景陵，幽禁胤祉，大阿哥胤禔，二阿哥胤礽仍圈禁終身，滿漢大臣身罹重辟者甚衆。雍正三年十二月，拘繫胤禩，四年三月，廢胤禩、胤禟爲庶人，胤禩旋改名爲阿其那，胤禟名爲塞思黑，以示不齒於人類。是年八月二十七日，胤禟死於保定，九月初八日，胤禩卒於圈禁之處，隆科多、年羹堯等雖有擁戴之功，亦就夷戮。

世宗將胤禵拘禁於湯山後，鑑於往來各色人等日益叢雜，防範難周，深恐胤禵有不軌之謀，或煽惑天下人心，雍正四年，世宗遂藉口蔡懷璽投書一案，而將胤禵解回京城圈禁。是年三月二十三日午後，范時繹所設探訪兵丁趙登科等訪得有孤行人一名，攜帶行囊，直至湯山，因其神色可疑，趙登科等靠近誘問，據稱係灤州人，因家中不和，離家逃往關東，於莊外小廟住宿時，夢見廟神指引向西北走，前往湯山投人。趙登科等見其說話神色怪異，給以酒食，詳加詢問，據稱「我是來投十四爺的，我夢見廟神告訴我說，十四爺的命天，將來要做皇帝，叫我特來湯山投他的。」㊿次日，復細加誘問，始供出其姓名爲蔡懷璽，係正黃旗人，並供云「我在夢中，廟神曾告訴我兩句歌兒說，二七便爲主，貴人守宗山二句，叫我記著。又說允題命大，是個大貴人，你往湯山投他去。」蔡懷璽走至胤禵所住廟前守候，見胤禵門上哈哈朱子那喇出來，蔡懷璽即跪拜在地，請求那喇爲其通報，那喇轉身不答。不久，又有哈哈朱子常有出來，蔡懷璽復跪求通報，常有亦急忙走避，並謂應將蔡懷璽逐走。案其所謂「二七便爲主」，二七即十四，係指十四阿哥胤禵，「守宗山」，即守湯山聖祖陵寢。總兵范時繹見蔡懷璽既非酒醉，又未病狂，竟在光天化日之下，將其夢寐妖言煽惑於胤禵左右，斷難姑容，故將其暗行看守。三月二十六日，蔡懷璽又赴胤禵住處對門，觀望等候，適有胤禵門上人客克衣出來，蔡懷璽即近前懇求通報胤禵，客克衣且聽且走，且云「這個人如何今日又來纏了」。次日晚間，蔡懷璽於其寄住廟內向寺僧索借筆硯，掩門獨坐，不容他人進入。二十九日，據蔡懷璽稱「我前日是將我此來原由與我的住處姓名並夢中各樣言語自己寫了一個帖兒，我今日走向王爺住處東邊墻外相近東角門，將寫的帖兒用松枝拴了料在王爺下處院內。」⑥胤禵旋將此字帖交付范時繹，惟無「二七便爲主」一句，范時繹即將字帖進呈御覽，旋奉硃批云「前已有諭，此事差人來同你審理，料進字中無二七便爲主之句，朕亦問來人口諭此語矣，此一語你只做不知，從蔡懷璽口中審出就是了，應如何審理處，口諭來人，滿都護如何舉動詞色，留心看，彼動身回來據實奏聞。」世宗居心，實不難窺知。

雍正四年四月初九日，貝勒滿都護，內大臣公馬爾賽、侍郎阿克敦等抵達馬蘭峪。范時繹將蔡懷璽提出審訊，細加誘問，並將所料進字帖語句再行錄出，竟比胤禵所交出的字帖多出兩行。據蔡懷璽供稱「原先料進的帖子前面還有話語兩行，想是允禵裡邊裁去的。」其後世宗頒諭時亦云「近者蔡懷璽投伊院內字帖，內開二七變爲主，貴人守宗山，以九王之母爲太后數語，允禵不行奏聞，將要緊字樣裁去塗抹，但交與總兵范時繹，令不論如何完結。且云並非大事，看其如此悖亂之行，即史書內亦屬希有。」㊶范時繹等傳問胤禵時，胤禵雖承認裁去字帖前半截，但同時指出蔡懷璽投書，係由范時繹等蓄意指使，傾陷胤禵，貝勒滿都護對於審訊蔡懷璽情形，亦頗不以爲然。范時繹密奏時亦稱「將允禵傳來訊問，據將裁去字帖前半截之事，雖親口承認，然看其辭色狠怒，向臣憤欲吞噬，轉將蔡懷璽寫字原由，猜係把總華國柱及臣指使。又說把總容留此人吃飯飲酒，又說臣因何將此人置之不問等語，復大肆罵詈，彼時有蔡懷璽當面對質，允禵方始辭窮莫辯。今據允禵自供等語，並種種辭色，蓋自料裁截逆語字帖，回護妄人，既已不能隱匿其罪，乃以臣係皇上委用地方官員，反欲借此發揮，揣想圖賴，以冀將來在陵官員畏其反噬，不加防範，無敢言其過惡者而後已，此又其妄生疑念，別具深心，皆難逃於皇上神明洞鑒之中者，其前後各等情辭，俱有滿都護等公同見聞，嗣將審明原由公摺奏聞，臣未敢複奏外，再臣看得滿都護於初九日審問蔡懷璽之時，伊亦厲聲惡色，一味恐唬，多不能詳得其情，只有馬爾賽、阿克敦二人平心推問，以期明悉。又本日將奉旨明白回奏一事交與允禵之時，滿都護將旨意宣明後，便無甚多言，至初十日允禵送回奏前來，因看允禵所奏模糊，當下馬爾賽、阿克敦俱經駁問允禵甚久，令其改換，而滿都護未發一言。又十一日將蔡懷璽之事，訊問允禵，彼時滿都護身雖在前，未曾發言，據看滿都護連日等情，皆係臣等公同目睹，臣未敢虛飾。」㊷蔡懷璽投書，事出突然，是否由世宗授意，固不可知，惟其曾受人指使，似毋庸置疑，滿都護深悉案情，馬爾賽等但憑蔡懷璽一面之詞以定讞，故深表不滿，惟世宗即位時馬爾賽等俱有翼戴之功，世宗既操生殺之權，滿都護遂敢怒不敢言，不克主持正義。其後怡親王胤祥薨，降旨矜卹胤禵，欲加委任。相傳令大學士馬爾賽諭以聖意，胤禵回奏時竟有「殺馬爾賽方任事」之語㊸，則胤禵痛恨馬爾賽，似與蔡懷璽投書案有關。

雍正四年四月十七日，世宗降旨擢直隸馬蘭鎮總兵范時繹署理兩江總督。次日，世宗頒諭嚴斥滿都護云「貝勒滿都護庸鄙卑污，所以皇考聖祖仁皇帝不令承襲貝勒，而用伊弟海山，其後海山獲罪禁錮，無應襲之人，不得已方令伊承襲，屢蒙皇考聖祖仁皇帝厚恩，官至議政大臣、領侍衛內大臣，管理正白旗三旗都統事務，伊並未盡心辦事，竭力供職，不但不思圖報高厚之恩，反入允禩、允禟、允禵、保泰、蘇努、阿靈阿、鄂倫岱之黨，實爲深負我皇考之人，朕雖知之甚悉，然朕即位以來，特望伊悛改，諄諄教誨，加以深恩，令伊在總理事務處，協同行走，伊毫無竭誠効力，改悔前非之意，惟欲阻撓政事，搖亂人心，陰險姦僞，無所不至，從前不孝於父，不友於兄弟，衆所共知，實爲黨與中之巨魁，伊並不知朕之心跡，可令伊每日侍從行走，朕亦欲悉其性情也。」⑭世宗不友於兄弟，衆所共知，惟其所指滿都護阻撓政事之處，但不欲與世宗同其好惡而已。是年五月初二日，世宗降旨云「前令允禵在馬蘭峪居住，原欲其瞻仰景陵，感發天良，痛改前非，洗心滌慮，而允禵並不醒悟悛改，蔽錮日深，姦民蔡懷璽又搆造大逆之言，冀行蠱惑，則馬蘭峪亦不可令其居住。」世宗以壽皇殿係供奉聖祖暨孝恭仁皇后聖容之處，故命滿都護、常明馳驛前往馬蘭峪，將胤禵撤回，與其子白起一同圈禁於壽皇殿附近，令其追思教育之恩。

## 七、結 語

清初圈禁宗室之法，因罪輕重不同而分數等：有以地圈者，高牆固之；有以屋圈者，一室之外，不能移步；有坐圈者，接膝而坐，莫能舉足；有立圈者，四圍並肩而立，更番迭換，罪人居中，不數日即委頓不支，甚至有於頸項手足繫以鐵鍊九條，即令不看守，亦寸步難前⑮。胤禵被圈禁於壽皇殿後，雖始終「悍傲如昔」，惟自圈禁之日起，即與世隔絕。雍正十三年八月二十三日，世宗崩殂，皇四子弘曆嗣位，是爲清高宗，是年十月二十四日，高宗以胤禵收禁已經數年，降旨釋放。《乾隆帝傳》一書記載釋放胤禵的經過云「乾隆元年（1736）一月十七日，乾隆帝召見康熙帝的皇十二子胤祹以密旨，胤祹就匆匆跑進暢春園，把監禁胤禵的牢房打開了。胤禵在爲嘗盡監獄生涯而悲泣，而且在他的牢獄生涯與時代的變遷之間，封上了一扇厚厚的鐵門，因此胤禵就連雍正的駕崩與乾隆的即位都不知道，至於他的兒子弘明之被釋放一事，則做夢也沒想到。」⑯乾隆二年，高宗封胤禵爲輔國公，十二年六月，進封貝勒，十三年正月，進封恂郡王⑰。

二十年六月薨。高宗釋放胤禵父子誠不失親親之道，由高宗之所以得，即可知世宗之所以失。在康熙末年，參加皇位角逐諸阿哥中，於世宗即位後，俱遭夷戮，唯獨十四阿哥胤禵得以善終，此固由於胤禵與世宗係同父同母兄弟，不忍屠戮。世宗復屢謂胤禵秉性糊塗，「庸劣狂愚，無才無識，威不足以服衆，德不足以惑人。」⑱胤禵雖與胤禩等同惡相濟，惟其「姦詐陰險之處」，則與胤禩等相去甚遠，其罪不至於死。然而世宗之所以不亟於誅戮胤禵，似與世宗性格不無關係，諸王大臣既先後奏請將胤禵明正典刑，天下之人亦料世宗必誅胤禵，世宗卻不受「屠弟之名」，胤禵遂得免於一死。

清世宗御極之初，鑑於聖祖嘗試建儲的失敗，皇太子胤礽再立再廢，諸阿哥各樹朋黨，互相殘害，兄弟成仇敵，為永杜爭端，世宗即於雍正元年八月十七日諭總理事務王大臣、大學士、九卿等云「向日朕在藩邸時，坦懷接物，無猜無疑，飲食起居，不加防範，死生利害，聽之於命，蓋未任天下之重，自視此身甚輕，今躬膺聖祖付託神器之重，安可怠忽，不為長久之慮乎。當日聖祖因二阿哥之事，身心憂悴，不可殫述，今朕諸子尚幼，建儲一事，必須詳慎，此時安可舉行。然聖祖既將大事付託於朕，朕身為宗社之主，不得不預為之計。今朕特將此事親寫密封，藏於匣內，置之乾清宮正中，世祖章皇帝御書正大光明匾額之後，乃宮中最高之處，以備不虞，諸王大臣咸宜知之。」⑲此即儲位密建法，雖未嘗不立諸，卻未嘗顯立儲君，滿洲自太祖以來儲位紛爭遂至此而戢，惟因是時朋黨為禍益烈，各憑私意，分門立戶，擾亂國政，隆科多等既操廢立之權，胤禩等結黨構逆，世宗雖創立儲位密建法，欲求其付諸實行，障礙尚多，欲為後世子孫綢繆，則打破朋黨，剷除異己，遂成為當前急務。世宗於《大義覺迷錄》

中指出朋黨之害云「從前儲位未定時，朕之兄弟六七人，各懷覬覦之心，彼此戕害，各樹私人，以圖僥倖，而大奸大惡之人，遂乘機結黨，要結朝臣，收羅群小，內外連屬，以成爲不可破之局，公然以建儲一事爲操權於己，唾手可成，不能出其範圍。此等關係宗社國家之大患，朕既親見而深知之，若苟且姑容，不加以懲創儆戒，則兇惡之徒，竟以悖逆爲尋常之事，其貽害於後世子孫者將不可言矣。」⑩世宗即位後，君臣之分已定，爲使滿漢臣工與君主同好惡，一德一心，共竭忠悃，復刊刻頒發「御製朋黨論」，俾群迷覺悟，而盡去其朋比黨援的積習，以剷除政治上的巨蠹。世宗於是充分發揮密奏制度的功能，以偵察滿漢臣工，胤禩等悖逆罪狀，多出於偵察者之口，雖有風聞不實之奏，世宗俱深信不疑，甚至惟恐胤禩、胤禟等諸昆弟死之不速，致欲一網打盡，逼之以死，實不免有煮豆燃萁之譏，且與儒家所謂君子篤於親，則民興於仁之意，大相背謬⑪。惟因世宗具有英斷之才，勤求治道之志，其皇室家務紛爭，尚不至於動搖國本，且在怡親王胤祥輔佐之下，因革損益，頗多建樹，世宗仍不失爲一代令主。

【註　釋】

① 《舊滿洲檔》（臺北，國立故宮博物院，民國五十八年八月），第一冊，頁74。重修本《清太祖高皇帝實錄》，卷四，頁17，將褚英之薨，繫於明神宗萬曆四十三年閏八月。

② 《明熹宗實錄》，卷七六，頁15，天啓六年九月丁酉，據袁崇煥奏。案長子即指大貝勒代善，四子即皇太極。又《兩朝從信錄》，卷三一，頁30，亦載是日袁崇煥疏。

③ 岡田英弘撰〈清太宗繼位考實〉，《故宮文獻季刊》，第三卷，第二期（臺北，國立故宮博物院，民國六十一年三月），頁37。

④ 李光濤撰〈清太宗奪位考〉，《明清史論集》（臺北，臺灣商務印書館，民國六十年四月），下冊，頁437。

⑤ 《燃藜室記述》（臺北，中央圖書館，朝鮮鈔本），卷二七。

⑥ 《承政院日記》，第八十五冊，頁91，朝鮮仁祖二十一年九月初一日，李袗狀啓。

⑦ 《仁祖實錄》，卷四四，頁29，仁祖二十一年九月壬辰，李袗狀啓。

⑧ 《承政院日記》，第八十五冊，頁92，仁祖二十一年九月初一日。

⑨ 稻葉君山著，但燾譯訂《清朝全史》（臺北，臺灣中華書局，民國五十九年十二月），頁15。

⑩ 國立故宮博物院現藏康熙朝滿文奏摺，「胤礽」二字，滿文讀如″ing ceng″。

⑪ 清聖祖諸子生年月日，係據《清聖祖仁皇帝實錄》列舉，其中皇二十二子胤祜生年月日不詳。清世宗即位後，改「胤」為「允」，以避御名諱。

⑫ 《清聖祖仁皇帝實錄》，卷五六，頁2，康熙十四年六月癸未，上諭。

⑬ 《起居注冊》（臺北，國立故宮博物院），康熙五十二年二月初二日，上諭。

⑭ 《起居注冊》，康熙五十年十月二十七日，上諭。

⑮ 《起居注冊》，康熙五十一年十月初一日，上諭。

⑯ 《肅宗實錄》，卷五二，頁42，肅宗三十八年十二月癸酉，據李樞啓報。

⑰ 《肅宗實錄》，卷五五，頁5，肅宗四十年三月戊辰，據趙泰采狀啓。

⑱ 《肅宗實錄》，卷五五，頁4，肅宗四十年三月辛亥，據趙泰采狀啓。案「蝦」字，滿文讀如″hiya″，意即侍衛。

⑲《肅宗實錄》，卷五五，頁36，肅宗三十九年十一月丙寅，李頤命狀啓。

⑳《起居注冊》，康熙五十一年十月初一日，上諭。

㉑《起居注冊》，康熙五十二年二月初二日，上諭。實錄删略此段文字。

㉒《清聖祖仁皇帝實錄》，卷二七七，頁6，康熙五十七年正月己巳，上諭。

㉓《故宮文獻季刊》，第一卷，第一期（臺北，國立故宮博物院，民國五十八年十二月），頁108，王鴻緒密奏王掞私議復儲摺。

㉔《文獻叢編》（臺北，臺聯國風出版社，民國五十三年三月），上冊，允禩、允禟案，頁7。

㉕《肅宗實錄》，卷五九，頁25，肅宗四十年四月乙酉。

㉖《起居注冊》，康熙五十二年二月初二日，上諭。

㉗《文獻叢編》上冊，允禩、允禟案，頁1。

㉘《文獻叢編》上冊，允禩、允禟案，頁7至頁9。

㉙《上諭八旗》（臺北，國立故宮博物院），雍正四年二月初五日，據允祉奏。

㉚孟森撰〈世宗入承大統考實〉，《清代史》（臺北，正中書局，民國五十一年十月），頁486。

㉛《文獻叢編》上冊，允禩、允禟案，頁1，穆景遠供詞。

㉜《文獻叢編》上冊，允禩、允禟案，頁2，穆景遠供詞。

㉝宮崎市定著《雍正帝——中國之獨裁君主》（日本，岩波書店，昭和三十四五月），頁20。

㉞黎東方著《細說清朝》（臺北，傳記文學叢刊社，民國五十九年二月），上冊，頁141。

㉟弘旺著《皇清通志綱要元功名臣錄》，卷一，頁16。見《燕京學報》，第

三十六，頁217。

㊱ 清世宗敕撰《大義覺迷錄》，卷三，頁34，曾靜供詞。見《圖書季刊》，第二卷，第二期（臺北，國立故宮博物院，民國六十二年十月），頁87。

㊲ 《景宗實錄》，卷一〇，頁37，景宗二年十二月戊辰，據金演報。

㊳ 蕭一山著《清代通史》（臺北，臺灣商務印書館，民國五十二年二月），第一冊，頁857。

㊴ 後藤末雄著《乾隆帝傳》（日本，生活社，昭和十七年十月），頁54。

㊵ 《景宗實錄》，卷一三，頁8，景宗三年九月丙戌，據密昌君報。

㊶ 蕭奭著《永憲錄》（臺北，文海出版社），卷一，頁66，康熙六十一年十二月戊辰。

㊷ 王鍾翰撰〈清世宗奪嫡考實〉，《燕京學報》，第三十六期（燕京大學哈佛燕京學社，民國三十八年六月），頁231。

㊸ 《上諭內閣》（臺北，國立故宮博物院），雍正三年四月二十八日。

㊹ 《永憲錄》，卷二，頁102，雍正元年四月乙卯。

㊺ 《永憲錄》，卷二，頁116，雍正元年五月壬寅。

㊻ 《大義覺迷錄》，卷三，頁41。

㊼ 《宮中檔》（臺北，國立故宮博物院），第77箱，295包，5296號，雍正元年十一月，趙國瑛奏摺。清世宗將原摺內「十四郡王」，以誅筆塗抹，並改為「郡王允禵」。

㊽ 《宮中檔》，第77箱，295包，5297號，雍正元年十二月，趙國瑛奏摺。

㊾ 《宮中檔》，第77箱，295包，5299號，雍正二年正月，趙國瑛奏摺。

㊿ 《宮中檔》，第77箱，295包，5300號，雍正二年二月，趙國瑛奏

摺。

(51) 《宮中檔》，第77箱，295包，5302號，雍正二年三月，趙國瑛奏摺。

(52) 《文獻叢編》上冊，允禩、允禟案，頁24。

(53) 《宮中檔》，第77箱，295包，5305號，雍正二年七月，趙國瑛奏摺。

(54) 《宮中檔》，第77箱，295包，5304號，雍正二年七月，趙國瑛奏摺。

(55) 《宮中檔》，第77箱，295包，5307號，雍正二年八月，趙國瑛奏摺。

(56) 《文獻叢編》上冊，允禩、允禟案，頁18。

(57) 《宮中檔》，第77箱，295包，5309號，雍正二年十月，趙國瑛奏摺。

(58) 《宮中檔》，第77箱，295包，5308號，雍正二年九月，趙國瑛奏摺。

(59) 《文獻叢編》上冊，蔡懷璽投書允禵案，頁2。

(60) 《文獻叢編》上冊，蔡懷璽投書允禵案，頁3。

(61) 《清世宗憲皇帝實錄》，卷四四，頁31，雍正四年五月戊申，上諭。

(62) 《文獻叢編》上冊，蔡懷璽投書允禵案，頁4。

(63) 《永憲錄》，卷四，頁309，雍正八年秋記事。

(64) 《清世宗憲皇帝實錄》，卷四三，頁15，雍正四年四月庚辰，上諭。

(65) 《永憲錄》，卷三，頁241，雍正二年十一月丁酉條記事。

(66) 《乾隆帝傳》，頁57；《清康乾兩帝與天主教傳教史》，頁112。暢春園，原書誤作「長春園」。

(67) 《清史稿》，下冊，頁970。

(68) 《大義覺迷錄》，卷三，頁38。

⑲ 《上諭》（臺北，國立故宮博物院，內府刊本），頁5，雍正元年八月。

⑳ 《大義覺迷錄》，卷三，頁54。

㉑ 《清史論》（臺北，文海出版社，民國六十一年一月），雍正朝，頁91。

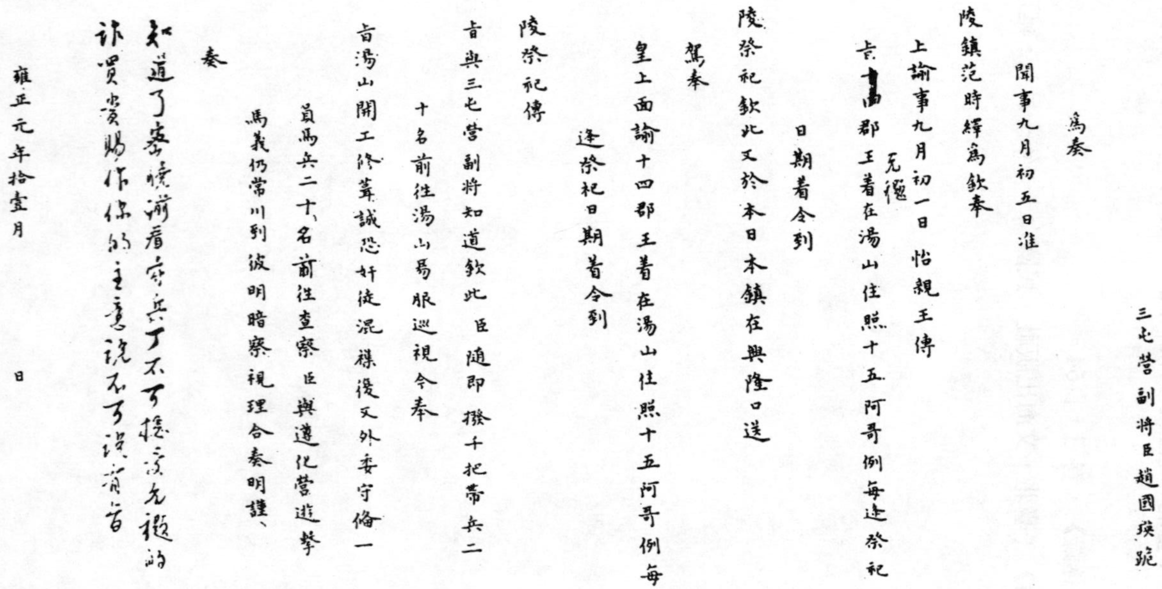
三七營副將臣趙國瑛跪
為奏
聞事九月初五日准
陵鎮范時繹為欽奉
上諭事九月初一日怡親王傳
旨~~十四~~允禵郡王着在湯山住照十五阿哥例每逢祭祀
日期着令到
陵祭祀欽此又於本日本鎮在興隆口送
駕奉
皇上面諭十四郡王着在湯山住照十五阿哥例每
逢祭祀日期着令到
陵祭祀傳
旨與三七營副將知道欽此臣隨即撥千把帶兵二
十名前往湯山易服巡視今奉
旨湯山開工修葺誠恐奸徒混襍復又外委守備一
員馬兵二十、名前往查察臣與遵化營遊擊
馬義仍常川到彼明暗察視理合奏明謹、
奏
知道了要曉諭看守兵丁不可擾累允禵的
許買賣賜作你的主意說不可說有旨
雍正元年拾壹月　日

《宮中檔》，雍正元年十一月，趙國瑛奏摺。

# 清高宗禁燬錢謙益著述考

## 一、前　言

滿洲入關以後，明末遺老將亡國之痛與孤憤之情表現於詩文者，屢見不鮮。江浙為人文淵藪，遺籍珍藏，指不勝屈，其藏書最富之家，如：常熟錢氏之述古堂、崑山徐氏之傳是樓、嘉興項氏之天籟閣、朱氏之曝書亭、杭州趙氏小山堂、寧波范氏之天一閣，皆其著名者。清軍南渡，江浙反滿最烈，清軍屠戮亦最慘，歷順康雍三朝高壓統治，漢人反滿活動，此仆彼此，乾隆年間仍然是「江浙風俗澆漓，人心多懷不逞。」清高宗自詡「稽古右文，聿資治理，幾餘懋學，典冊時披。」是以在御極之初，即詔中外搜訪古今群書，以彰千古同文之盛。儒林著述，凡涉及清朝先世，記述滿洲風俗，考證四夷，陳言邊患，牽涉遼東時事，文字之間意涉怨謗，或偶有不敬之詞，或間有違礙字樣，一經告訐，輒罹大辟，文網嚴密，羅織益微，甚或因書中將明朝字樣抬寫，即斥為體例乖謬，而嚴行查禁。美國哥倫比亞大學教授Luther Carrington Goodrich於「乾隆之文字獄研究」（The Literary Inquisition of Ch'ien-lung）一書中指出在乾隆朝前半期（1736—1771），高宗雖留意於漢人的排滿思想，惟尚無澈底禁止排滿文字的計劃，但偶有發覺，即加禁燬而已，至乾隆後半期（1772—1788），高宗假編纂四庫全書的名義，有計劃的取締公私所藏違礙書籍。作者引證高宗諭旨說明各省督撫奉命採訪書籍時亦奉命搜查排滿書籍，而且在京師選輯四庫書目者，同時亦編製禁書目錄。易言之，清廷編纂四庫全書，名爲保存國粹，實則別有用意①，清高宗銷燬錢謙益著述實即乾隆年間纂修四庫全書之前規模最大的一次禁書運動。徐緒典撰〈錢謙益著述被禁考〉一文，於高宗查禁錢謙益書籍的原因討論甚多，惟於清廷搜訪及銷燬錢謙益著述情形，則略而不詳。本文撰寫之目的即在就國立故宮博物院典藏軍機處檔奏摺錄副等原始檔案以探討各省督撫辦理禁燬錢謙益著述之經過，及其意義。

## 二、錢謙益小傳

錢謙益字受之，號牧齋，晚號蒙叟，又號東澗遺老。江蘇常熟人，明神宗萬曆十年（1582）九月二十六日②，三十八年，一甲三名進士，授翰林院編修。天啓元年（1621），充浙江鄉試正考官，四年，充經延日講官，五年，陞詹事府少詹事，同年五月，削籍歸里③。崇禎元年（1628）七月，應詔赴闕，補詹事府詹事，尋轉禮部右侍郎，兼翰林院侍讀學士，十一月，以枚卜議起，奉旨革職，十年閏四月，下刑部逮訊，十一年五月，以火災大赦獄解歸里，仿李易安翻書賭茗故事，築室於拂水之隈，建絳雲樓其上，積圖書萬卷。順治元年（1644）五月，福王即位於南京，馬士英入閣辦事，把持朝政，錢謙益上疏頌馬士英功，遂以原官起用，二年，官禮部尙書。豫親王多鐸統兵南下，錢謙益策馬迎降，率先上表稱臣。三年正月二十七日，世祖命以禮部右侍郎管內翰林秘書院學士事，以前明大學士馮全充明史館正總裁，而以錢謙益副之④，是年六月二十九日，以疾乞歸⑤。七年十月，絳雲樓火，藏書俱燬，惟一佛像不燼，遂決心皈依三寶。錢謙益自述「甲申之亂，古今書史圖籍一大劫也，庚寅之火，江左書史圖籍一小劫也。」康熙三年（1664）五月二十四日卒，享年八十三。乾隆四十一年十二月，高宗詔於國史內增立貳臣傳，以錢謙益入貳臣傳，四十三年二月，命將錢謙益列入貳臣傳乙編，不得與洪承疇同列，以示差等⑥。錢謙益博學工詞章，留心史事，諳悉朝典，著述豐富，爲士林所推服，其詩昌大宏肆，足以振衰起靡。其門人瞿式耜於「牧齋先生初學集目錄後序」中云「先生之詩，以杜韓爲宗，而出於香山樊川松陵，以迨東坡放翁遺山諸家，才氣橫放，無所不有。」梁任公亦稱「清師渡江，首先迎降，任南禮部尙書，其後因做官做得不得意，又冒充遺老，論人格眞是一無可取。但他極熟於明代掌故，所著初學集、有學集中，史料不少。他嘗親受業於釋憨山（德清），人又聰明，晚年學佛，著楞嚴蒙鈔，總算是佛典註釋裡頭一部好書。他因爲是東林舊人，所以黃梨洲、歸元恭諸人都敬禮他，在清初學術界有相當的勢力。」⑦

## 三、禁燬錢謙益著述的原因

清高宗以錢謙益所著《初學集》與《有學集》二集，其中有詆謗清人之處，悖理犯義，爲維持綱常名教，訓迪世道人心起見，遂降旨銷燬。乾隆三十四年（1769）六月初六日，頒佈明發上諭稱「錢謙益本一有才無行之人，在前明時身躋膴仕，及本朝定鼎之物，率先投順，洊陟列卿，大節有虧，實不足齒於人類。朕從前序沈德潛所選國朝詩別裁集，曾明斥錢謙益等之非，黜其詩不錄，實爲千古立綱常名教之大閑。彼時未經見其全集，尙以爲其詩自在，聽之可也。今閱其所著初學集、有學集荒誕背謬，其中詆謗本朝之處，不一而足。夫錢謙益果終爲明臣，守死不變，即以筆墨謄謗，尚在情理之中，而伊既爲本朝臣僕，豈得復以從前狂吠之語刊入集中，其意不過欲借此以掩其失節之羞，尤爲可鄙可恥。錢謙益業已身死骨朽，姑免追究，但此等書集悖理犯義，豈可聽其流傳，必當早爲銷燬。著各該督撫等將初學、有學二集，於所屬書肆及藏書之家，諭令繳出彙齊送京，至於村塾鄉愚，僻處山陬荒谷者，並著廣爲出示，明切曉諭，定限二年之內，俾令盡行繳出，毋使稍有存留。錢謙益籍隸江南，其書板必當尚存，且別省或有翻刻印售者，俱著該督撫等即將全板儘數查出，一併送京，勿令留遺片簡。朕此旨實爲世道人心起見，止欲斥棄其書，並非欲查究其事。所有各書坊及藏書之家，原無干礙，各督撫務須詳細諭知，並嚴飭屬員安靜妥辦，毋任胥役人等藉端滋擾。若士民等因此查辦，反以其書爲寶，不行舉出，百計收藏者，則其人自取罪戾，該督撫亦不可姑息，若將來犯出，惟該督撫是問。其京城地面，著提督衙門五城順天府一體辦理，將此通諭中外知之。」⑧是月二十五日，高宗復降諭稱「今偶閱其面頁，所刻初學集則有本府藏板字樣，有學集則有金匱山房訂正及金閶書林敬白字樣。是初學集書板，原係伊家所藏，縱其後裔凋零，而其書現在印行，其板自無殘缺，轉售收存，諒不出江蘇地面，無難蹤跡根尋。至有學集則鐫自蘇州書肆，自更易於物色，但恐因有查禁之旨，書賈等轉視爲奇貨，乘間私行刷印密藏，希圖射利，尤不可不早杜其源。高晉此時現駐蘇城，著傳諭令其將二書原板即速查出，檢點封固，委員迅行解京，若所屬或有翻刻之板，亦令一併查繳，毋任片簡遺留。」⑨據程嘉燧撰〈牧齋先生初學集序〉稱「歲癸未冬，海虞瞿稼軒刻其師牧齋先生初學集一百卷。」歲次癸未即明崇禎十六年。民國十七年，上海涵芬樓景印崇禎十六年初學集刊本，則凡一百一十卷。有學集凡五十卷，清聖祖康熙三年甲辰初刻，康熙二十四年乙丑，金匱山房重訂。清高宗銷燬《初學》、《有學》二集，固以錢謙益有才無行靦顏降附，因惡其人，進而惡其書，惟其主要原因，實由於前二書多處記載滿洲先世、明清和戰及譏諷薙髮，皆爲清室所隱諱者，且於字裡行間散佈排滿思想，故視爲禁書，以其不合於一統之旨，而禁其流傳於世。高宗所指悖理犯義詆謗狂吠之詞，如：《初學集·還朝詩集》云「逆奴四路拒王師，一鼓兼聞創屬夷，應有聖朝哀痛詔，滿城忠義鬼先知。」⑩文字之間充滿悲傷忠憤之志，其記事起自天啓元年，所謂「逆奴」、「屬夷」皆指滿洲。同書〈五芳井歌〉云「忠臣烈女心赤苦，魂魄猶思掃胡虜，人間金盌幸無恙，井底銀瓶何足數，老夫觸事淚滂沱，偪塞汎瀾一放歌，此身不共奴酋死，忍死幽囚可奈何！」「奴酋」即努爾哈齊，錢謙益含悲負痛，奮筆直書，感慨淋漓。同書〈嚮言〉云「今之逆奴，不獨異於漢唐，亦與蒙古異，惟宋之於金人，其局勢略相似。」清太宗皇太極嘗自稱滿洲爲女直大金之後⑪，漢人以宋金前事爲鑒，以激勵排滿意識，錢謙益目滿洲爲金人，語多指斥。〈嚮言〉又云「奴兒干都司一小酋長，王杲伏誅之後，孤豚腐鼠爲寧遠家奴隸，一旦稱憝稱帝，儼然以南北朝待我。」〈岳忠武王畫像記亦〉云「忠武王僇力中夏，誓滅金虜，佟奴以王杲餘孽，冒金源之後，啓疆犯順，忠武有靈，其能貰諸左雲而右憲陣背嵬而刃厤扎生，不克直擣黃龍，飲匈奴之血。」姑不論清朝先世是否爲王杲餘孽冒金源之後，然錢謙益視滿人爲「孤豚腐鼠」，語涉干犯，爲高宗所忌諱則爲事實。〈孫承宗行狀〉云「萬曆四十二年，建州酋奴兒哈赤叛，襲撫順清河，大兵分四路進討，我師敗沒，已而開原鐵嶺竝陷，擒西虜宰賽，滅北關，要結煖兔炒花諸部，脅服朝鮮，其勢益張。」又云「劉愛塔者遼人也，爲兒時老奴甚愛之，及長，善用兵，爲僞都督，守金復。愛塔者愛他之譌也，奴又以乳媼之女妻之，呼之曰愛塔兒，夫育之如諸婿。愛塔見遼人輒左右之涕泣思自拔歸，公遣壯士張盤閒行，解腰帶以招之，愛塔遂改名興祚，誓死以歸款。」文中敘述遼東時事，間有違礙字句。〈潘僉事哀辭並序〉云「萬曆四十七年三月，王師敗績於建夷，僉事保安潘君宗顏死之。君舉癸丑科進士，官戶部主事，會建州夷佟奴兒哈赤犯順，襲我城堡，殺我大將。君上書閣部，極言援遼破虜調兵用間之計，浹旬凡數十上，皆不省。奴遣歸漢人以嫚書遺我，君讀之毛髮盡豎，以謂二百年豢養屬夷，一旦稱國稱汗，指斥南朝，妄引天命。」以建州爲屬夷，語多指斥，復陳援遼方略，意涉謬妄。在《有學集》中亦不乏詆譭之詞，〈邵得魯迷塗集〉云「邵得魯以不早薙髮械僇辱瀕死者數矣，其詩清和婉麗，怨而不怒，可以觀，可以興矣。得魯家世皈依雲棲，精研內典，今且以佛法相商優波離爲佛，薙髮作五百童子，薙頭師從佛出家，得阿羅漢果，孫陀羅難陀不肯薙髮，握拳語薙者，汝何敢持刀臨閻浮王頂，阿難抱持，強爲薙髮，亦得阿羅漢果，得魯即不剃髮未便如阿難陀取次作轉輪聖王，何以護惜數莖髮如此鄭重，彼狺狺剃髮，刀鋸相加，安知非多生善知識，順利爲優波羅之於五百釋子，逆則如阿難之於難陀而咨歎崔歎迄於今，似未能釋狀者耶。我輩多生流浪如演若達多晨朝引鏡失頭狂走，頭之不知，髮於何有，畢竟此數莖髮，剃與未剃，此二相俱不可得，當知演若昔者失頭，頭未曾失，得魯今日薙髮，髮未曾剃，晨朝引鏡時，試思吾言當爲啞肰一笑也。」⑫衣冠髮式久爲漢夷種族徽幟，滿洲崛起遼東以後，即以薙髮與否而分順逆，世祖入踞北京之次日，即出佈告，凡投降官吏弁兵，一律薙髮，惟是時政權尚未鞏固，黃河以北，多未征服，南明紛起抗清，多爾衮旋即解除薙髮令。順治二年，平定江南，復厲行薙髮令，「遵依者爲我國之民，遲疑者視同逆命之寇，必置重罪。」當時江南反滿最激烈，清廷執行薙髮令亦最嚴厲，甚至有「留頭不留髮，留髮不留頭」的告示。錢謙益詩文率多感憤，以佛家剃度爲喻，譏諷滿洲薙髮風俗，語涉謬妄。至於書中不敬之詞，如詆詈滿人爲「醜虜」、「犬羊」、「雜種小醜」、「羯奴」、「膻狗奴」等強調種族意識者，不一而足，例繁不備舉。高宗初僅降旨銷燬《初學》、《有學》二集，旋又波及錢謙益所有著述，即使片簡寸紙，亦難倖免，輾轉牽連，儒林著述或府縣志書，內有錢謙益序文後跋，或題詞批語者，一律遭禁。

## 四、查禁錢謙益著述的經過

內閣奉諭查禁錢謙益所著《初學》、《有學》二集後，即通飭各省督撫一體辦理，各省督撫即遵旨會同藩司恭錄聖諭謄黃，刊刻告示，通令各府州縣遍貼曉諭書肆及藏書之家，令其即速繳官。因江南地居近省，且係錢謙益原籍所在，高宗命兩江總督高晉等遵旨先行查繳。江蘇按察使吳壇，蘇糧巡道朱奎揚將各屬解繳《初學》等集編造清冊裝箱，計裝十二箱，於乾隆三十四年七月差員解京。第一箱係進呈御覽副本，內含本府藏板《初學集》一部，計二十四本，燕譽堂藏板《初學集》十七部，計三百六十八本，共十八部，計三百九十二本；第二箱，燕譽堂藏板《初學集》一部，計二十本，未釘一部，無面頁《初學集》十五部，計二百九十六本，又未釘一部，共十八部，計三百一十六本；第三箱，無面頁《初學集》十八部，計三百九十六本；第四箱，無面頁《初學集》十六部，計三百七十六本；第五箱，錢謙益自定《有學集》四部，計四十本，金匱山房《有學集》三十部，俱未釘，共三十四部，計四十本；第六箱，金匱山房《有學集》三十四部，計四百十一本，無面頁《有學集》八部，計八十本，共四十二部，計四百九十一本；第七箱，玉詔堂選箋《初學集》六十二部，計三百七十二本；第八箱，玉詔堂選箋《初學集》六十二部，計三百四十二本；第九箱，玉詔堂選箋初學集四十一部，計三百二十八本，又未釘十六部，共五十七部，計三百二十八本；第十箱，玉詔堂選箋《有學集》八十二部，計四百九十二本；第十一箱，玉詔堂選箋《有學集》八十部，計四百四十五本；第十二箱，無面頁有學集十九部，內草釘一部，計一百八十六本，玉詔堂選箋《初學集》三部，內草釘一部，計十七本，未釘玉詔堂《初學集》九部，玉詔堂選箋《有學集》四部，內草釘一部，計二十本，未釘玉詔堂《有學集》二十四部，共五十九部，計二百二十三本，以上十二箱計裝《初學集》七十部，《有學集》九十五部，玉詔堂選箋《初學集》一百九十三部，玉詔堂選箋《有學集》一百九十部，合計五百四十八部，共四千二百十三本⑬。兩江總督高晉在蘇州起獲《初學集》原板及玉詔堂刪選《初學》、《有學》詩集刻板，至於金匱山房訂正《有學集》板係蘇州書舖轉賣於杭州，高晉即移咨浙江巡撫永德派員前往查辦。高晉除查出《初學》、《有學》二集外，又查獲《歸錢尺牘》、《三家詩選》各一種，俱有錢謙益詩文在內，隨將刻板起獲，又於江寧蘇州兩處繳出各詩文集刻本計三百三十餘部。乾隆三十四年七月，浙江巡撫永德咨覆已飭屬員在林松年書舖起出金匱山房訂正《有學集》板一副，高晉即派員前往攜回蘇州，並與司道親加檢點，共六百一十九塊，板塊兩面刻字，俱無殘缺。是時《初學》、《有學》二集刻板前後起獲三副：一在昭文縣邵士瞻家起出《初學集》板，係錢謙益曾孫錢嶟以價抵押於邵士瞻，惟起出板片內缺少本府藏板面頁一塊，而繳到各書內，其面頁所刻有刊「本府藏板」字樣者，又有另易「燕譽堂藏板」字樣者，間有並無面頁者。據高晉奏稱因其板轉售別家，不便仍用本府字樣，故另易錢謙益家燕譽堂之名，又增西昌蕭士瑋「讀牧翁集七則」，惟其字畫形模斷文缺筆，無一不同。邵士瞻家起出之板，即係高宗御覽指出刊有「本府藏板」字樣之板；一在杭州林松年書舖起出金匱山房訂正《有學集》板，此板係金匱縣秦洪緒曾祖秦漆原買自錢謙益後裔，復加訂正，嗣經秦洪緒之兄秦其雲及秦仲簡賣給蘇州書舖趙鴻儒，趙儒鴻又轉賣於杭州書舖林松年。各屬繳到書內包括錢謙益自定《有學集》，一係高陽李琯所敘，一係范陽鄒鎡所敘，書序者既不同，當時曾疑錢謙益自定《有學集》在未經金匱山房訂正之前，似有兩種刻本。高晉與司道細加校對，兩人所敘《有學集》，其略微不同之處，惟自卷三十六至卷四十二，鄒鎡敘本較李琯敘本計增書引二篇，所刪去者爲銘詞書疏二十四篇，並將李敘原本目錄內第十八、十九兩頁併作一頁，另抽換一頁，其餘篇數卷頁邊框字體及刊刻年分，兩本絲毫無異，序文內容亦一字無訛，惟將序末高陽李琯字樣改易范陽鄒鎡，並另換圖章，所以李琯所敘乃係初印原本，後因刪去銘詞書疏二十餘篇，而將原本目錄二十四頁節去一頁，而編號自一至二十四則仍其舊。至於金匱山房訂正本序文，仍係鄒鎡姓名，高晉與司道復將金匱山房本與錢謙益自定本逐篇比較其大小形式字畫缺筆邊框，處處相同，惟增添訂正凡例十則，因有增改詩文，故將目錄另行刊刻，而卷數亦稍有增添，又每卷第一頁添入起止干支，並於中縫增刻金匱山房定本數字，其增改詩文有於各卷之末添板一二頁者，並有鑱改原板七十餘頁及將一面刻字之板改刻增添者。高宗所稱金匱山房訂正的《有學集》，係僅就初刻原板略加抽易增添而已，並非另行翻刻。高晉等將前述二板各印出一部同各種舊本將彼此異同地方，逐一粘簽，各貯一匣，進呈御覽；第三副板係在蘇州玉展尊書舖起出玉詔堂《初學》、《有學》二集板片，有詩無文，此即原集所有之詩，惟間有刪削，係錢謙益同族受業姪孫錢遵玉箋註，其作序及鈔訂人員，書內皆不著姓名，此板係由王展尊收藏。據稱此板係買自浙江嘉興諸在林書舖，諸在林則從勞武曾自廣東買來，其作序及鈔訂人員，原板內即係闕名，高晉即移咨浙江巡撫永德飭令屬員查明。高晉又將所查出《歸錢尺牘》、《三家詩選》各刻本，另貯二匣附呈高宗鑑核。高晉又從坊間現有刊本中查出列朝詩集、本詩箋註二種，前者俱係前朝詩，每人詩首均列錢謙益所纂小傳一篇，後者亦刊錢謙益所撰序文，故將各刻板起獲，一併銷燬，又因首卷之末有校勘於武林報恩院字樣，查知此板係刻於浙省，高晉復移咨浙江巡撫永德，派員前往杭州省城報恩院查繳。高晉自奉到諭旨至七月二十日止，江蘇各屬共計解到五百四十八部，連同各種板片，派員由水路解京，交留京王大臣查收請旨銷燬⑭。

乾隆三十四年八月，浙江巡撫永德據杭州、嘉興、湖州、紹興四府陸續解到各州縣繳送《初學集》一百二十二部，計一千二百九十一本，未釘者七部，計九十一冊，《有學集》一百六十部，計一千一百七十五本，未釘者八部，計七十五冊，此外又查出錢謙益尺牘十部，詩鈔一本，《楞嚴經蒙鈔》一部，計十四本，通共二百九十四部。據浙江按察使曾日理、經歷裘建功造送錢謙益所著書集解京部本細數清冊所載，杭州府繳到《初學集》三十二部，內不全四部，計三百一十七本，未釘一部，計二冊。《有學集》四十八部，內不全六部，計三百八十九本，未釘一部，計九冊；嘉共府繳到《初學集》五十八部，內不全三部，計五百七十本，未釘五部，計七十冊。《有學集》七十部，內不全三部，計四百五十四本，未釘四部，又不全一部，計五冊；湖州府繳到《初學集》十六部，計一百六十九本，未釘一部，計十九冊。《有學集》二十一部，內不全二部，計一百三十三本，未釘二部，計十六冊；紹興府繳到《初學集》十六部，內不全四部，計二百三十五本，《有學集》二十一部，內不全一部，計一百九十九本。永德又派員於餘杭寺內起出《楞嚴經蒙鈔》板一副，計六百九十三塊，以上各書及板片分裝十五箱，經板十箱，由紹興府通判張廷泰搭解進京，是年八月二十六日，張廷泰自浙江起程⑮。至於江蘇省所起獲王辰尊書舖玉詔堂《初學》、《有學集》板片，亦經永德傳訊嘉興諸在林，據稱此板係其同夥石門縣人勞武曾往廣東賣書，因廣東刻匠價賤，將所攜去的初學、有學集各一部，在廣東照依原本翻刻，帶回浙省轉售王辰尊，乾隆三十二年八月，勞武曾在粵病故。高宗恐另有翻刻板片印刷流傳，復命兩廣總督李侍堯、廣東巡撫鐘音在廣東書坊切實詳查，解京銷燬。耆儒沈德潛、錢陳群爲東南縉紳領袖，雖已退居林下，惟平素工於聲韻，收藏各家詩集極豐。沈德潛從前曾將錢謙益詩選列《國朝詩別裁集》之首，經高宗降旨撤去。至是高宗恐其家尚有錢謙益詩文集未經呈繳，故命高晉、永德就近密諭錢陳群等遵旨呈繳。是年九月初七日，沈德潛在籍病故。是月十四日，永德查驗嘉善城工，取道嘉興，親至錢陳群家宣讀諭旨。錢陳群後於廢書堆中僅查出錢謙益尺牘三本，交官彙繳。九月十七日，兩廣總督李侍堯奉到廷寄後，即飭南海、番禺二縣屬員在廣東省城各書坊詳加查詢。據屬員覆稱《初學》、《有學》二集，廣東並無翻刻書板，僅有江浙等省書賈帶來未售者共十二部，及縉紳士人收藏十八部，概行繳出。至於王辰尊書舖翻刻玉詔堂《初學》、《有學集》板片，查係浙民勞武曾在粵令沈御璜雇匠翻刻。廣東巡撫鐘音飭令知縣傳到書賈沈御璜，據稱諸在林夥計勞武曾已將原板寄回浙省，廣東實未刷印，亦未翻刻書板，其序文係諸在林於浙省另行刊刻⑯。李侍堯等同時查出康熙年間吳江縣顧有孝等編輯《江左三大家》一書，即錢謙益、吳偉業、龔鼎孳三人著述合刊，將錢謙益詩三卷，列於卷首，故將此書一併解京銷燬。各書舖先後繳出十部，每部內有錢謙益詩一本，給價抽出，各紳士又繳出六本，因其板片係蘇州葉御周家收藏刷印，李侍堯即移咨江蘇督撫查辦。

河南布政使何煟、按察使楊景素遵旨於祥符等各州縣查出《初學集》十三部、《有學集》十六部，殘缺不全二部計五十二本。乾隆三十四年九月二十七日，河南巡撫吳嗣爵派蘭陽縣典史張國樑解赴軍機處投交。據吳嗣爵奏稱「豫省士子居常誦讀率皆四書五經古文制藝諸書，其留意旁求博覽者原不多得。錢謙益所著《初學》、《有學》二集詩文，豫省士人多未閱見，書肆向不販售，亦並無翻刻書板，其現在送到各書，據稱或係從前親族作宦江南，或係遊學外省帶回舊存，俱非得之本省書舖。」⑰是年十二月，布政使河煟復據祥符、儀封、商邱、夏邑、睢州、濬縣、河內、孟津、澠池、商水、拓城等十一州縣續繳《初學集》十二部、《有學集》五部，計一百五十六本，又未釘不全《初學集》四部，計三百零九卷，破碎序目七十頁，又缺少本數者《初學集》二部、《有學集》一部，計五十本，又詩鈔三本，令衛輝府經歷王泰於解交雜項銀兩赴部之便，將各書解京銷燬⑱。在江西方面，因地近江南，文風亦盛，巡撫吳紹詩據各書舖及紳士藏書之家陸續呈繳《初學》、《有學》二集及錢謙益選註各書共六十七部，又不全者十五本，逐一驗明，均係江南原板。是年九月二十八日，分裝四箱，派員管解入京，禮部即令江西駐京提塘江鰲親送軍機處查收。吳紹詩旋陞任刑部尚書，其所遺巡撫員缺由海明補救。海明到任後，據布政使及糧道等稟稱自十月至十一月止，各屬續繳《初學》、《有學》集及錢謙益選註各書、尺牘雜著等項，共一百三十四部，又四十七本，未釘六篇，六十六頁，經司道驗明俱係江南原板。

安徽巡撫富尼漢奉到禁書諭旨後，除將上諭飭令刊刻謄黃頒佈曉諭外，復札行各司道府州轉飭各縣令會同儒學於明倫堂傳集各縉紳士人宣讀諭旨，令其轉告親友，將錢謙益各種詩文書籍概行繳出，縉紳之家由教官查收，書舖及民間由地保查繳，縉紳之家毋庸給價，其寒素士子及書舖則量給價值。惟安徽雖與下江同爲江左，而士習民風不同，藏書之家寥寥，各屬陸續繳到《初學》、《有學》二集共九十八部，又六百三十八本，不全《初學》、《有學》二集計三百七十三本。因錢謙益生前與江左諸名家往來贈答，著述繁多，其詩文散見於別項書籍者不少，富尼漢即令各屬留心訪查，旋繳到《列朝詩選》、《三家詩鈔》、《歸錢尺牘》及序文雜作計二十餘種，共十三部，又三百八十七本，另附零星篇頁。此外在盱眙縣志內查有錢謙益五七言刻詩二首，連志板一併抽出呈繳。各屬查收禁書，詩價每部給值二三錢至八九錢不等，零篇殘帙則給銀五六分。十月十三日，富尼漢委派專差咨解軍機處查收。新授安徽巡撫胡文伯蒞任後，復據藩司報稱自十月至十二月續收到整部各書一百四十七部，又一百三十本，其零星錄序文篇疏經等類計二百九十四篇，五百五十四頁，詩五十一首，詩板二十塊。是年十一月，山東布政使尹嘉銓詳送各屬繳到《初學》、《有學》二集計十部，零星不全者二十一本。據山東巡撫富明安進呈清單所開：歷城縣繳到民人王振興呈出《初學集》一部，計八本，《有學集》一部，計八本，貢生周永年呈出《初學》、《有學集》各一部，每部八本；長山縣繳到舉人蔡一龍呈出《有學集》一部，計十二本：曲阜縣繳到原任戶部主事孔繼汾呈出《初學集》一部四套，計三十二本，《有學集》一部二套，計十六本，舉人孔繼涵呈出《初學集》一部，計二十本，《有學集》一部二套，計二十本；德州繳到生員田滋呈出《有學集》一部二套，計十本；長清縣繳到廩生李家聰呈出《有學集》二十一本⑲，由山東省提塘黃宗周咨送禮部轉交軍機處查收。軍機大臣尹繼善等以《續藏經》內有錢謙益所著《楞嚴蒙鈔》一種，奏請撤出，並將其板片解交武英殿留爲別項之用。據山東巡撫富明安奏覆乾隆五年，青州府大覺寺、即墨縣嶗山華嚴菴各頒發一部，大覺寺住持祖鏡遵旨呈出，計一部六套，華嚴菴亦撤出一部，計六十冊。藏經板向在栢林寺收存，嗣經內務府奏准移交僧祿司掌管。據辦理僧祿司事務郎中金簡稟稱，《續藏經》內有前明僧人圓悟塔銘序文及僧人袾宏等傳贊之跋二項，俱係錢謙益所撰，軍機大臣即奏請刪去。高宗以塔銘跋內所言皆釋家之事，語意俱無干礙，降旨毋庸撤去⑳。乾隆三十五年正月，山東巡撫明富安復據濮州申送州民沈德呈繳《初學集》一部計二本，諸城縣申送生員李桂呈繳《有學集》一部計二套，監生王增賢呈繳《有學集》一部計二套，安邱縣縣丞宋久睿呈送《初學集》十九本，《有學集》一部計六本，沂水縣舉人高癸呈送《初學集》二本，《有學集》十六本，聊城縣舉人朱續罩呈繳《初學集》、《有學集》二部，計十本，德州生員田靖呈繳《初學集》一部計一套，共四本，益都縣監生李文濬呈繳《初學集》一部，《有學集》一部，合計《初學集》五部，《有學集》六部，又不全《初學集》十九本㉑。

浙江巡撫永德奉旨飭令各屬續行搜查，嚴諭各屬將錢謙益各種著述及燕譽堂書板、苕南凌鳳翔翻刻玉詔堂書板，實力查收，務使盡淨，不遺片簡。截至乾隆三十四年十一月二十六日止，浙江續收到《初學》、《有學集》及尺牘、詩鈔、蒙鈔等書共二百七十五部，其板式序文俱與前繳各書原板相同。其中惟衢州府解到《五大家詩鈔》一部，計五本，係錢謙益、吳梅村、熊雪堂、龔蘭麓、宋荔裳各一本，其抬頭面頁鐫有康熙庚申年及吳門五車樓藏板字樣。惟燕譽堂及凌鳳翔翻刻玉詔堂板片二副，各屬俱覆稱查無此板。兩江總督高晉自乾隆三十四年八月至九月二十日止，據浙省各屬繳到《初學》、《有學》二集五百七十二部，又殘缺不全各集計一千五百五十六本。高晉鑑於《初學》、《有學集》等書流傳甚廣，其散見群書各詩文，種類尤多，非逐細搜查不能淨盡，至於錢謙益選註諸書如《杜詩箋註》、《唐詩合選》等類，恐士民以爲非錢謙益自著書籍，而匿不呈繳，其散見各書篇目，即使藏書之家若非逐篇繙閱，亦難盡悉，於是將應繳各種部數篇名通飭所屬刊刻清單，遍行傳諭，盡數呈繳，如有片簡存留，一經發覺，即照收藏禁書律，從重治罪，即使頒自內府者，亦應一例繳銷。計自是年九月二十日起截至十二月初十日止，各屬陸續呈繳《初學》、《有學》二集一百九十五部，又不全者四百八十九本。其餘錢謙益自行選註及他人選刻錢謙益詩文如《楞嚴經蒙鈔》、《前朝詩集小傳》、《杜詩箋註》、《唐詩合選》、《歸錢尺牘》、《三家詩鈔》、《五家詩鈔》、《錢吳詩選》等類，亦據各屬陸續查繳，計成部者共一百八十八部，不全者共四百九十三本，其序記書傳散見群書者共六十九種，各屬摘繳篇頁亦達四千六百三十七頁。至於起獲各種板片，計有《前朝詩集》板一千五百八十二塊、《前朝詩集小傳》板三百七十四塊、《杜詩箋註》板三百二十七塊、《唐詩合選》板二百四十三塊、《錢吳詩選》板七十四塊，計成部板片五副，共二千六百塊，其餘零星板片計三十二種，共一百八十塊，至於通省府縣志內載有錢謙益詩文者共繳到板片六十四塊，合計板片多達二千八百四十四塊。至於《御選唐宋詩醇》，曾經前任巡撫陳宏謀奏准重刊，其板片仍由紫陽書院收存。高晉查出詩卷內所選杜甫詩內有錢謙益評語三十條，奏請削去，惟每卷內均有御批，高宗諭以不必繳銷㉒。

為澈底執行查繳錢謙益各種著述，兩江督撫飭令書局專司其事，截至乾隆三十五年三月初五日止，收到各府州縣呈繳各書及其板片數量及種類極多，由江南蘇州府儒學教授儲寶書將各種書籍細數開單呈覽，計開：《初學集》一百七十五部、《有學集》二百二十九部、《初學箋註》一百九十三部、《有學箋註》一百九十三部，以上四集共七百九十部。不全《初學集》一千二百三十本、不全《有學集》六百八十一本、不全《初學箋註》七十七本、不全《有學箋註》一百本，以上四集共二千零八十八本。《三家詩鈔》七部、《歸錢尺牘》五部、《錢吳詩選》二部、《列朝詩集》十五部、《列朝詩集小傳》十四部、《杜詩箋註》五十九部、《唐詩合選》八十八部、《國朝詩別裁集》一部、《詩的》一部、《詩品》一部、《詩最》一部、《感舊集》一部、《唐詩鼓吹》二部、《啓禎野乘》一部、《楞嚴經疏解蒙鈔》十三部、《皇清詩選》一部，以上計成部各書，共二百十二部。不全《三家詩鈔》本、《三家詩鈔》內《錢詩鈔》七十五本、《五家詩》內錢詩十二本、《五先生詩選》一本、不全《錢吳詩》四本、《錢謙益尺牘》二百十一本、不全《錢謙益尺牘》十八本、不全《列朝詩集》八十八本、不全《列朝詩小傳》十四部、不全《杜詩箋註》七十六本、不全《山曉閣明文選》二本、不全《感舊集》三本、不全《清詩初集》五本、不全《明文英華》一本、不全《留青》一本、《義勇武安王集》一本、抄自絳雲樓書目一本、不全《楞嚴經疏解蒙鈔》五十五本、《楞嚴經》一本、不全《金剛經會鈔》三本、不全《叩鉢齋集》二本、不全《皇清詩選》六本，以上不全各書共五百八十五本。《精華錄序》五百二十八頁、《精華錄訓纂序》四百九十六頁、《袖珍精華錄序》二十八頁、《漁洋詩集序》四十二頁、《吳江朱氏杜詩輯註序》二十四頁、《草堂奏箋原序》五十四頁、《箋註李義山詩序》六十六頁、《朱長孺箋註李義山詩序》四十九頁、《喻氏尙論篇序》四十四頁、《醫門法律序》六十五頁、《耦耕堂記》共二百五十三頁、《黃陶菴全集序》十二頁、《黃蘊生制義序》三百三十八頁、《歸震川文集序》五十頁、《歸震川文稿序》一百二十六頁、《震川別傳》三頁、《十三經註疏序》二百七十三頁、《十七史序》一百三十五頁、《感舊集》四百九十七頁、《吳梅村詩序》五百零三頁、《與吳梅村書》一百四十二頁、《篋衍集》七十六頁、《唐詩鼓吹序》五百五十五頁、《唐詩英華序》二十四頁、《國朝詩別裁集》三十頁、《名家詩選》內錢詩四頁、《詩觀初集》四十頁、《詩風初集》五頁、《國朝詩品》內摘出十五頁、《詩的》內摘出十四頁、《乾坤正氣錄》內摘出四十二頁、《詩苑天聲序》二十四頁、《破山寺志序》八頁、《瑤華集序》並詩五頁、《松圓詩老小傳》四頁、《程孟陽傳》四頁、《列朝詩集序》六頁、《列朝詩集小傳序》九頁、《詩慰序》五頁、《王侍御遺詩贊》二頁、《李石台去思記》五頁、《文娯二集》內摘出十二頁、《中州集序》四頁、《定山掌詩集序》二十頁、《顧與治詩序》二十七頁、《耦耕堂集序》十頁、《施愚山詩集序》二頁、《虞初新志》內文八頁、抄本《國初群雄事略序》二頁、《書影》內摘出七頁、《尺牘初微》內與僧性融書二頁、與鶴江生書并詩四頁、《酬應全書》內尺牘二頁、《聽嚶堂四六新書廣集》摘出四十五頁、《留青全集》內壽文九頁、《留青采珍集》內尺牘一頁、《

叩鉢齋纂》內尺牘七十三頁、《玉琴集》十六頁、《詩持三集》五頁、《檀園集》二頁，無書名錢詩五頁、《古文廣義正集》四頁，以上六十五種共四千九百零四頁。《錢吳詩選》板一副七十四塊、《列朝詩集》板一副一千五百八十二塊、《列朝詩集小傳》板一副三百七十四塊、《箋註杜詩》板一副三百二十七塊、《唐詩合選》板一副二百四十三塊，以上計成部書板五副二千六百塊。《篋衍集》板十二塊、《感舊集》板七塊、《虞初新志》內文板十一塊、《詩觀初集》板四塊、《詩觀三集》板三塊、《同人集》內板三塊、《黃陶菴全集》序板四塊、《吳梅村集序》并書板五塊、《詒翼堂集序》板二塊、《四君集序》板三塊、《檀園集》內李長蘅傳誌銘板五塊、《婁貢士堅傳》板一塊、《十三經註疏序》板七塊、《十七史序》板五塊、《精華錄原序》板二塊、《精華錄訓纂原序》板四塊、《唐詩鼓吹序》板六塊、《歸震川文稿序》板四塊、《黃蘊生制義序》板五塊、《詩品》內板七塊、《明文英華》板二十七塊、《瑤華集序》板二塊、《聽嚶堂四六新書廣集》板五塊、《留青采珍集》板一塊、《喻氏尙論篇序》板二塊、《醫門法律序》板一塊、《明文必自集》內板十四塊、《明文初學指要》內板六塊、《小題二集式法》內板二塊、《與巧集》內板八塊、《同文錄》內板八塊、《讀本新編》內板四塊、《皇清詩選》板十一塊、《三易集》板七塊，以上零星板片三十四種，共一百九十八塊。《江寧縣志》內板二塊、《吳江縣志》內板四塊、《震澤縣志》內板一塊、《常熟縣志》內板七塊、《昭文縣志》內板四塊、《江陰縣志》內板三塊、《靖江縣志》內板二塊、《鎮江府志》內板五塊、《丹徒縣志》內板三塊、《金壇縣志》內板四塊、《揚州府志》內板四塊、《甘泉縣志》內板六塊、《江都縣志》內板二塊、《寶應縣志》內板五塊、《如皋縣志》內板三塊、《山陽縣志》內板二塊、《嘉定縣志》內板三塊、《寶山縣志》內板一塊、《鎮洋縣志》內板三塊，以上各府州縣志書板十九種，共六十四塊㉓。乾隆三十五年七月，陝西省西安府儒學繳送關中書院舊存《有學集》一部十本，高陵縣拔貢生魚悅祖繳送《初學集》一部二套，共二十四本，華陰縣舉人李汝楠繳到《有學集》一部，共二十本。

## 五、結　語

高宗因查禁錢謙益著述，進而牽連當時儒林詩文書籍，古今群書蒐羅殆盡。乾隆三十五年五月，河南巡撫何煟所奏遺書目錄清單內，係以前明遺老著述居多數，福建巡撫余文儀所奏書集名目清單內，已將明朝東閣大學士葉向高所著《蒼霞草》二十卷及工部侍郎何喬遠所著《名山藏》四十冊等書列入應燬禁書類。乾隆三十七年正月初四日，高宗命直省督撫會同學政等購訪群書時亦指出「本朝士林宿望，向有詩文詩集，及近時沉潛經史，原本風雅，如顧棟高、陳祖范、任啓運、沈德潛輩，各著成編，並非勦說巵言可比，均應概行查明。」同年十月十七日，高宗復命軍機大臣轉諭各省遵旨查繳，「各督撫等即恪遵前旨，飭催所屬，速行設法訪求，無論刊本鈔本，一一彙收備採，俟卷帙所積稍充，即開具目錄，附摺奏明。」易言之，高宗頒布禁書令並非如日人稻葉君山所稱始於乾隆三十九年至四十三年間㉔。

乾隆四十二年八月，湖廣總督三寶續獲應燬遺書六十五種，其中仍陸續查出錢謙益著述多部，計：《牧齋性理抄珍》、《牧齋詩鈔》、《牧齋雜文》各一部，《列朝詩集》六部，《列朝詩集小傳》三部，《黃始輯四六新書》及《四六新書廣集》內亦載錢謙益詩文㉕。乾隆四十三年六月，江蘇巡撫楊魁續將蘇州書局蒐訪違礙書目開單呈覽，其中包括《錢牧齋尺牘》七十七部，《江左三家詩鈔》十部、《留青集》九十部、《四六新書》五十部、《感舊集》七十部，俱係從前查禁錢謙益著述時列爲應呈繳銷燬者。湖北省第十一次查繳應禁書籍清單，內開錢謙益註《杜律箋註》一部，朱鷺輯《建文書法儗》一部，內載錢謙益詩，武張聯著《同善會書》一部，內有錢謙益鑑定字樣，俱應解京銷燬。乾隆四十四年九月，閩浙總督兼署福建巡撫三寶，將閩省續獲違礙書目進呈御覽，其中選註二三場策一部，內收錢謙益策。《留青集》一部、《留青全集》五部、《留青列書》四部、《聽嚶堂翰苑英華》一部，俱有錢謙益文。《明詩歸》三部、《留青廣集》十部、《吳梅村詩》二部、《江左三家詩鈔》二部，《五家詩選》一部，俱收錢謙益詩。《史序》二十二部、《經序》二十一部、《吳梅村全集》一部、《啓禎野乘》一部等均有錢謙益序，《癡山集》一部，其中有推崇錢謙益之處，另有錢謙益選輯《歷朝詩集》一部，俱屬違礙書籍。日本京都大學所藏禁燬書目補遺，其中如程邃著《程穆倩詩》，內有錢謙益題詞。馬元等著《遭溪通志》，內收錢謙益文。陳允衡輯《詩慰》，其序文後跋爲錢謙益所作。梁善長輯《廣東詩粹》，內有錢謙益批語。李漁著《笠翁一家言》，內載錢謙益評語。錢肅潤選《文瀫初編》，內收錢謙益文，俱奉旨銷燬。易言之，在乾隆三十四、五兩年定限期間，各省督撫雖嚴行查繳，仍多疏漏。錢謙益著述既繁，流傳亦廣，實非定限二年之內所能查繳淨盡，縉紳士子仍有匿藏未繳者，其《初學集》、《有學集》等書，傳本至今猶存。惟因高宗屢降嚴旨，飭查繳燬，各督撫奉行不遺餘力，歷次呈繳成部禁書多達四千餘部。柳作梅撰「清代之禁書與錢牧齋著作」一文，詳列錢謙益著作四十三種，散見於禁書總目，亦有遺漏未錄者，至於因錢謙益牽連遭禁書籍，共計七十二種。惟據現存《軍機處檔》各省督撫所開遺書清單統計其牽連遭禁全燬及抽燬書目實不止此數。錢氏藏書初燬於甲申兵燹，再燬於庚寅絳雲樓之火，三燬於乾隆查禁，天災人禍，交相而至，實爲儒林一大浩劫。高宗自詡爲右文之主，既開四庫，以網羅群籍，寓禁於徵，復嚴申禁令，銷燬著述，箝制思想，功不抵過，爲後世所詬病，徒增漢人排滿惡感，誠非高宗始料所及。

【註 釋】

① 郭斌佳評〈乾隆之禁書運動〉，《文哲季刊》（國立武漢大學），第五卷，第三號，頁706。

② 閔爾昌纂《碑傳集補》，卷四四，葛萬里撰〈牧翁先生年譜〉，頁2。

③ 《碑傳集補》，卷四四，鄭方坤撰〈東澗詩鈔小傳〉，頁1。

④ 《清史稿》（香港文學研究社出版），文苑列傳，頁1495。

⑤ 《清世祖章皇帝實錄》，卷二六，頁23。

⑥ 《清史列傳》（臺北，中華書局，民國五十一年三月），貳臣傳，卷七九，頁35。

⑦ 梁啓超著《中國近三百年學術史》（臺北，中華書局，民國五十五年三月），頁173。

⑧ 《軍機處檔．月摺包》（臺北，國立故宮博物院），第2771箱，69包，10289號，乾隆三十四年八月二十三日，浙江巡撫永德致軍機處咨呈；《清高宗純皇帝實錄》，卷八三六，頁5，乾隆三十四年六月丙辰，上諭。

⑨ 《清高宗純皇帝實錄》，卷八三七，頁21，乾隆三十四年六月乙亥，上諭。

⑩ 錢謙益著《牧齋初學集》（四部叢刊初編集部，上海商務印書館縮印明崇禎癸未刻本），卷二，頁38。

⑪ 《清太宗文皇帝實錄》，初纂本（臺北，國立故宮博物院），卷一二，頁24，天聰七年八月十四日，清太宗致朝鮮國王書。

⑫ 錢謙益著《牧齋初學集》（四部叢刊初編集部，上海商務印書館縮印康熙甲辰初刻本）。

⑬ 《軍機處檔・月摺包》，第2771箱，69包，10525號，乾隆三十四年七月，江蘇解繳錢謙益文集箱號清冊。

⑭ 《軍機處檔・月摺包》，第2771箱，69包，10376號，乾隆三十四年七月二十四日，高晉奏摺錄副。

⑮ 《軍機處檔・月摺包》，第2771箱，69包，10714號，乾隆三十四年九月十一日，永德致軍機處咨呈。

⑯ 《軍機處檔・月摺包》，第2771箱，71包，10877號，乾隆三十四年九月二十八日，李侍堯奏摺錄副。

⑰ 《軍機處檔・月摺包》，第2771箱，70包，10577號，乾隆三十四年九月初二日，吳嗣爵奏摺錄副。

⑱ 《軍機處檔・月摺包》，第2771箱，72包，11142號，乾隆三十四年十二月初二日，何煟致軍機處咨呈。

⑲ 《軍機處檔・月摺包》，第2771箱，72包，11020號，乾隆三十四年十一月初七日，富明安奏摺錄副清單。

⑳ 《清高宗純皇帝實錄》，卷八四八，頁14，乾隆三十四年十二月甲寅，上諭。

㉑ 《軍機處檔・月摺包》，第2771箱，73包，11448號，乾隆三十五年正月二十五日，富明安致軍機處咨呈。

㉒ 《軍機處檔・月摺包》，第2771箱，72包，11365號，乾隆三十四年十二月十六日，高晉奏摺錄副。

㉓　《軍機處檔・月摺包》，第2771箱，74包，11818號，乾隆三十五年三月，江南蘇州府儒學教授儲寶書呈報應行解燬錢謙益書集板塊清冊。

㉔　稻葉君山原著，但燾譯訂《清朝全史》（臺北，中華書局，民國四十九年九月），第四十八章，頁120。

㉕　《文獻叢編》（臺北，臺聯國風出版社，民國五十三年三月），上冊，頁202—215，乾隆四十二年八月十九日，三寶奏摺清單。

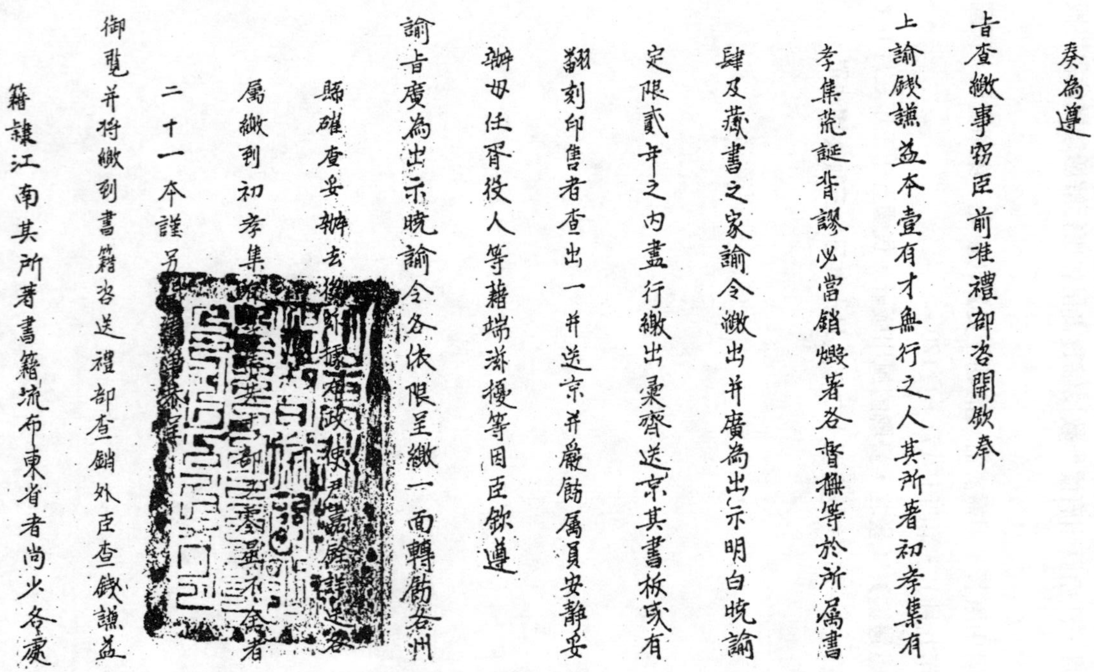
奏為遵
旨查繳事竊臣前准禮部咨開欽奉
上諭錢謙益本壹有才無行之人其所著初學集有
學集荒誕背謬必當銷燬著各督撫等於所屬書
肆及藏書之家諭令繳出并廣為出示明白曉諭
定限貳年之內盡行繳出彙齊送京其書板或有
翻刻印售者查出一并送京并嚴飭屬員安靜妥
辦毋任胥役人等藉端滋擾等因臣欽遵
諭旨廣為出示曉諭令各依限呈繳一面轉飭各州
縣確查妥辦去後
屬繳到初學集……者
二十一本謹另
御覽并將繳到書籍咨送禮部查銷外臣查錢謙益
籍隸江南其所著書籍流布東省者尚少各處

《軍機處檔・月摺包》，乾隆三十五年正月二十五日，富明安咨呈（局部）。

# 清高宗乾隆時代的鄉試

## 一、前　言

清朝入關以前已採用基於尙賢思想的傳統考試制度，以籠絡漢人。天聰三年（1629），太宗諭諸貝勒府以下及滿漢蒙古家所有隱匿爲奴的儒生，俱令考試，分別優劣，得二百人，其考列前三等者厚賞緞布，並免除差徭①。崇德六年（1641），內三院大學士范文程等又奏請於漢滿蒙古內考取生員舉人。順治元年（1644），世祖定鼎中原以後，即沿襲前明舊制，開科取士，三年大比，試諸生於直省，稱爲鄉試，中式者爲舉人，定於子午卯酉年舉行，舉人試於京師，稱爲會試，中式者爲貢生，皇帝親試於廷，稱爲殿試，中式者分一二三甲，一甲三人，即狀元、榜眼、探花，賜進士及第，二甲若干人，賜進士出身，三甲賜同進士出身，俱定於辰戌丑未年舉行。聖祖康熙二年（1663）八月，禮部議覆鄉會考試，停止八股文，改試策論表判。三藩之亂期間，詔舉山林隱逸，詔徵博學鴻儒，並開明史館，以牢籠遺民志士。雍正四年（1726），世宗以浙江士習澆薄，停止鄉會考試，六年（1728），特准照舊考試。高宗承康熙、雍正盛世餘緒，運際郅隆，稽古右文，於鄉會考試制度多所損益，尤於科場積弊的釐剔更是不遺餘力。鄉試之前，生員須先經甄別考試，稱爲科考，考列一二等及三等前三名者始准參加鄉試，故科考爲鄉試的預備考試②。直省鄉試人數衆多，規模龐大，實爲清代科目取士中最複雜最重要的階段。

## 二、鄉試考官的簡派

清初科場定例，鄉試三年一科，逢子午卯酉年爲正科，秋八月舉行文闈鄉試，十月舉行武闈鄉試。凡遇皇太后、皇帝萬壽，皇帝登極、大婚等慶典時另頒恩詔，加考一科，稱爲恩科，臨期簡派考官。鄉試考官有內簾與外簾之分：主考、房考、內提調、內監試、內收掌爲內簾官；監臨、外提調、外監試、外收掌、受卷、彌封、謄錄、對讀爲外簾官。清高宗御極之初，於諸臣人品學問未能深悉，故令大學士張廷玉等於翰詹科道部屬內進士出身人員，各舉所知，送內閣彙奏，候旨考試簡用爲正副主考官。歷科被簡用爲正副考官者包括尙書、學士、侍郎、編修、修撰、檢討、御史、司業、侍讀、侍講、各部主事、員外郎、中書、中允、少卿、給事中、贊善、少詹事等。各省主考官一正一副，順天鄉試隸屬京師，乾隆四十五年（1780）起文闈副考官另增一人，成爲一正二副③。向例外省主考官於奉命之日應即速就道，世宗在位期間，體恤各主考辦理行裝過於忙迫，特令稍寬起程日期，但奉差諸臣有遲至十餘日方起程者。乾隆三年（1738）六月，高宗令禮部酌定日期。尋議雲南、貴州、四川、廣東、廣西、福建、湖南七省，以十日爲限，浙江、江西、湖北、陝西、江南五省以七日爲限，河南、山東、山西三省以五日爲限，逾期參奏。以乾隆三年戊午科文闈鄉試爲例，是年三月二十八日，高宗諭令大臣保舉應差人員以備考試，四月十八日，降旨簡用編修張湄爲雲南鄉試正考官，禮部員外郎葛德潤爲副考官，應以是月二十八日以前起程，貴州正副考官亦然。五月十七日，高宗發表四川、廣東、廣西、福建、湖南各省正副主考官姓名，俱應於是月二十七日以前起程。六月十七日，高宗簡派浙江、江西、湖北三省考官姓名，俱應於是月二十四日以前起程。六月二十九日，以編修董邦達爲陝西鄉試正考官，刑部主事張九鈞爲副考官，刑部侍郎陳悳華爲江南鄉試正考官，少詹事許王猷爲副考官，俱應於七日內起程。七月十四日，高宗簡派河南、山東、山西三省正副考官，則其起程日期不得遲於七月十九日。乾隆五十七年（1792）閏四月，諭令各省考官俱限五日內起程。正副考官抵達省城後即於住宿公館內封門關防，入闈之日，由巡撫率領提調、監試等官共同護送。考官於鄉試揭曉事竣後即回京復命，並繕摺謝恩。

三年大比是掄才鉅典，各省鄉試入闈諸自點名搜檢以及收卷貼卷，弊竇最多，且有執事武員兵丁均須約束，故由巡撫入闈監臨，稽查彈壓，順天鄉試，則以府尹爲監臨官。惟自八月初六日入闈起至揭曉，在闈內一月有餘，巡撫膺封疆之寄，職守綦重。乾隆十七年（1752）降旨除有總督各省仍由巡撫入闈外，其專駐巡撫令於藩臬二司內酌委一員入闈監臨。旋因江蘇、河南等省藩臬事務繁多，不便入闈，奉旨仍照舊例由巡撫入闈。乾隆二十一年（1756）五月，湖南巡撫陳弘謀條陳各省巡撫監臨於八月二十日貼示三場試卷後即令出闈，其闈中事務應交與提調、監試循例辦理。鄉試提調、監試例由科目出身的道員二人充任。其同考官除順天奏請欽點人員入闈分校外，其在外各省俱於所屬同知州縣內遴選科目出身者預期調赴省城關防寓所，臨場考試，擇其文理優長者充同考官，准入內簾分校，其餘分撥外簾供事，向例是以至公堂爲外簾，而以聚奎堂爲內簾。同考官因分房閱卷，故又稱房考官。直省同考官因省分大小而多寡不同，順天同考官計由十八員分房校閱滿合南北中皿字試卷，遇有佳文，即呈薦正副考官公閱取中。浙江省同考官向例亦用十八員，但浙省科舉額數僅八千三百六十名，臨時尚多缺考，每房所閱試卷僅四百餘卷。

江西省中額與浙江相同，俱爲九十四名，其同考官只用十四員，乾隆十七年（1752）六月，浙江學政彭啓豐奏請照江西分房數目酌裁四員。江南鄉試是由江蘇、安徽兩省輪辦，同考官計十八員，廣東省例用十員，陝西省歷科鄉試士子約七千名，設同考官十二員，內爲易經二房，書經二房，詩經六房，春秋、禮記各一房。乾隆十二年（1747）十二月，西安布政使豐中奏請將詩經六房裁去二房，河南省房考官例用十二員，後因應試士子日衆，於乾隆元年（1736）七月經巡撫富德奏請將詩、易二房各增一員，奉旨准行。湖北省房考官例設十一員，山西省額設九房。福建省舊設同考官十二房，乾隆十八年（1753），議裁易經一房，設易經三員，書經二員、詩經四員。春秋及禮記各一員。惟詩經卷多，每房各分及千卷，校閱未能充裕。乾隆二十五年（1760）十二月，福建考官周煌等奏請以原裁易經一員撥入詩經內，而增爲五房。四川省同考官額設十員，雲南省原定十房，乾隆十五年（1750），裁減二房，定爲八房。但滇省文闈額定科舉計二千九百名，歷科皆爲易經六百餘卷、書經五百餘卷、春秋及禮記各一百餘卷，而詩經竟多達一千五六百卷，詩經同考官僅二員，每員平均分閱七八百卷，卷多人少，披閱草率。乾隆三十六年（1771）九月，署理雲南巡撫諾穆親奏請將書經裁去一房，詩經增加一房，定爲三房。各省房考官向例分經閱卷，易、書、詩三經卷，分三四五房不等，春秋、禮記卷則僅分一二房，以一二人專閱一經，暗藏關節，易於識認。各經卷多者，一房閱至數百卷至千卷不等，其卷少者，一房僅閱一二百卷，多寡懸殊，立法未爲盡善，乾隆四十二年（1777），高宗降旨自是年丁酉科爲始，同考官不必拘泥五經分房，俱令均勻派閱，如房考官十員，場卷五千本，則每房各閱五百本，如此可避免多寡懸殊閱卷草率諸弊。

爲防考官暗受囑託，士子試卷例由各州縣挑選書手入場謄錄，以硃筆抄寫，送入內簾。但書手需用多人，多爲五方攢集，又因通曉文義，善摹筆跡，於訛字脫詞隨手增刪，代爲點竄。科場舊例，三場墨卷，考生應將卷中所有添注塗抹字數自行登記於後，行之既久，漸成具文。乾隆二十一年（1756）六月，戶部左侍郎劉綸奏請士子試卷，每場謄寫正書已畢，即令詳細計算卷中前後改正字數，於文藝末行之次，親填「以上添注塗抹共若干字」字樣，惟其自注字數不得過百字。乾隆二十七年（1762）十月，大學士劉統勳奏請士子自注塗抹字數應於卷末另行低二格填寫，經禮部議准。乾隆三十年（1765）十一月，又議准雖無添注塗改者亦應寫明以杜弊端。定例謄錄書手及對讀生須於硃卷末尾自填姓名以備磨勘，御史梁景陽條奏謄錄書手姓名改填於考生墨卷末尾。乾隆四十八年（1783）四月，雲南巡撫劉秉恬以對讀與謄錄事同一轍，若僅將謄錄姓名改註於墨卷，而對讀姓名仍註於硃卷，不但辦法互異，且於防閑之道亦覺欠周，因此奏請將對讀生姓名與謄錄書手姓名俱令其註於墨卷之尾，並列兩行以歸畫一。

闈中職責分明，考官用筆規定甚嚴，筆色錯誤，必受議處。科場定例，文闈諸生用墨筆，謄錄用硃筆，對讀初用藍筆，後改用黃筆，其後又定爲紫筆，隨時酌定，並非一成不變。內簾房考批閱試卷及外簾監臨提調等官一應文移案冊俱用藍筆，正副考官仍用墨筆，目的在防改竄流弊。武闈條例內並未詳載，且內場向無謄錄對讀，但將諸生兵丁墨卷糊名密封送入內簾，房考官閱卷時用藍筆，主試巡撫用墨筆。乾隆三十五年（1770），廣西巡撫陳輝祖奏陳武闈既以墨卷送入內簾，則閱卷各房考官應改用紫筆，主試巡撫專用藍筆。直省鄉試各官所用藍色是以靛青合粉製成，其質粗而色黯，易於脫落，書寫文案既不雅觀，且易滋洗改弊端。是年十二月，署理雲南巡撫諾穆親奏請正副考官仍用墨筆，謄錄仍用硃筆，其對讀改用赭黃筆，內簾房考官閱卷及外簾監臨提調改用紫筆，目的在使一切文移案件字跡鮮明雅觀，其防微杜漸，用意至深。

## 三、鄉試應考與錄取人數

清初直省鄉試例以中額多寡而定錄科名數。順治二年（1645），議定鄉試額中舉人一名，錄取科舉三十名，凡生員、監生、附生、恩貢、拔貢、歲貢、副榜等例得應試，生員等由提督學政錄送，貢監等則由國子監錄送。其後增至六十名，乾隆七年（1742），經部議增至百名，除學政錄送外，復有錄遺、大收等項，臨場之際，督撫大吏又將不取士子不問文藝優劣，盡送入場。窺其本意，原爲江浙人文較盛，欲示籠絡，故寬以收之，但中小省人文不及江浙，實不應濫取充額。其中順天鄉試向有滿洲漢軍的滿合字號，奉天夾字號，宣化旦字號，長蘆商籍鹵字號，各省貢監生南北中皿字號，直隸生員貝字號。在雍正十年（1732）壬子科以前，其滿合夾旦鹵皿等字號應試士子約三千餘人，貝字號約五千人，合計不過七八千人，至雍正十三年（1735）乙卯科以後漸次加增，滿合夾旦鹵皿等字號增至四千餘人，貝字號增至六七千餘人，合計一萬一千餘人，但京師貢院號舍僅八千三百餘間，乾隆元年（1736），添建爲萬餘間，仍難容納。乾隆九年（1744）八月，兵部左侍郎舒赫德條奏，請照順治二年按百名之數遞加裁減，經大學士九卿議覆，直隸、江南、浙江、江西、湖廣、福建六大省每舉人一名，錄科八十名，山東、河南、山西、廣東、陝西、四川六中省，每舉人一名，錄科六十名，廣西、雲南、貴州三小省，每舉人一名，錄科五十名。順天中式滿合字號共四十一名，奉天夾字號四名，宣化旦字號四名，長蘆鹵字號一名，南北皿字號七十八名，中皿字號每二十卷中一名，以上各字號錄送人數，俱不得過八十名之額。因科場積弊多端，士子惟務僥倖於一時，高宗復令大學士等酌議裁減鄉試中額。旋議定直省解額酌減十分之一。順天壬戌科額中二百五十四名，內滿洲蒙古額中三十名，酌減三名，漢軍十三名，酌減一名，南北皿均三十九名，各減三名，中皿一名，直隸具字號一百零八名，酌減九名。江南省上江五十名，減五名，下江七十六名，減七名。浙江、江西二省均一百零四名，各減十名。湖南省四十九名，減四名。湖北省五十三名，減五名，福建省九十四名，減九名。山東省七十六名，減七名。河南省亦七十六名，減七名。山西省六十六名，減六名。廣東省七十九名，減七名，四川省六十六名，減六名，陝西省六十七名，減六名，廣西省五十名，減五名，貴州省四十四名，減四名，雲南省五十九名，減五名。乾隆九年十一月，大學士鄂爾泰等又議定順天鄉試將貝子字號中額減十一名，取中一百零二名，准錄科八千一百六十名。湖南、湖北分闈後，湖北取中五十名，湖南取中四十七名，新定額中人數以乾隆十二年（1747）丁卯科起實施。

直隸額中九十九名，按部議每舉人一名錄科八十名計算，則應取科舉七千九百二十名，舒赫德條奏本意，原請裁減，部議轉爲增加，而貢院號舍只有萬間，其中滿合夾旦鹵皿字號需用四千餘間，所餘僅五千餘間，不能容坐七千九百餘人，雖欲添建號舍，已無展拓餘地。在北五省中，以山東文風較盛，其錄科名數每舉人一名，部議定爲六十名，直隸文風遠不及江浙兩省，其錄科人數竟相同。乾隆十二年（1747）二月，順天府尹蔣炳奏請將直隸科舉照山東額數錄送，則應取科舉人數計五千九百四十名，奉旨准行。浙江鄉試錄送人數、原以一萬二千六七百人爲率，照部議定額錄送後，應減至七千五百二十名，不得入場者約計五千餘人。是年三月，浙江布政使唐綏祖指出浙省鄉試，因限於額數，不能入場士子甚多，似屬可惜，且溫處等府離省寫遠，文風次於他郡，士子多不赴省應試，臨場之時尚有丁憂，事故、疾病、遊學等項，皆虛佔名額，且原定科舉名數是僅就舉人而言，並未議及副榜，故奏請將副榜一項酌量加取科舉。同年五月，奉旨增加科舉名額，每副榜一名，小省加取四十名，中省加取三十名，小省加取二十名。各省學政於考試遺才時，不論生員貢監，亦不拘縣分大小，但就文理明通者照數錄送入場。其後禮部又議准順天鄉試，每舉人五名，准中副榜一名。由於科舉名額裁減，貢監可赴京應試，各省學政於錄科時僅於生員內咨送，貢監多被遺棄。

鄉試卷中有官卷與民卷之分，乾隆十五年（1750），禮部議准各省鄉試官卷中額名數，平均民卷二十五卷取中官卷一名，易言之，江蘇應取中官卷二名，安徽一名，浙江、江西、福建各三名，直隸三名，乾隆十六年（1751）十一月，大學士等議定順天貝字號，江蘇、福建因官生衆多，其中額增爲各四名，浙江六名，江西五名，河南、山東、山西各三名，南皿、安徽、湖南、湖北各二名其餘各省因官生較少，未議加增。乾隆二十三年（1758）二月，原任直隸學政莊存與奏請酌裁各省官卷中額，奉旨分大中小省定以二十名、十五名及十名取中一名，即直隸、江南、浙江、江西、湖南、福建等大省官生二十名取中一名，三十一名取中二名。山東、河南、山西、廣東、陝西、四川等中省十五名取中一名，二十二名取中二名。廣西、雲南、貴州等小省十名取中一名，十六名取中二名。順天滿洲蒙古漢軍照小省取中，南北貢監照中省取中，其不及額者則歸入民卷。

在乾隆初年上下兩江應試士子多至一萬八千人，自乾隆九年錄科定額後，其應試士子減至萬人，其應中舉人名額爲九十四名，惟乾隆二十一年（1756）江西中式舉人計一百零四名，副榜十八名，江蘇中式舉人計一百一十四名，副榜二十二名。浙江自錄科定額後，其中額舉人爲九十四名，副榜十八名，其應錄取科舉八千二百四十名，但自乾隆二十一年以後應試士子通計九千四百餘名。湖南向與湖北同闈，自雍正初年分闈後應試士子多至七八千人，自乾隆九年核定中額後，其應錄科舉僅三千九百餘名，惟自乾隆四十五年（1780）庚子科起應試士子多達四千八百餘人。福建額中舉人九十五名，副榜十七名，應錄科舉七千四百餘人。河南額中舉人七十一名，副榜十三名，應錄取科舉四千八百餘名。甘肅各府州縣多由衛所改設，其後戶口日增，人文日盛，統計貢監文生不下萬有餘名，每科鄉試錄送士子不下數千人，而赴考者寥寥無幾，主要原因爲士子貧寒者十居八九，兼之地方遼闊，程途遙遠，盤費艱難。自錄科定額後，陝甘中額六十七、八名，應錄送四千餘名，陝西中舉者居十之九，甘肅中式者不及十之一。廣東中額舉人七十二名，副榜十四名，科舉定額應爲四千七百四十名。乾隆十七年（1752），實際應試貢監生員四千五百九十一名。乾隆五十四年（1789），恭逢高宗萬壽恩科，經總督福康安等咨明學政於照額錄送科舉外多取數百名入場，其合式試卷通計五千四百五十本。質言之，直省鄉試經核定中額後，其應試人數歷科多寡不等，直省應試人數的多少，並非全看考場的容量而定④，其舉人及副榜名額與錄科人數的多寡，尚須視各省繳納田賦、戶口多少及文風高下而定⑤。

## 四、應試士子的年齡

直省鄉試士子並無年齡限制，因此，老幼之間差距甚大。乾隆三十五年（1770）庚寅恩科鄉試，江西省廣信府屬興安縣生員李煒年屆九十九歲，次年奉旨欽賜舉人。乾隆三十六年（1771）辛卯科鄉試，廣東省諸生內九十歲以上者三名，八十歲以上者十六名，十三歲及十二歲者各一名。同年江南省鄉試，江蘇崇明縣生員施鸞坡年十五歲，安徽懷寧縣生員楊星耀年僅十一歲。乾隆四十四年（1779）己亥恩科，順天鄉試諸生內十三歲至十五歲者計三十二名，七十歲以上者計四十七名，其最高年齡與最低年齡之間相差八十歲以上。

直省鄉試諸生內年逾八旬榜發未中者，俱欽賜舉人，准其一體會試，以示生逢盛世聖君壽考作人之意。據國立故宮博物院現藏清代《宮中檔》及《軍機處檔》所附清單，自乾隆三十五年至五十九年（1770至1794）二十五年間，年屆九十以上年老諸生計三十七名，其中庚寅科，江西、廣東各一名，辛卯科，山東二名，廣東三名。己亥科，江西、福建、湖南各一名。庚子科，江南二名，廣東一名。癸卯科，浙江、河南各一名。丙午科，廣東三名，湖南、河南、山東各一名。戊申科，廣東四名。己酉科，廣東二名，江蘇、安徽各一名。壬子科，廣東一名。甲寅科，廣東八名，湖北、陝西各一名。以上歷科各省鄉試，廣東一省諸生內年逾九十者多達二十三名。

自乾隆三十六年至五十九年（1771至1794）各省鄉試諸生內年屆八十以上者計四百二十三名。其中以甲寅科所佔人數最多，計一百一十八名，內含順天二十名，江蘇十七名，江西九名，浙江五名，福建十名，湖南一名，湖北十二名，河南、山東各五名，山西二名、陝西十二名，四川九名，雲南六名，貴州五名。其次爲己酉科，計九十名，內含順天九名，江蘇十八名，江西四名，浙江六名，福建三名，湖南七名，湖北四名，河南七名，山東五名，山西六名，陝西五名，四川七名，雲南二名，貴州、廣東各五名，安徽七名。年老諸生包含生員監生、附生、歲貢生、增生、廩膳生、副榜生、恩貢生、拔貢等。由以上統計可知在乾隆年間直省鄉試士子中不乏龐眉皓首之人，年登耄耋，其入學年分多者已歷五六十年之久，歷經鄉試二十餘次。以乾隆五十四年己酉科直省鄉試爲例，其年屆八十以上中式及欽賜舉人通計六十二名，其中劉湘年九十一歲，是江南和州含山縣人。胡椿年九十歲，是江南常州府江陰縣人。劉鳳翽年八十九歲，是河南開封府陳留縣人。李光昰年八十九歲，是湖南衡州府衡山縣人。潘履謙年八十七歲，是四川重慶府涪州人。馮希賢年八十七歲，是河南府宜陽縣人。張守經年八十六歲，是陝西乾州人。李國霞年八十六歲，是湖南郴州永興縣人。左昌宗年八十五歲，是直隸順德府平鄉縣人。翟皐年八十五歲，是江南寧國府涇縣人。胡道南年八十五歲，是江西建昌府南豐縣人。周宗勛，江南通州人，江飛熊，江南太平縣人，蕭士芝，江西萬安縣人，方宗華，浙江蘭谿縣人，王友，山東觀城縣人，戴文璧，四川新繁縣人，以上六名年俱八十四歲。許以恭，江南江都縣人，王道烜，江南涇縣人，董夢江，江西臨川縣人，何方烈，浙江新昌縣人，王奉元，湖北襄陽縣人，武伸，河南偃師縣人，喬元熙，河南偃師縣人，程紹先，河南太康縣人，孫公輔，山西滎河縣人，李垠，山西孝義縣人，閻輔輝，陝西鄠縣人，劉洪文，四川廣安州人，王體亨，四川內江縣人，以上十三名年俱八十三歲。鄭學洙，直隸東光縣人，董作礪，江南豐縣人，劉繩準，江南南陵縣人，閔之琰，浙江歸安縣人，馮全修，浙江慈谿縣人，魯學孟，浙江會稽縣人，朱光章，福建平和縣人，歐陽謨，湖南衡山縣人，席梧貴，河南洛陽縣人，王宗遠，山東歷城縣人，趙泉，山東汶上縣人，郭偉勣，山東濰縣人，孫元麟，山西洪洞縣人，李如山，山西定襄縣人，師尙友，陝西清澗縣人，以上十五名年俱八十二歲。涂文魁，直隸臨榆縣人，宣鵬，江南武進縣人，劉鴻，江南儀徵縣人，徐暄，揚州府興化縣人，葉逢，江南黟縣人，姜球，江南青陽縣人，張諤，浙江海鹽縣人，涂宗詔，湖北漢陽府黃陂縣人，朱有榮，湖北潛江縣人，呂樸，河南襄城縣人，季如璧，河南宜陽縣人，趙瑞嵐，山東齊河縣人，吳企皙，山西太谷縣人，孫有誦，山西太谷縣人，郭長源，山西萬泉縣人，馬銘，四川營山縣人，以上十六名年俱八十一歲。張進履年八十歲，是江南和州人⑥，至於年屆七十歲以上中式年老諸生更是不勝枚舉。此固然爲清朝懷柔士人收買人心的現象，然而乾隆年間前明遺老大師已凋謝殆盡，學術環境已漸漸改變，且自康熙、雍正以來屢興文字獄箝制思想的結果，多數士大夫已開始與清朝政權妥協，其反對科舉、拒絕仕宦的知識分子已屬罕見。

## 五、鄉試題目舉隅

自明代以來，制義之行已有四百餘年。清初條奏更制者雖多，但驟難更張。順治年間，諭令鄉試三場初場考四書三題，五經各四題，士子各占一經，二場考論一道，判五道，詔誥表內科一道，三場考經史時務策五道⑦。康熙初年廢八股而改試策論，行之一科，風氣卑靡益甚，仍復舊制。清初三場鄉試經書制義論表判策，經文與四書並重，淹貫詞章而後可以爲表，必須通曉律令而後可以爲判，必須論斷有識而後可以爲論，必須通達古今而後可以爲策。易言之，經所以考其根柢，論所以試其識見，表所以覘其淹洽，判所以觀其斷制，策所以驗其經濟。惟鄉試特重頭場經義，不重後場，頭場之中又專意四書，不重經文。士子必須折衷傳註，代聖賢立言，以清眞雅正爲主，凡非四子六經濂洛關閩粹言，俱不准闌入。

明初制義限三百字以上五百字以下，篇末自抒所見，叫做大結，限二百字以下。後因大結文字日漸加長，明代中葉每以此爲關節，遂廢大結。乾隆十一年（1746）九月，翰林院編修楊述曾進呈經史講義，奏請將制義限四百字，仍用大結，先註疏，再引宋儒註釋，不限隱僻，限二百字。表題不論古今，隨時互出，五判易以五言排律八韻。楊述曾又指出策題發問太多，對者不詳，往往敷衍草率，故奏請將策題五問限以一經、一史、一性理、二時務。大學士張廷玉等奏覆時略謂若仍用大結，弊竇愈多，考試經義，原聽主司命題，如限定隱僻，則又於隱僻之中揣摩，其弊相等。宋儒註釋，精者固足以發經蘊，至駁雜之說，若添設大結之中，則有傷正旨，而無補經文，表題以標著事緒，如隨俗備擬，勉強湊成，仍不免雷同，五判原欲士子留心律文，引經議制，若易以律詩，則風雲月露之詞，不免爲士人所譏，且僅以五言數韻，尤易湊合，難杜剿襲，五策題字數，原不許過多，其發問範圍不拘門類，舉凡天文、地理、禮樂、兵、農、經、史、子、集等類，隨時策試，如但限以一經、一史、一性理、二時務，示以定格，更易揣摩，且頭場已試經義，二場試以性理論，三場復重見疊出，亦不足以窮摩擬，是以楊述曾所奏不准行⑧。舊制既不容更張，其司文柄者又難實意旁求，三場試藝，篇幅繁多，士子風簷寸晷之中，檢點偶疏，輒干摒棄，論表判策，不過雷同剿說，閱卷房考官亦以書藝爲重，即經文已不甚留意。乾隆二十一年（1756）十一月，高宗降旨鄉試第一場只試以書文三篇，將五經改入第二場，而試以經文四篇，第三場試以策五道，其論、表、判概行删省，俾士子搆思寬裕，各得罄其所長，並定以己卯科即乾隆二十四年開始實施。旋經御史吳龍見條奏，頭場增試性理論一篇，奉旨准行。乾隆二十二年（1757）正月，高宗降旨，會試第二場表文改試五言八韻唐律一首。同年四月，御史袁芳松疏請鄉試自己卯科爲始第二場經文之外，試以五言八韻唐律一首，照會試一體辦理，經禮部議准降旨通行。例如乾隆三十五年（1770）庚寅恩科江南省鄉試題目，其第一場四書三題爲：㈠六十而耳順，七十而從心所欲不踰矩；㈡及其廣大草木生之禽獸居之寶藏興焉；㈢召大師曰，爲我作君臣相說之樂。其論題爲：聖人之道至公而已矣。第二場易經題爲：㈠有孚顒若；㈡聖人感人心而天下和平；㈢安士敦乎仁；㈣與人同者物必歸焉。其書經題爲：㈠詩言志，歌永言，聲依永，律和聲；㈡淮海惟揚州；㈢稼穡作甘；㈣作德心逸日休。其詩經題爲：㈠邦之司直；㈡如日之升；㈢古訓足式；㈣有飶其香邦家之光。其春秋經題爲：㈠春齋侯宋公陳侯衛侯鄭伯會于鄄，莊公十有五年；㈡秋齊侯宋公江人黃人會于陽穀，僖公三年；㈢會於蕭魚，襄公十有一年；㈣齊人來歸鄆讙龜陰田，定公十年。其禮記題：㈠脩身踐言；㈡如松伯之有心也；㈢禮明樂備；㈣圭章特達也。其詩題爲：賦得桂林一枝，得馨字五言八韻。第三場試題爲策五道，包括經學、文體、文字、宋令、錢法⑨。

鄉試第三場以策試士，原欲考其經濟，故問以時務，援古證今，不厭其詳。但至乾隆中葉時，其風氣喜作長篇，策題長達五六百字，士子作答，膚詞爛調，冗蔓浮華。乾隆三十六年（1771）四月，張若溎具摺條陳時指出「康熙二十六年議定策題每問不許過三百字，所以引緒發端，觀其敷陳，足徵本領。近科每問至五六百字之多，事之本末初終鋪敘無遺，在學問素裕者固就中有所發揮，至空疏無知之徒不難就策題所有移易前後點竄成篇，以此取中，其弊必致士子全不留心，是當發策之始，即示以巧便之方，於設科取士之道甚屬無謂。」⑩張若溎請飭主司無庸以清朝之人詢之士子，其策題不許過長。制義動輒千言，相沿已久，不止一科。乾隆四十三年（1778）四月，高宗降旨釐正文體，定制義限七百字。至於頭場性理論一篇，浮廓寬泛之詞，士子皆可隨意填寫，藉施巧技。己丑科朝考第一名嚴本於論題作答首二句「人心本渾然也，而要必嚴辦於動靜之殊」，句中竟嵌入「嚴本」二字，私通關節，巧弋功名。乾隆四十七年（1782）七月，副都御史覺羅巴彥學奏請更定科場詩論，將鄉會試第二場排律詩一首移置頭場制義之後，即以頭場性理論一道移置二場經文之後，並請飭令內簾監試及主考同考等官將頭場卷閱薦既畢，再分閱二三場，既閱二三場卷，即不得復薦頭場。其頭場詩文優劣既分，策論亦可想見。詩文既不中選，則二三場策論雖佳，大抵抄襲坊刻居多⑪，奉高宗硃批云「此奏深切時弊，依議行。」其議奉旨自次年癸卯科通飭遵行，例如乾隆四十八年福建省鄉試第一場四書題三篇爲：㈠子日，晏平仲善與人交；㈡治國其如示諸掌乎；㈢城門之軌兩馬之力與。詩題爲：賦得青藜照讀，得吹字五言八韻。第二場易經題四篇：㈠蒙以養正聖功也；㈡君子以虛受人；㈢耒耨之利以教天下；㈣聚而上者謂之升。書經題四篇爲：㈠嘉言罔攸優；㈡若作和羹爾惟鹽梅；㈢卿士惟月，師尹惟日；㈣學古入官。詩經題四篇爲：㈠于以湘之維錡及釜；㈡八月在宇；㈢梧桐生矣于彼朝陽；㈣懷柔百神及河喬獄。春秋經題四篇爲：㈠夏桓公十有四年；㈡秋九月齊侯宋公江人黃人盟于貫，僖公二年；㈢同盟于戲，襄公九年；㈣春晉侯使韓起來聘，昭公二年。禮記題四篇爲：㈠毋剿說毋雷同；㈡群鳥養羞；㈢良弓之子必學爲箕；㈣多文以爲富。論題爲；篤其實而藝者書之，第三場試以策五道⑫。由上可知鄉試題目已將第一場性理論題移置第二場，而將原來第二場排律詩題改置第一場制義之後。

直省鄉試頭場四書制義，是代聖賢立言，考官去取亦以頭場書文爲重。但歷科試題多有雷同之處，例如乾隆四十四年（1779）己酉恩科廣西省鄉試第一場四書題第三篇爲：「天子適諸侯曰巡狩，狩者巡所守也；諸侯朝於天子曰述職，述職者述所職也，無非事者春省耕而補不足，秋省斂而助不給。」乾隆四十八年（1783）癸卯科江南省鄉試題目頭場四書題第三篇爲：「天子適諸侯曰巡狩，巡狩者巡所守也。」第二場五經題目雷同之處更是常見，例如乾隆四十五年（1780）庚子科河南省鄉試第二場易經題第二篇與癸卯科浙江省鄉試題目同爲：「自上下下其道大光」。乾隆五十四年（1789）己酉科江南省與浙江省鄉試易經題第三篇同爲：「同心之言，其臭如蘭。」而山東省題目爲：「其臭如蘭」。乾隆四十四年（1779）己亥恩科廣西省鄉試與四十八年（1783）癸卯科江南省鄉試第二場易經題第一篇同爲：「雲行雨施品物流行」。癸卯科福建省鄉試與乾隆五十四年（1789）己酉恩科浙江省鄉試第二場易經題第一篇同爲：「蒙以養正聖功也」。癸卯科福建省鄉試己酉恩科山東省鄉試易經題第二篇同爲：「君子以虛受人」。書經題雷同之處亦層出疊見，乾隆三十五年（1770）庚寅恩科江南省鄉試第二場書經題第一篇爲：「詩言志，歌永言，聲依永，律和聲。」同年浙江省鄉試書經題第一篇亦爲：「歌永言，聲依永。」乾隆四十四年（1779）己亥科廣西省鄉試書經題第二篇爲：「九功惟敘，九敘惟歌。」同年江南省鄉試書經題第一篇亦爲：「九功惟敘，九敘惟歌。」同年廣西省書經題第一篇爲：「學古入官，議事以制。」四十八年癸卯科福建省書經題第四篇亦爲：「學古入官」。第二場詩經題雷同之處亦多，己亥恩科福建省鄉試詩經題第一篇爲：「八月剝棗」。癸卯科江南省詩經題第一篇爲：「八月剝棗，十月穫稻，爲此春酒以介眉壽。」己亥恩科江南省鄉試詩經題第一篇爲：「稱彼兕觥，萬壽無疆。」四十五年（1780）庚子科福建省鄉試詩經題第一篇爲：「躋彼公堂，稱彼兕觥，萬壽無疆。」同年浙江省詩經題第一篇爲：「躋彼公堂，稱彼兕觥。」庚子科河南省鄉試與癸卯科福建省鄉試詩經題第三篇俱係：「梧桐生矣，于彼朝陽。」春秋題雷同之處更是不勝枚舉。自乾隆三十五年至四十八年（1770至1783）十三年之間，江南、浙江、福建、廣西、河南五省歷科春秋題雷同者竟多達二十八篇，其重複出現次數最多各篇如：㈠秋齊候宋公江人黃人會于陽穀；㈡會于蕭魚；㈢齊人來歸鄆讙龜陰田；㈣季子來歸、㈤九月及宋人盟于宿；㈥初獻六羽；㈦衛侯使甯俞來聘；㈧公會齊侯于夾谷；㈨晉乞使士匄來聘；㈩紀子伯莒子盟于密；⑾春晉侯使韓起來聘。禮記題亦見雷同者，如己亥科浙江省鄉試第二場禮記題第一篇爲：「毋勦說，毋雷同，必則古昔稱先王。」癸卯科福建省禮記題第一篇亦爲：「毋勦說，毋雷同。」

直省鄉試第三場試以策五道，其發問範圍較廣，包括經學、文體、字學、守令、錢法、史學、輿地、六書、書籍刊本、制義源流、樹藝、蠶桑、養老、辟廱、官制、儒林、儒行、經延、選舉、積貯、治道、易理、弭盜、學校等。其經學所問範圍包括易、詩、書、春、秋、禮記諸經，稽古論今，惟其中雷同之處亦多，如己亥恩科福建省鄉試策題第一道內有：「易用九六而不用七八及先後甲庚之義解者孰當。」同年廣西省鄉試策題第一道內亦有：「易九六七八之數，說者不同，卦爻用九六，不用七八，程朱何以互異，乾坤獨有用九用六之繫，朱子所引參同契之說可約舉歟？」

其文意實相同。策題中談心言性及理學起源者甚多，例如乾隆四十八年癸卯科浙江省鄉試第三場策題第一道爲：「問唐虞以來，言心不言性，其所謂中即性歟？湯誥厥有恆性，是爲言性之始，伊尹言習與性成，召公言節性惟日。其邁義可互證歟？中庸言性，大學言心與意，孟子言性與情與才，可剖析歟？日率性、日盡性、日知性、日養性，與性近習遠之旨相表裏歟？荀況、揚雄、董仲舒、韓愈、李翶之言孰優，其與子與氏孰盡反稍合歟？徐幹中論王通中說果可比之論語歟？濂溪太極圖說本於易象，與華山石刻陳摶無極圖同歟？異歟？二程受業於濂溪，其氣象各有得力處，然於師門主靜之說淵源究相合否？張子西銘朱子爲之作論而龜山楊氏先曾疑之何歟？朱子學於李延平，晚年指歸果盡得之延平歟？元明以後講學者皆有依據，其純駁可切指歟？我皇上德懋日新，聖由天縱，淵源精一，統合君師矣，多士涵泳聖涯由下學以窺上達有心契乎？性道聞者願稽聽之。」⑬乾隆五十四年（1789）己酉恩科貴州省鄉試第三場策題第一道亦爲：「問學以明理爲先，唐虞授受言心不言性，所謂中即性也，至湯誥首言恆性，而性之名以立。夫性一也，孔子贊易日，繼善成性，而論語又日性相近，孟子言人性皆善，而董子有善性禾之喻，昌黎有性分三品之說，其異同純駁可究晰歟？盡性可以至命，命一也，孔子既罕言命，而又日不知命無以爲君子，且所云五十知命，與中庸居易俟命，孟子仁之於父子一節所云命也有性，其分合要歸可辨核歟？衆理皆具於心，心一也，而日人心道心赤子之心，與夫明道所云心有主則虛，伊川所云心有主則實，其同而異，異而同者果安在歟？萬善咸統於仁，仁一也，而孔子於諸賢問仁語各殊焉，且一人而前後所說又殊焉。孔子言仁類多而知兼稱，孟子言仁類多與義對舉，又曷故歟？遭際聖人在上正學昌明，多士講求有素，必有融會而貫通者，其親切言之。」⑭

鄉試頭場制義是代聖賢立言，考官每因避忌字樣，必摘取經書中吉祥詞句爲題，士子易於揣摩，績學老生反而無由展抒底蘊。三場對策實以淵博爲長，但歷科策題多雷同，士子易於揣摩幸中，坊間均有刻本，士子竟有預擬策題在場前傳播者。乾隆三十年（1765）江西省九江府德化縣人吳光槐參加鄉試，其頭場四書題首篇爲平日讀過坊間選刻舊文，皆能成誦，遂將胸中記憶舊文默寫完卷，竟能中式⑮。江西省饒州府海興縣附生齊廷福平日讀過坊刻舊文甚多，俱能成誦。乾隆四十四年（1779）己亥恩科，齊廷福參加江西省鄉試，分在馳字十一號，抄襲清初金居敬所刻舊文冒中第十四名舉人，奉旨褫革。據齊廷福供稱「廷福於乾隆三十八年歲試進學，今歲恭逢萬壽恩科鄉試，頭場點名後忽然牙痛，舊病復發，難於作文。又因首篇文字必要出色，恰好所出頭題平時曾讀過金居敬舊文，一時昏憒無知勦襲是實，並非懷挾。」江西巡撫郝碩等據供後即會同學政汪永錫出書題一道，詩題一道，將齊廷福扃閉密室覆試，並令其默寫舊文，齊廷福自午刻至酉刻交卷。其所默出四書坊刻舊文二篇，一篇題目爲「禹吾無間然矣」，答案原爲熊伯龍所作，其文云「觀聖於微憂德其至矣，蓋論聖至無閒綦難矣，上下千古而得一禹聖人之難也。今夫幸生古人之後而知其功，亦幸生古人之後而聞其過，將以考德而警心耳。顧有識之士未嘗不敢於論聖人而要其今日擬議之端，昔之日若逆加焉，而預爲之備然後知古之聖人未有不敬小愼微以明其志者也，盍觀之禹。夫所稱聖人者寧自禹始自禹止乎？不自禹始者，若覺其自禹始帝之統盡，帝之心未盡，由前觀之，而禹之爲禹也，僅矣，不自禹止者，若覺其自禹止，王之運開王之事未開，由後觀之，而禹之爲禹也，僅矣，蓋禹至是而吾閒然一也。天下中主之弊萬不敢以疑聖主而猶有疑焉者，本體自謂無傷，凡事盡付之大度也。夫失其所適豈在大乎？吾觀於禹譽隆文命而精嚴過下士焉。欽寅清者得其道樂明備者得其欲，俯仰之間其亦無憾已，聖主無心之失非不欲以示後人，而卒不示者形跡偶間疑似久且無解於後世也，夫動而違道豈在多乎？吾觀於禹功歸永賴而彌縫亙萬古焉。有爲者君之功，無事者民之福，明德之遠至斯而極已罔績配天禹已久釋其憂患，而要之積一身之業，蓋先世之愆有餘積終身之業，蓋一念之愆不足也，禹之無閒，蓋度量不同矣，聖人行事人爭托焉而至禹獨無所口實非其皎然至正歟？安得謂肇開禹貢而疑有嗜欲日強之勢元圭反命禹已盛著其功名而要之君父之責可以一日之平成謝，萬世之責不可以一日之平成謝也，禹之無閒蓋學問不同矣。聖人行事綿歷殷周而吾儒終無刺譏尙云後有萬年歟？則當其拜首禹謨而已無入聖未優之論意其所執者精，窺之而無窺，抑其所守者一，漏之而無可漏，豈不難哉。」⑯齊廷福所默出第二篇四書題爲「序事所以辨賢也」，其答案是剿襲坊刻張江所作舊文。其餘士子亦多讀坊刻時文，每遇一題，依類抄撮，動輒千言，陳言濫詞，僥倖中式。

## 六、武闈鄉試與繙譯鄉試

文闈鄉試定期於子午卯酉年八月舉行，武闈鄉試則於該年十月舉行，分爲三場，頭二兩場爲外場，於是月初七日起較閱馬步箭及弓刀石三項技勇，其馬箭不合式者即不准入二場，步箭不合式者即不准入三場。第三場於十月十四日點名入闈，考試策論，是爲內場。乾隆六年（1741）三月，兵部議覆杭州將軍富森所奏武闈鄉試天氣晴朗仍照定期考試，若遇霪雨泥濘則暫行展限或提前開考，通飭各省遵行。其應試武生亦由學政錄科咨送，各省監生因素習騎射，願入武闈者由地方官照例起送與武生一體考試，中式者造入武舉冊內，不中者仍歸監生原冊。武闈固重技勇，但折衝禦侮主要在運籌謀略，故文理亦須清通。各省綠旗營兵若有通曉文義願應武鄉試者，定例由該營將弁咨送學政錄科，亦與武生一體鄉試，若不中式仍令歸伍。順天武鄉試是由君主欽派大臣爲正副考官，各省例由巡撫主試，總督監臨，並咨調近省提督總兵一員與巡撫同考外場，督撫同城者則不必另調提鎮。惟亦有例外，如乾隆三年江南武闈鄉試，例應由下江巡撫主試，但因蘇松各郡亢旱歉收，巡撫許容駐箚蘇州辦理賑恤撫綏諸務，故由總督那蘇圖主試。乾隆十二年（1747）丁卯科山東武闈鄉試，阿里袞爲山東巡撫，例應主試，但阿里袞不諳文墨，於第三場考試策論時不敢勉強從事，故阿里袞奏請校閱外場，由學政入闈主試內場，阿里袞一同入闈監臨。

武闈鄉試第一場考試馬箭照例射靶二回，共射六箭，復射地毬一回，以中三箭者爲合式，若能放馬跑圓弓開滿彀者更佳。第二場考試步箭照例射六箭，中三箭者方准考試弓刀石技勇，步箭開弓發矢需彀滿平直，刀必舞花，石則離地。清初定例武闈鄉試頭二兩場武生兵丁例於左右兩頰印用圖記，以杜頂替代倩的流弊。惟頭場印面至三場點名入闈經旬之久，日則不能盥洗，夜復難以就枕，觀瞻不雅，汗漬模糊，或偶有摩擦，臨入三場，難以辨識，查驗需時，轉滋疑似。乾隆二十一年（1756）十月二十二日，貴州巡撫定長奏請改驗手指羅紋，略謂凡武生應試者責令教官，兵丁應試者責令營員驗明生兵兩手箕斗於起送文冊內所開年貌之下切實駐明，頭二場考試外場時用粉塗指，則箕斗顯露，對冊驗明後始行收考，但高宗認爲「此事太瑣，不成政體。」⑰是年十一月二十二日，安徽巡撫高晉則奏請改印於左右兩小臂，簡便易行，經兵部議准。乾隆二十五年（1760）三月，江蘇巡撫陳弘謀奏請更定武闈外場事宜。陳弘謀指出各省考試均於三回馬箭後復射地毬一回，事涉重複，奏請馬箭只試二次，即試地毬一次，以三次共中三箭者爲合式。步箭遠靶，向例五十步，改爲三十步，每人各射六箭，以中二箭者爲合式。馬弓以三刀爲率，步弓以五力爲率，步靶以高五尺五寸，寬二尺五寸爲式，經兵部議准通行。第二場弓刀石技勇，有頭二三號之分，定例頭號弓十二力，頭號石三百斤，頭號大刀計重一百二十斤。舞刀雖有走四門面花背之勢，但能從容起舞者甚少，於馬上步下均不能施展，徒飾觀覽，並無用處。乾隆四十二年（1777）十月，兩江總督高晉奏請將舞刀一項裁汰，改爲演放鳥鎗。惟高宗諭稱鳥鎗原爲制勝要器，而民間斷不宜演習多藏，山東王倫聚衆起事一業，易於剿滅，即因其不諳放鎗，武科若改用鳥鎗，則應試武生勢必常時學習打靶，則火藥鉛丸俱難禁民間私相售賣，且一縣中增添無數能放鳥鎗之人，久而傳習漸多，於事有礙，故不准更張。

各省武闈中額及錄科人數遠較文闈爲少。如浙江省中額爲五十名，但歷科入場武生人數多寡不同。乾隆二十七年（1762）壬午科入場武生兵丁計七百七十一名，經外場較閱密記雙單字號准入內場者計三百九十六名。三十年（1765）乙酉科應試武生兵丁計九百四十七名，准入內場者計四百四十五名。三十六年（1771）辛卯科應試武生計七百六十四名，准入內場者計六百零九名。三十九年（1774）甲午科應試武生計八百八十一名，准入三場者計六百零三名。福建省武闈鄉試中額計五十名，乙酉科應試武生營兵計一千三百餘名。廣東省中額爲四十四名，癸酉科應試生丁計一千六百餘名，准入三場者計一千三百餘名，丁酉科學政錄送各郡武生計一千四百九十五名，己亥科錄送一千三百三十七名。湖北省中額計二十五名，丁卯科赴考生丁計一千三百餘人，准入內場者計七百餘人。庚子科冊報武生共五百十五名，准入三場者計二百十七名，人數較歷科爲少。癸卯科應試生丁計七百零二名，准入三場者計二百二十一名。湖南省中額爲二十四名，丙子科應試生丁約一千人。河南省中額計四十七名，癸酉科外場合式准入內場者計一千四百零三名。江南省中額爲六十三名，甲午科上下兩江應試生丁計一千一百九十六名，准入三場者僅二百五十名。山東省中額計四十六名，壬申科外場合式准入三場生丁計一千零七十六名，己酉科應試生丁計七百二十三名，列爲雙好字號准入內場者計一百二十三名。山西省中額爲四十名，丙子科學政錄送武生計一千六百三十九名。陝甘中額爲五十名，癸酉科應試生丁計七百餘名，己酉科僅四百五十餘名。廣西省中額爲三十名，乙酉科應試生計七百餘名，准入三場者計四百三十餘名，甲午科應試生兵計六百零八名，准入內場者計二百十九名。雲南省中額爲四十二名，壬申科應試武生計七百五十三名，准入內場者計六百七十三名，庚子科學政錄送武生計六百四十三名，准入內場者計五百十四名。貴州中額計二十三名，丁酉科應試武生計三百九十名，己亥科應試武生計三百零八名。由上引應試人數與中額比較可知山西省平均約四十名取中一名，福建與河南兩省約三十名取中一名，江南省約二十名取中一名，其他各省平均十五名取中一名。

各省武闈鄉試中廣東、福建二省技勇弓馬尙有可觀，四川、雲南等省武舉甚屬平常，其步箭多用軟弓，不能到靶，馬箭更少嫻熟，石則三號勉強合式，惟其弓刀石多未依式製造，減輕觔兩，故易於開掇。且福建等省武闈積弊多端，相沿成習，武生作弊案件層出不窮。外場考試常賄囑兵弁，馬射步射捏報中的，名爲做箭。掇石舞刀則腰繫鐵鉤，臂帶紬綾希冀舉重，稱爲借力。開硬弓時，則勾通管弁以重易輕。內場考試時，或暗書小字論策，百計夾帶，或賄買巡綽兵弁傳遞入號。地方文武大員爲杜絕弊端，竟以詐防詐，不顧政體。乾隆九年（1744）甲子科武闈鄉試時，福建巡撫周學健風聞領催金朝榮同民人吳必成起意撞騙，周學健即密諭外委宜子勉等託名謀中武舉，發銀一千五百兩抬至吳必成家，立寫合同，旋即拏解審辦。

清初爲保存滿蒙語文，鼓勵滿蒙子弟學習滿蒙漢文，特開繙譯鄉試，分爲滿洲繙譯與蒙古繙譯兩種。雍正二年（1724），舉行鄉試，次年會試。定例三年考取舉人一次，至乾隆三年（1738）繙譯鄉試考過六科，中式舉人多達百餘人，惟舉人中額未有成例。乾隆十三年（1748）五月，大學士等遵旨議定滿洲繙譯生員定額取六十名，蒙古九名。繙譯鄉試滿洲額中三十三名，蒙古六名。每屆繙譯鄉試之期，欽派正副考官，滿洲繙譯鄉試以大學士或尙書爲正考官，以侍郎或參議爲副考官，蒙古繙譯則以理藩院尙書爲考官，其同考官則於各部司員各館纂修官內挑選送部開列。

滿洲蒙古繙譯考試題目，例以性理精義及小學等命題，照科場條例辦理，例用謄錄筆帖式百餘員，由禮部咨行各衙門派送。乾隆十二年（1747）二月，監察御史書昌、湯聘奏請由領催內挑取改充謄錄，經對讀校正後，再送內簾校閱。但滿文與漢字不同，筆跡難於識認，原不必循文闈易書成例辦理，且謄錄領催於繙譯文義不能盡通，謄寫易於訛舛，稽遲時日。乾隆四十三年（1778）七月，高宗諭令繙譯鄉試考卷，僅須彌封，交送內簾校閱，而廢止繙譯鄉試的謄錄對讀。

八旗滿洲蒙古曉習繙譯者皆可考取內閣中書及筆帖式、庫使等項，原不藉鄉會試作爲進身之階，乾隆十九年（1754），高宗諭令停止繙譯鄉會試。惟繙譯考試停止以後八旗學習滿洲語文者益少。乾隆四十三年七月加恩考試繙譯舉人，次年三月考試繙譯進士。乾隆四十六年（1781）二月，高宗諭令嗣後每屆三年照例具奏請旨辦理繙譯考試。五十二年（1787）五月，高宗以旗人進身之途甚廣，並不專藉繙譯，且旗人中未見出有繙譯眞才，三年照例考試一次，爲期太近，故諭令每屆五年舉行一次，不必請旨。

## 七、科場積弊的釐剔

清初特重科目，不惜帑金，每三年辦理鄉會考試，無非對漢人開放政權，給予士大夫參加政治活動的機會，奈應試士子多爲但圖弋獲科目不敦實學之輩，凡四書六經三史以及宋儒性理通鑑綱目等書俱束諸高閣，師傅誦習，惟坊行高頭講章，臭腐時文。頭場經義多剿襲膚詞，二三場表判論策，俱購自書肆，強記抄謄，臨場懷挾倩寫蠅頭腳本，沿習成風，牢不可破。雍正十三年（1735）十二月初九日，國子監司業胡宗緒奏請勒令直省學政等嚴定科條，先將坊行不通講章，惡爛時文，概行禁止。酌取經史子集有關正學修己治人之術足爲學人根柢者若干部標爲宗主，並簡兩漢唐宋大家古文及先正制義理法兼到諸篇頒爲楷式，奉旨准行。高宗御極之初即嚴申科場舞弊之禁，直省督撫學政亦遵旨剔除積弊以肅場規。高宗曾指出士子「不務研求於平日，惟思竄取於他人，詭詐潛藏，行同盜賊。」尤以順天鄉闈因人數太多，往往點名至四五更不得竣事，致使不肖之徒乘入夜覺察稍疏而任意懷挾，賓興鉅典，竟成虛設。乾隆九年（1744）七月，高宗諭令直省監臨提調等官於點名時嚴加搜檢，片紙隻字亦不許攜帶入場，務使弊絕風清。是年八月順天鄉試頭場點名時，高宗命親近大臣數人前往監看，竟搜出懷挾士子二十一人，或藏於衣帽，或藏於器具，且有藏於褻衣褌褲中者。貢院門外拋棄蠅頭小卷，堆積於墻陰路隅者不計其數，甚至有含於口頰，而於搜檢時嚥入腹中者。高宗痛斥士子喪心無恥，竟同「鼠竊狗偷之輩」。工科給事中吳煒則指出科場搜檢，以一二十人之不肖，而累及千萬人露體褻慢，恐非所以培士氣鼓善類之道，且諸臣奉有懸賞之令，每搜得一人給銀一二兩，以致有搜役私入紙片以取利者。翰林黃明懿進呈講章時亦奏稱科場搜檢過嚴，及於褻衣下體，頭場二場搜出懷挾者僅四十餘人，而聞風退避散去者遂致二千餘人之多，士氣沮喪。高宗諭稱搜至褻衣之內固屬非體，無如竟有藏於褌褲中者，委查各員無從預知，不得不概行搜檢。

乾隆九年九月，禮部議准先期修葺貢院匠役人等搜明放入，以杜士子賄囑將文字埋藏號舍之弊，闈中器用食物先期運進者，在京派巡察御史二員，外省監臨委佐貳二員逐件查閱，內外簾官隨役人等亦一例搜查。士子衣服用單，考籃考具，製用玲瓏，便於標點，所用官蠟，令士子於納卷時附交燭價，於散卷時分給。其搜檢之法，順天於磚門外，外省於貢院頭門外，各派官員令士子聽搜點入，頭門與二門內令搜役兩行排立，以兩人搜檢一人，士子懷挾，其父師一併究治。乾隆十二年（1747）八月，福建巡撫陳大受訪查閩省科場積弊後指出書役號軍最易作弊，士子坐號向係藩司書吏在卷面印戳，於是盜戳連號，不可究結。陳大受乃督同外簾各官及所帶試用佐雜各員自行戳記，不假手司書，戳號皆按卷取用，多餘各號及與瞭望處所通道盡行封閉，並無空號可以連坐，以杜槍手倩代之弊。闈外堆撥兵丁與闈內號軍，向由各營預為派定，陳大受令其於點名入場時，每號軍給與號單一紙通爲另派，歸號後按名查點，不使聚於原派號內。闈外堆撥則密諭營員以東易西，撤南置北，通夕嚴巡，以杜其指認號舍、埋藏文字及隔墻抛空傳遞諸弊。陳大受等防制不可謂不周密，但在乾隆十二年八月初七日四更時分竟有福協軍丁包雄乘間越出柵欄，潛至罔字號內刨挖文字被拏獲，搜出細書文字六包，小捲三束。據包雄供稱是看守貢院的陳克濟、盧天儀及福協兵丁王成等包攬作弊。旋拘問陳克濟供出是福州府學廪生李其祥閩縣學生員高秀水、侯官縣監生陳治略、福清縣監生李振標、安溪縣監生唐本立、海淀縣生員黃英賢、浦城縣生員蔡漸高等七名輾轉囑托預先帶入埋藏，其中陳克濟等乃積年占踞科場招攬作弊的雜役⑱。八月初八日，川省鄉試有廪生劉文世以二百兩銀雇請湖廣黃陂縣人吳之華代做文字，第一場點名時彰明縣學生員舒仕任已經唱名給卷入場，吳之華竟冒舒仕任之名混行入場被拏。至於浙江省鄉試懷挾文字入場者屢經搜獲，士子入場後向來多不尊場規，往往亂號雜坐，鼓掌喧呶。廣東士子積習始終未改，是年鄉試頭場點名時有東安縣生員張日勳抄寫細字經文用油紙包裹藏匿口角。閩省鄉闈試卷向例藩司衙門首領官督匠製造，卷背接縫處先鈐該首領印信發舖散賣各生塡寫卷面，彙交藩司衙門用印，乾隆十七年（1752）二月，閩省恩科鄉試竟有製卷舖匠顏洪育等僞造布政司經歷假印鈐用卷背攙賣圖利，諸生誤買多達三百餘卷。河南省鄉闈，士子點名領卷後多不歸本號，往來行走，遇有熟識親知，邀約聚語。第三場考試向有跳龍門之說，士子在龍門左右喧嚷跳躍以爲中式先兆，而乘機越號換卷攙坐，巡綽官勸其歸號時竟敢抗違不遵。

直省鄉試士子作弊層出不窮，不勝防制。乾隆十八年（1753）八月，湖廣鄉試搜出漢陽縣學生員劉光等六名懷挾小字春秋文表判論及詔誥等，或藏於筆管，或藏於水桶，或藏於炒火盒，或縫於氈內，或握於手中，俱當場被獲。是年河南鄉闈，謄錄書手及對讀生受僱倩頂替者多達二十四名。靈寶縣學生員王綿世等二人將經書文字縛在褲腿之上，南陽府學生員田子堅則在手巾內夾帶二場表文。乾隆二十一年（1756）七月，四川總督開泰訪聞川省向有不法舖戶慣於製造夾帶器具，當密諭地方官查拏。據知縣王采珍等拏獲製造挖空石硯人犯一名，製造雙層氈帽人犯二名，製造重底銅罐人犯一名。是年八月，河南鄉闈查點頭場，搜獲武陟縣學生員毛豐滿將經書文字縛在褌褲之中。其他懷挾士子或藏於夾襪內，或摺放帽內，或縫於雙層褐衫，或縫於雙層袖內，指不勝屈。闈中書吏舞弊更是司空見慣，江蘇巡撫莊有恭查出書吏焦宗彝私將一卷備用印戳，於其襪內搜出東暑字號印戳一個，據供稱欲將安縣監生張穀孫與青浦縣生員陸文蔚聯號。又於蕭永禧身畔搜出西藏字號印戳兩個，欲將元和縣生員趙琰與吳縣生員顧公望聯號，並於朱鶴年身畔搜出西府字號、西餘字號印戳各四個，欲將儀徵縣生監汪鴻客、汪蟾客、吳之訓、吳英四人聯號。

乾隆三十年（1765）八月，廣西省鄉闈，號軍劉順搜獲生員崔奇觀將字紙一束掀開瓦縫傳遞給前號生員。據劉順稱「我是食字號軍，十二日晚，我在號內看見十六號生員與前號隔墻說話，當即喝禁，後來見他用手去掀前號屋上瓦片，我就拏住他的手，搜出一塊字紙，不知他寫的甚麼，正值提調等巡查，我就稟了。」據生員崔奇觀供稱「我是靈川縣學增生，習書經，今年二十九歲。我與全廷倫素日同窗讀書，我二場坐的是食字十六號。十二日晚，我在號內喊叫號軍要茶吃，全廷倫坐在前號，聽見我的聲音，隔牆喊問姓名，我答應了，他就說第三個經題不甚明白，要我講解，我與他講了一會，因隔著牆，他聽不清楚，問我說你的第三篇經文可做完了麼，不如抄幾句與我一看。我也說詩還沒有做，你的詩若完了也給我看看。他先從號舍瓦縫裡將詩稿遞過來，我就謄在自己卷內，隨後把第三篇經文寫了幾行走出號來，正要遞過去，不料被號軍看見搶去。我實因全廷倫是同窗朋友，他先把詩稿給我，故此也把經文與他遞換，並不是得了銀錢替他代做。」⑲崔奇觀、全廷倫奉旨革去衣頂，比照積慣鎗手例量減一等，各杖一百，徒三年，至配所折責四十板。

乾隆四十二年（1777）八月，山東省巡撫等訪查科場中向有積慣經頭，素與士子交往，每遇場期即向士子包攬講索規費，索費多者謄卷較佳，若貧苦生員不能出費者，即故意潦草不堪。廣東鄉闈查有水夫鄭亞杜於腰帶內夾藏油紙小捲二個，其中一捲內含易經文四篇、詩一首，另一捲內含詩經文四篇、詩一首，於是月十二日戌刻為內簾試用吏目袁嘉言拏獲。據供鄭亞杜是廠內水夫，有場內生員蕭允中代生員楊于雝說合僱倩貢生余文靖在外代作文字。又有南海縣民梁泮堂代捐貢林景泰說合僱倩江南人張鳴飛在外代作文字，與場內水夫頭梁玉，廠外水夫頭梁英及水夫伍允明大家說通在水槽邊內外以咳嗽暗號代為傳遞，第一場因稽查嚴密，題目不能遞出，至第二場十二日清晨見牆內水槽邊只有梁玉一人，即咳嗽為號，將題目丟出，天晚仍至水槽邊候至戌刻，聞牆外咳嗽丟進油紙二捲，拾取欲走，即被查獲。

乾隆四十八年（1783）九月初一日，廣西省鄉試放榜，取中舉人四十五名，其中廩膳生居十之八，而第一名岑照是思恩府附生，年二十三歲，向無文名，又是土知州岑宜棟之子，家道素豐。廣西巡撫孫士毅於榜發時即疑其中別有情弊。廣西學政查瑩亦稱其文理粗通，不能與各學士子爭勝，平日文理與闈中試卷懸殊。高宗據奏後降旨將岑照革去舉人，提解到省嚴加鞫訊。據岑照供稱「首藝係抄錄其業師南寧府歲貢卜永祺窗稿，次藝係套用窗下做過『爲高必因邱陵』二句題文，三藝係抄錄讀過刻文。」孫士毅委員前赴土田州查獲各項書本，並提卜永祺到省跟究，惟所獲讀本內並無前項三藝在內，卜永祺亦否認做過首題。經撩夾嚇問，岑照始供出永安州知州葉道和在闈辦理供給，岑照與葉道和長隨曾興是舊識，故於未入場之前即私向曾興囑託照應，曾興圖賄，隨向在闈湖北舉人曹文藻暗中說合，三場文子俱係曹文藻代倩，由曾興轉遞岑照⑳。岑照是土田州知州岑宜棟長子，於乾隆四十三年歲考進學，次年十一月，在南寧府城探親，永安州知州葉道和適因事至南寧，岑照往拜認識。四十八年七月，岑照赴省鄉試時即至葉道和寓所連拜二次，囑託葉道和尋人代倩，願出銀兩相謝，並許中式後即拜葉道和爲師，另爲酬報，葉道和應許，隨與幕友曹文藻密商，令曹文藻充作書辦，跟隨入闈，爲岑照代倩三場文字，許中式後謝銀三百兩，曹文藻貪利應允。葉道和密令長隨曾興知會岑照於散給湯飯時將文稿折小粘在碗底遞給，又與岑照議定中式後謝銀一千兩，岑照額外交曾興銀五十兩，內二十兩給曾興，三十兩給曹文藻，不在議定一千兩之內。是年十二月十九日，高宗降旨將葉道和、岑照俱著即處斬，曾興等應繳監侯秋後處決。四川敘州府知府葉體仁爲葉道和之父，不能約束葉道和，旋奉旨革職，土田州知州岑宜棟自行議罰銀十萬兩，奉硃批免其一半。

鄉會兩試關繫掄才大典，必須肅清弊竇始能遴拔眞才，高宗屢頒諭旨，加意整飭。乾隆五十二年（1787），高宗恐科場條例日久玩生，且自次年戊申以後鄉會兩試正科恩科連年疊舉，不可不嚴申例禁，預絕弊源，故令大學士九卿將應如何杜漸防微設法釐剔之處，悉心妥議具奏。大學士等遵旨議奏，首先指出京城舉場附近地方，近科以來有積慣姦徒窩藏槍手，專爲場內代倩文字，而不肖舉子，勾通外場巡綽兵役及闈中號軍將題目走漏消息，用磚石等物擲出場外，其文字作成後，或遙點鐙竿，連放爆竹，或將馴養鴿鷂繫鈴縱放，作爲記號，預行指定地方，以便關通接遞，仍用磚石等物擲入場內。是以大學士等奏請屆期選派誠實妥幹番役，會同五城順天府密訪窩留槍手之家，查拏治罪，凡附近居民有遙點鐙竿，連放爆竹及舉放鴿鷂拋擲磚瓦等弊即嚴行拏究，至於直省鄉試，即責成監臨一體嚴密查辦㉑。

科場功令森嚴，高宗三令五申剔除弊端，然而謄錄書手卻從中賄弊，受賄包攬。乾隆五十三年（1788）八月，山東鄉闈，竟有書手張訪攜書入場被獲案件。據供書手張訪籍隸歷城，與同村居住的高宗孔素相熟識。高宗孔測字度日，粗通文義，張訪選充謄錄。八月初二日，張訪突患泄痢，不能入場，而私僱高完孔頂名代替，給與僱價大錢一千文，高宗孔收錢應允。初四日，有滕縣生員黨其萃赴省應試，令高宗孔測字，高宗孔起意騙錢，告以入場謄錄如肯託其謄寫，卷內遇有錯誤之處可以代爲更改，囑令於頭場首藝破題內改抹二字作爲記認，黨其萃聽信其言，先給制錢二千五百丈，許於中式後給酬謝銀二十兩。八月初六日，點驗謄錄書手，高宗孔將舊有刻本類書一冊夾入舖蓋，冀圖入場後覓取黨其萃試卷就便翻閱酌改詞語以便索謝。是日夜間，黨其萃聞得高宗孔被查拏後即在寓所自縊身故㉒。例載應試舉監用財僱倩夾帶傳遞與夫匠軍役人等受財代替夾帶傳遞者俱發邊充軍，又例載各衙門辦事官吏倩人代替者問罪黜革爲民。高宗孔按例定擬發近邊充軍，至配所杖一百，折責四十板，張訪藉病私行僱替以致滋生弊端，照高宗孔軍罪上減一等，杖一百，徒三年。鄉試爲賓興大典，高宗加意整頓，但科場積弊一時難除，士子違規觸法懷挾文字，希圖弋獲，官吏勾結舞弊，貪賄受賂，高宗亦深以不能化導而抱愧於心。

## 八、結　語

士人以品行爲先，學問以經義爲重，科舉以經義取士，即欲令士子沈潛於四書五經，以覘其學力深淺與器識淳薄。惟清初考試但重形式，忽視內容，眞才實學，往往見遺。士子試卷動輒違式，凡題目字畫抬頭雙單錯誤，或添註塗改不合規定，或點句勾股不當等俱干禁例，皆由外簾收卷等官簽明何款應貼，陸續呈送監臨核明貼出貢院門外。例如乾隆二十一年八月丙子科山東鄉試統計三場違式貼出試卷共一百九十二卷。乾隆三十年八月乙酉科順天鄉試貼出試卷計八百條卷。乾隆五十三年，八月戊申科順天鄉試頭場應貼出違式試卷幾及過半，試卷內容雖佳，但因違式而被遺棄。直省鄉闈應試人數衆多，文卷浩繁，時日有限，閱卷草率，遺才尤多。除貼卷之例以外，又嚴申磨勘之議，場中文字，斤斤繩墨，不僅校勘文字，並及文句之推敲，吹毛求疵，無所不用其極㉓，束縛思想達於極點。清初自世祖至高宗籠絡士人已百有餘年，漸摩化導，培護甄陶，無如有志之士絕意舉業，雖有榮祿，不能網羅，其應科目者但記誦陳腐時文以爲弋獲科名之具，學荒品卑。乾隆九年八月，高宗曾指出士習不端，不僅文風未見振起，而且懷挾作弊，詭計百出，行類穿窬。是年順天鄉試四書三題是高宗親出，題目略冷，不在士子擬議之中，場內諸生交白卷者計六十八人，不完卷者計二百二十九人，眞草違式文不對題者共二百七十六人，頭場點名散去者竟至二千八百餘人。江浙爲人文淵藪，但浙省文氣浮華，江蘇則爲巧利之區，乾隆十八年十二月，江蘇學政夢麟曾指出「江蘇諸事疲玩，人心詭譎，雖文風較別省稍優，而積習學游，士氣乖詐，尤非別省可比，寬不知畏，嚴則怨生，一切虛浮，振刷非易。」㉔乾隆二十八年六月，李因培亦指出松江一府向來人情險薄，訟獄繁多，尤其南匯一縣最爲刁詐悍惡，文武生員內不乏作奸犯科之徒，數年以來官吏疊更，案多不結，竟成江蘇第一疲敝之區，其餘各縣風俗亦復刁詐，士子多不馴。江西省士風囂凌，大學士九卿曾奏請停科舉以徵戒惡習。乾隆二十年五月，江西巡撫胡寶瑔曾指出江西省士風大抵標名干進之習錮於心胸，或託名風雅人刻一集，或高自位置各立門牆，欲以僥獲科名交結脅事，稍拂其意即造言生事，連結一氣，齊心騰謗，非藉文墨以逞狂，即假星卜以愚衆，不則流爲刁健，喜爭好訟，不以屈膝公庭爲恥，不以凌虛族里爲愧，士風澆漓，必須痛懲㉕。山東士風未醇，各屬生監多不安分。高宗亦諭稱「山東士習頗不佳，蓋其曉文在北省中爲最，而加以北省剛狠之氣，此大應留心，而非一日所能頓革。」雲南省僻處邊隅，士風樸陋，荒廢游惰，而且窮鄉僻壤，士子多半耕半讀，非貿易於他方，即潛游於別郡。滇省又多礦廠，礦徒混雜，士子有竄名其中甘與販傭爲伍藉以營私射利者，甚至潛入夷地，包攬詞訟，煽惑愚民，貽害地方。河南士風澆漓，輒滋事端。開封府屬河陰縣因幅員偏小，地僻事簡，與滎澤縣僅隔十五里，官多役冗，滋擾虛糜。乾隆二十九年十月，河南巡撫阿思哈奏請將河陰縣知縣典史二缺裁汰歸併滎澤縣管理，部議覆准，奉旨依議，次年正月二十八日，河陰縣生員陳起忠等因併縣之故，竟聚衆抗官，閉城罷市，希圖全免差徭。直省士子趨向不端，每遇鄉試輒百計鑽營，僥緣關節，考官竟有甘心玩法聽受請託通同舞弊者，謝墉、吳玉綸在學政任內民間卻有「謝墉抽身便討，吳玉綸倒口即吞」之語，科場積弊遂層出不窮。文風日壞，習制義者徒取浮詞俗調記誦坊刻空文，輾轉抄襲，不僅將經籍束之高閣，即先儒傳註亦不暇究心。清高宗雖加意整飭，力除弊竇，但積弊益深，僥倖日衆，考官憑文取中，所薦多非實學眞才。

【註 釋】

① 《清太宗文皇帝實錄》，卷五，頁20。

② 李君奭譯〈清代的科試與鄉試〉文中謂「首先是鄉試，它是科試的預備考試。」見《中華文化復興月刊》，第八卷，第七期，頁33。該文譯自宮崎市定著《科舉》一書，頁55。惟譯文有出入，該書原文譯漢應作「首先是具有鄉試預備考試意義的科試。」

③ 劉兆璸著《清代科舉》（臺北，三民書局，民國六十四年三月），頁25，謂順天鄉試考官係「主考三人，一正二副」，當指乾隆四十五年以降文闈鄉試而言。

④ 宮崎市定著《科舉》（東京，中央公論社，昭和三十八年七月），頁56。

⑤ 劉兆璸著《清代科舉》，頁24。

⑥ 《軍機處檔·月摺包》（臺北，國立故宮博物院），第2744箱，180包，44067號，歷科鄉試年老姓名籍貫清單。

⑦ 章中和編《清代考試制度資料》（臺北，文海出版社，民國五十七年七月），頁5。

⑧ 《清高宗純皇帝實錄》，卷二七五，頁3，乾隆十一年九月庚戌，據張廷玉等奏。

⑨ 《軍機處檔·月摺包》，第2771箱，74包，11811號，乾隆庚寅科江南鄉試題目。

⑩ 《軍機處檔·月摺包》，第2765箱，89包，16725號，乾隆三十六

年四月二十七日，張若湝奏摺錄副。

⑪ 《宮中檔》（臺北，國立故宮博物院），第2715箱，172包，42110號，乾隆四十七年七月十六日，覺羅巴彥學奏摺。

⑫ 《軍機處檔·月摺包》，第2776箱，143包，34012號，乾隆四十八年癸卯科福建省鄉試題目。

⑬ 《軍機處檔·月摺包》，第2776箱，143包，34013號，乾隆四十八年癸卯科浙江鄉試題目。

⑭ 《軍機處檔·月摺包》，第2778箱，159包，38202號，乾隆五十四年己酉恩科貴州鄉試題目。

⑮ 《宮中檔》，第2753箱，99包，22064號，乾隆三十年十二月初九日，明山奏摺。

⑯ 《軍機處檔·月摺包》，第2764箱，104包，22591號，乾隆四十五年正月十二日，郝碩奏摺錄副。

⑰ 《宮中檔》，第2754箱，60包，13182號，乾隆二十一年十月二十二日，定長奏摺。

⑱ 《軍機處檔·月摺包》，第2772箱，9包，1232號，乾隆十二年九初三日，陳大受奏摺錄副。

⑲ 《宮中檔》，第2753箱，95包，21265號，乾隆三十年八月二十四日，宋邦綏奏摺。

⑳ 《軍機處檔·月摺包》，第2776箱，145包，34623號，乾隆四十八年十一月十一日，孫士毅奏摺錄副。

㉑ 《欽定大清會典事例》（臺北，中文書局，據光緒二十五年刻本影印），卷三四〇，頁170。

㉒ 《軍機處檔·月摺包》，第2778箱，164包，39141號，乾隆五十三年十月二十五日，覺羅長麟奏摺錄副。

㉓ 鄧嗣禹著《中國考試制度史》（臺北，臺灣學生書局，民國五十六

年五月），頁259。

㉔《宮中檔》，第2725箱，25包，5288號，乾隆十八年十二月初五日，夢麟奏摺。

㉕《宮中檔》，第2725箱，42包，9331號，乾隆二十年五月十五日，胡寶瑔奏摺。

# 越南國王阮福映遣使入貢清廷考

## 一、前言

安南與中國疆域毗鄰，兩國關係，源遠流長。在地理上，實同一體，在文化上，同出一源。自秦漢以降，安南即置於中國郡縣直接統治之下，達一千餘年之久，其間由於地方官吏之積極倡導，安南文教日益普及，與內地並無區別。唐末五代，內憂外患相繼而來，中國在安南之統治基礎開始動搖，安南從此脫離中國而獨立，歷吳、丁、前黎、李、陳、後黎、西山阮諸朝，約九百年，由內郡變爲藩屬，對內維持獨立政權，天朝並不過問屬國內政，惟其歷朝君主對中國文教之推行，仍不遺餘力，修建文廟，開科取士，使用漢字，奉中國正朔，採取中國化之政治制度，安南已成爲儒家文化之分支。滿洲入關以後，安南與清廷，仍維持宗屬關係，受禮部管轄，虔修職貢。新君繼位，須經清廷錫封，始能取得合法地位。清高宗乾隆末年，西山阮氏崛起，推翻黎朝，但未能澈底消滅廣南阮氏勢力。清仁宗嘉慶初年，阮福映假借外力，恢復舊疆，統一安南，清廷冊封阮福映爲越南國王，重建中越關係。本文撰寫之目的，即據清代乾隆、嘉慶兩朝《宮中檔》、《上諭檔》、《安南檔》等史料以探討清高宗末年安南政權之遞嬗，新舊阮氏勢力之消長，清廷態度轉變之原因及清仁宗改易越南國名之經過與意義。

## 二、新阮之崛起與舊阮之失國

安南廣南阮氏，史家稱其爲舊阮，西山阮氏則稱爲新阮。初阮氏與鄭氏共仕黎朝，當黎中宗在位期間（1548—1556），阮潢以軍功封爲郡王，威名日盛，爲鄭檢所忌。阮潢請鎮順化，鄭檢以其地遠隔而許之。阮潢徙駐順化後，愛撫軍民，人心悅服。明穆宗隆慶四年即黎英宗正治十三年（1570）正月，黎王以阮潢兼順化廣南總鎮將軍。明神宗萬曆元年即黎世宗嘉泰元年（1573），黎王以阮潢屢討莫氏有功，加世襲王爵。萬曆三十九年即黎敬宗弘定十二年（1611），阮潢進取占城，置富安府①。自阮潢退居廣南以後，其文治雖不及鄭氏，惟武功方面則頗有表現。阮氏利用優越地理條件，一面抵抗北方鄭氏之壓力，一面積極向南開拓，南圻漸成富庶之區。滿洲入關以後，黎王仍奉清廷正朔，照例六年兩貢並進，遣使由廣西進關朝貢，清廷亦承認黎王在安南之合法地位。惟安南內部分裂，屢搆兵端，莫氏被逐至中國邊境高平地方，黎朝由鄭氏擅權，黎王徒擁虛位而已。廣南阮氏控制南圻，號廣南王，容納忠於明朝之兵民，於廣南地方開墾荒地，助阮氏向外發展，國勢日增，儼然爲一獨立國②。至於西山阮氏文岳、文惠、文侶等兄弟，其先本乂安興元縣人，世居懷仁綏遠地方。清高宗乾隆初年，阮文岳曾任雲屯巡史，因嗜賭負欠官錢，始避居西山。阮文岳在西山聚衆攻城掠地，地方官不敢過問。阮文岳等雖極獷悍，但頗富機智，各地土豪，多聞風附從，其勢始盛，故稱新阮，以別於廣南舊阮，因其崛起於西山，是以又稱西山阮氏。

清高宗乾隆九年即黎景興五年（1744），廣南阮福闊即王位於富春即順化後，雖奉黎朝年號，但另鑄錢幣，稱爲天明通寶，復建宮殿，城外市街櫛比，商船往來不絕，富春遂成一大都會。景興二十六年（1765）五月，阮福闊卒，世子阮福昊早故，孫阮福暘年幼，權臣張福巒擁立阮福淳，專恣暴虐，民心叛離，時人稱其爲「張秦檜」。景興三十四年（1773）二月，阮文岳兄弟以討伐張福巒爲名，正式起兵，攻佔歸仁城，華人集亭率忠義軍，李才率和義軍相繼來投，掠延慶、平康等地，廣義以南悉爲西山阮氏所有。是時黎朝權臣鄭森竊藏國印，廢立世子，陰謀篡奪，惟忌廣南富強，乃誘使阮文岳侵略廣南，而欲從中漁利③。景興三十五年（1774）五月，鄭森欲乘機攻滅廣南阮氏，乃命黃五福爲統將，領士卒三萬，水陸並進，揚言援助廣南阮氏，共抗西山阮氏，而潛師夜渡大靈江，進薄鎮寧壘。鄭森以黃五福等孤軍深入，恐有不測，尋命阮廷石等留守黎京昇龍，自率大軍南下，是年十一月，鄭森入乂安，十二月，陷富春。

乾隆四十年即景興三十六年（1775）正月，阮福淳走架津，立阮福暘爲世子，稱東宮，屯俱低。二月，阮文岳自湫盆源進攻廣南，敗其守將阮文猷。鄭森部將黃五福亦踰海雲山進攻廣南，阮文岳分遣集亭爲先鋒，李才爲中軍，迎戰黃五福於錦紗，兵威甚盛，然終遭敗績，阮文岳退守板津。阮福淳以鄭森大軍壓境，乃與其族姪阮福映等乘船走嘉定④，東宮阮福暘爲阮文岳所執。惟阮文岳一面鑑於自錦紗敗後，黨衆日益離散，一面因龍湖營留守宋福洽復統兵進逼富安，爲解除腹背受敵之威脅，於是年五月當黃五福進次珠塢時，阮文岳即遣其屬將潘文歲向黃五福乞降，鄭森封阮文岳爲前鋒將軍西山校長。時廣義惡疫流行，士卒多染疫而卒，是年十一月，黃五福退守富春，其升平、奠盤二府遂爲阮文岳所據。

乾隆四十一年即景興三十七年（1776）正月，阮福暘逃歸嘉定嗣統，是爲新政王。翌年正月，阮文岳遣其將杜富雋求鄭森允其鎮守廣南，鄭森因憚於用兵，遂授阮文岳爲廣南鎮守宣慰使，於是富安、平順等地，皆爲阮文岳所有。阮文岳練兵儲餉，據守險隘，其勢益不可制。景興三十八年（1777）三月，阮文惠進兵柴棍，新政王走橙江，阮福映集東山兵四千人應援，不支，奉新政王走芹苴、龍川。七月，阮文惠侵巴越，廣南阮氏兵寡不敵衆，新政王遇害，遂滅廣南阮氏政權，阮福映乘舟獨脫。

## 三、阮文惠三陷昇龍與黎朝之覆亡

阮福映（Nguyen Phuc-anh）原名暖，又名種，乾隆二十七年即景興二十三年（1762）生，興祖第三子。徐延旭著「越南世系沿革略」謂「福映者本名種，其父某爲黎王婿，嗣廣南王位，右輔政鄭氏欺其年幼，出之於順化，後復暗使阮文惠攻滅之。黎氏有娠，逃於農耐，農耐本水眞臘舊都，即今之嘉定省也，生福映，匿於民間，及長，奔暹羅。」⑤廣南阮氏政權覆亡後，阮福映仍招聚殘衆，屢圖收復失地。景興三十八年（1777）十二月，阮福映攻克柴棍。景興三十九年（1778）正月，外右掌營芳郡公杜清仁等共尊阮福映爲大元帥，攝國政。三月，命杜清仁守柴棍，阮福映自率黎文匀等進取栗江、烏原，五月，收復嘉定。六月，遣該奇劉福徵等赴暹羅修好。景興四十一年（1780）正月二十四日，阮福映即王位於柴棍。杜清仁自恃有翊戴之功，擁東山兵，驕恣跋扈。景興四十二年（1781）三月，伏誅。次年三月，阮文岳兄弟聞杜清仁被戮，以諸將不足畏，且東山人心不安，遂率戰船數百，大舉進攻柴棍，法蘭西人幔槐（Moonnel）率西洋船力戰陣亡，阮福映逃往三埠，柴棍一帶復爲西山阮氏所有。阮福映尋命阮有瑞等假道眞臘赴暹求援，眞臘陰附西山阮氏，阮有瑞被殺，阮福映逃至富國島，以兵微將寡，阮文岳兵威甚盛，乃於是年八月造金銀花，遣該奇黎福晪赴暹結好，以爲緩急之助。

景興四十四年（1783）七月，阮福映遣人召法國傳教士百多祿（Evegue　D,Adran），攜長子景赴法求援。景興四十五年（1784）二月，阮福映赴暹借兵歸嘉定，惟暹兵驕恣殘暴，民多嗟怨，且不知地勢，是年十二月，為阮文岳兄弟所敗，阮福映復奔暹羅。

阮福映恢復勢力受挫之後，昇龍黎朝內部因政局不穩，而予西山阮氏以可乘之機。景興四十一年（1780），鄭森幽禁其長子鄭楷，次年十月，改立少子鄭檊為世子。景興四十三年（1782）九月，鄭森卒，鄭檊嗣統，乂安鎮守黃廷寶，專擅國政，鄭檊年幼多病，人情惶懼。十月，三府兵亂，殺黃廷寶，擁立鄭楷為元帥端南王，鄭檊被廢。十一月，乂安前奇阮有整欲乘京中兵亂，與鎮守武佐瑤謀據乂安自立，武佐瑤猶豫不決，阮有整浮海奔歸仁，降於阮文岳。時黎朝境內盜賊蠭起，紀綱蕩然，鄭楷欲藉扶黎王以收拾人心，惟此時驕兵控制黎朝實權，士卒逼勒官府，其移易將相，如同反掌，國事益不可為。

阮文岳滅廣南後，聲勢既盛，遂僭稱天王，自立為帝，以景興三十九年（1778）為泰德元年，景興四十七年（1786）五月，阮文岳授其弟阮文惠為龍驤將軍，節制水陸各軍，以鄭氏專政，人心不附，藉口伐鄭扶黎，分道北上，徑趨富春。鄭氏大軍，兵無鬥志，不戰自潰。六月二十六日，阮文惠軍初陷黎城昇龍，鄭楷自經死。七月十七日，安南國王黎維禶崩，皇太孫黎祁嗣位，以明年為昭統元年。七月二十九日，阮文岳入昇龍城，八月十七日，阮氏兄弟撤還歸仁。

乾隆五十二年即昭統元年（1787）四月，阮文岳於歸仁自稱中央皇帝，封阮文惠為北平王，居富春，阮文侶為東定王，居嘉定。阮文惠聲望日隆，為阮文岳所忌，兄弟不睦，自相魚肉。

十一月，阮文惠命征文仕領兵進取清花，阮有整盡發黎城兵三萬，於青厥江北岸築壘固守，因疏於設防，爲武文仕所乘，阮有整潰回黎京。十二月，阮有整收拾殘卒，擁黎維祁奔京北。武文仕入踞黎京，擒殺阮有整，縱兵擄掠，不聽阮文惠約束。昭統二年（1788）四月初六日，阮文惠自率親軍馳入黎京，昇龍復陷，計殺武文仕，以吳文楚代之，阮文惠鑑於北圻人心未附，阮文岳伺機相攻，阮福映亟圖恢復，故以崇讓公黎維禚監國，留兵八千守之，自引兵歸富春。黎氏舊臣阮輝宿等護送黎王眷屬逃至廣西龍州水口關入隘內投。七月初一日，阮文惠遣文淵州頭目黃廷球等齎表叩關進貢，表內署名阮光平。清高宗以黎氏臣服中國最爲恭順，竟被強臣篡奪，不可置之不理。十月二十八日，兩廣總督孫士毅、提督許世亨等率大軍開關啓行。十一月十九日，清軍渡富良江，二十日，克復昇龍。二十二日，孫士毅進城傳旨冊封黎維祁爲安南國王，實現興滅繼絕之理想。阮文惠爲維繫南北人心，並樹立其威望，乃自稱帝於彬山，改泰德十一年爲光中元年，且遣使致書於孫士毅，卑辭乞降。孫士毅自出關以後，所至克捷，而啓輕敵之心，疏於防範。昭統三年（1789）正月初二日，阮文惠率兵進逼黎城，人多勢盛，初五日，阮文惠驅軍進擊，以雄象百餘衝鋒，清軍馬匹四散驚逸，阮文惠乘勝掩殺，提督許世亨、總兵張朝龍、尙維昇，參將楊興龍、王宣、英林、土司岑宜棟等力戰陣亡，兵丁傷亡數千名，孫士毅遁還鎭南關。正月初七日，黎維祁亦叩關內投。阮文惠雖三陷昇龍，擊潰清軍，惟造邦伊始，人心尙未貼服，如欲號召國人，輯綏鎭撫，必須仰仗天朝封號，經清廷之承認，正名定分，取得合法地位，經阮文惠四度遣使齎表乞降，遣還被俘官兵，並將戕害提鎭兇犯正法示衆，清廷始改變態度，正式冊封阮文惠爲安南國王⑥。後黎朝自莊宗元和元年至愍帝昭統三年（1533—1789），凡十六主，計二百五十七年。

## 四、阮光纘嗣統與清廷態度之轉變

阮文惠經清廷正式冊封爲安南國王後，又於乾隆五十五年（1790）三月，遣人冒名入京祝釐展覲。《清史稿》云「其實光平使其弟冒名來，光平未敢親到也。」⑦惟據《大南實錄》所載冒阮文惠之名者係其甥范公治。其文略謂「西賊阮文惠使人朝於清。初惠既敗清兵，又稱爲阮光平，求封於清，清帝許之，復要以入覲。惠以其甥范公治貌類己，使之代，令與吳文楚、潘輝益等俱往。清帝醜其敗，陽納之，賜賚甚厚，惠自以爲得志，驕肆益甚。」⑧安南自丁李陳黎以來俱奉中國正朔，世修職貢，未嘗稍替。按清初禮部定例，安南國向係三年一貢，六年遣使入朝一次，合兩貢並進。其例貢物件係金香爐花瓶四副，計重二百零九兩，折金二十一錠，銀盆十二事，計重六百九十一兩，折銀六十九錠，沈香九百六十兩，速香二千三百六十八兩。其貢品按例折算約値跟二千一百五十餘兩，清廷例賞加賞安南國王按例折算値銀二千二百七十餘兩，其例賞加賞安南使臣及隨行人員物件約値銀八百九十餘兩尙不在此內⑨。乾隆五十七年（1792），阮文惠表請不拘前例，另酌定歲貢年限與方物件數。是年五月，軍機大臣遵旨會同禮部酌議具奏，另定兩年一貢，四年遣使入朝一次，仍合兩貢並進，其貢品得稍從節減⑩。

阮文惠在位期間，臣事清廷，虔恭殷勤。乾隆五十七年，阮文惠卒。魏源著《征撫安南記》、徐延旭著《越南世系沿革略》俱謂阮文惠卒於是年三月⑪，據署兩廣總督郭世勳奏稱阮文惠卒於是年九月，廣西巡撫陳用敷奏報阮文惠在乂安病故日期爲九月二十九日，《大南實錄》則繫於是年七月。阮文惠身故後，由世子阮光纘嗣位。阮光纘又名阮札，時年十五歲。阮文惠臨終曾囑阮光纘富春不易據守，乂安係父母國，其地險要可恃，阮文惠居乂安時曾厚築其城，以爲中都，故囑其遷居乂安，緩急可恃，阮光纘嗣統後，改年號爲景盛。清仁宗即位後，兩廣總督吉慶解到安南洋盜阮亞星等，據供「光中係景盛父親，光中病故，即係景盛接手。」光中係阮文惠年號，景盛即阮光纘所改年號，惟清廷於安南內情缺乏認識，清仁宗曾令軍機大臣寄信吉慶查詢「光中是否黎姓支裔，抑即係阮岳佔據年號，其接手之景盛是否係阮岳之子？」⑫

阮光纘沖齡襲爵，內有權臣，外有覬覦，主少國疑，高宗頗爲厪念，乾隆五十八年（1793）正月，據督撫奏報阮文惠病故後，即親製誄詩一章，遣臬司成林齎赴乂安，於阮文惠塋前焚化，並賞大哈達一個，於廣西藩庫內撥銀三千兩，令成林攜往賞給。四月初八日，成林等行至安南嘉橘地方，阮光纘率文武陪臣跪接龍亭。初十日，至昇龍城，傳旨錫封阮光纘爲安南國王。阮光纘嗣統之初，與清廷維持友好關係，往來互市，邊民俱蒙其利。初，安南黎朝末年因邊境不寧，清廷禁止內地貨物輸出安南，民用短絀，阮文惠統一安南後表請開關通市，奉旨將水口等關仍准照常貿易，並令兩廣總督福康安妥議開關通市事宜。尋議定平而、水口兩關來商，於安南高憑鎮牧馬庸立市，由村一隘來商則於諒山鎮驅驢甫立市，分設太和、豐盛二號，以，由村一隘來商則於諒山鎮驅驢庯立市，分設太和、豐盛二號，以廣東商民爲一號，廣西及各處商民爲一號。廠內置廠長一人，保護一人，市內亦置市長、監當各一人，經福康安照會安南遵照辦理。乾隆五十七年正月十五日，正式開關立市，出口貨物多係檳榔、煙茶、紙箚、缸、碗、布疋、顏料、糖、油、紬緞、藥材等類，進口貨物多係安南土產薯蓣、砂仁、大茴、交絹、竹、木等，照例免抽商稅⑬，此外銅錢、硫磺、硝石·鐵鍋釜等亦係自內地輸入安南之重要貨物⑭，惟俱係違禁貨物，按例不准輸出。阮光纘嗣統後遵例通商貿易，但自平而關出口商人必由水路先抵諒山鎮屬花山地方，計程二百餘里，且花山附近村莊稠密，添設行鋪，商民稱便，是以阮光纘稟請於花山添設鋪店，招徠平而關出口商民。乾隆五十八年八月，經署兩廣總督廣東巡撫郭世勳具奏，准其添設，其市長、監當各員即由驅驢額設人員內派往。

阮光纘嗣統後雖與清朝通市不絕，惟因洋盜猖獗，滋擾中國沿海，兩國關係日趨惡化，阮光纘以財政困難，庫帑支絀，爲採辦軍餉，竟遣商船四出劫掠，招集內地亡命，資以師船，誘以爵賞，以爲嚮導，寇擾閩粵江浙沿海，搶奪商旅，台廈海道受梗，臺灣帶運官穀商船屢因遇盜船追劫而乘風駛往天津，遂釀成海疆巨患。乾隆六十年（1795），浙江巡撫吉慶奏報平陽縣拏獲洋盜繆亞當、胡亞卯二名，俱係盜首安南人撻窟大船上夥盜。是年十二月初六日，署閩浙總督魁倫具奏所獲盜匪內有紅布紮頭之安南盜船在洋肆劫。時御史宋澍具摺亦稱蔡新寄其子蔡本俊家書內曾述及閩省洋盜充斥，並有安南船隻在內，到處搶掠，往來無忌。嘉慶初年，漳泉地方被水之後，失業貧民，出洋爲盜者益衆，其所穿衣服，間有安南式樣者。內地洋盜多以安南江坪、白龍尾等處爲盜藪。據署兩廣總督朱珪所拏獲洋盜梁宣燦供稱洋盜多在安南行劫銷賍。魁倫奏報拏獲洋盜羅阿義，據供每船俱有內地盜匪數人穿著「外夷」服飾，扮作安南人，恐嚇商旅。其所持印票係盜首王信章所發給，持此爲憑，各外洋俱准行走。王信章本係廣東人，在外國年久，其同幫盜船共有六艘，另有別幫二十餘艘。洋盜所持印票內書有「僞號」；且有「昇龍城買貨回富春」字樣。

魁倫續獲粵省盜犯陳阿澄等，內范光喜一名充安南總兵。另據羅亞三等供稱安南烏艚有總兵十二人，船一百餘號，俱受安南國王封號，其出洋行劫，阮光纘並非不知情。據《清史稿》載浙師禦海盜，値大風雨，雨中有火爇入盜船，悉破損，參將李成隆率兵涉水取礮，搜獲安南敕文，總兵銅印各四。敕文有「差艚隊大統兵進祿候倫貴利」字樣。倫貴利係廣東澄海人投附安南者，曾與舊阮戰有功，受封號。安南艇隊七十六艘，分前中後三支，倫貴利統帶後支，其四銅印，倫貴利自佩其一，餘三印由其他三總兵佩帶。

閩省所獲安南總兵艇匪范光喜曾供述阮文惠既代黎氏，阮文惠死，傳子光纘，時與舊阮搆兵，而軍費又苦不給，故差艚隊肆掠於洋。嘉慶元年（1796）八月初三日，軍機大臣和珅寄信魁倫等，令其照會安南國王阮光纘，告以「閩粵洋面，現在拏獲艇船盜匪，多係夷人服飾，內中或有內地匪徒，假扮外夷服飾，固所不免，而現獲盜匪所持印票內有昇龍城富春地名及安南印記，其爲爾國匪徒勾同劫掠，已有確據。因思國王向沐大皇帝重恩，若遽行具奏，恐於國王多有未便，是以暫緩入告。但爾國洋匪不特在粵洋肆劫，甚至駛入閩省洋面，國王若不嚴行禁戢，必致盜風日熾，勢不能不據實奏聞。前任督部堂朱，因其辦理洋盜不能實力搜捕，業經降旨飭令回京，治以應得之罪，特命本部堂吉接任兩廣總督，與本部堂魁會同緝拏。本部堂等俱屬滿洲大臣，前國王入覲時曾經在京接晤，同朝趨直，是以先行照會，以便國王查明究辦。想此等匪徒闌入內地洋面行劫，執有印票，國王未必深知，自係爾國鎭目不能嚴行管束，致有此事，但國王父子世受天恩，至優極渥，必當詳加查察，嚴飭鎭目等協力搜擒，究出首夥主名及窩聚處大加懲創，俾盜匪聞風歛跡，亦不負天朝高厚恩施，內地與爾國海道相通，洋面各有定界，此後爾國盜匪如再至內地洋面行劫，一經拏獲，必當立正刑誅，毋謂言之不預。況國王備位藩封，大皇帝優加恩眷，與天朝封疆大臣並無區別，爾國百姓亦即係天朝子民，遇有此等莠民，皆當無分畛域一律懲辦，即或內地盜匪有在爾國洋面劫掠者，爾國亦不妨拏獲仍行正法，轉不必解送內地，至有疏縱，如此互相查緝，海洋自可肅清，國王亦可茂承恩眷。」⑮魁倫與吉慶聯銜照會阮光纘飭查，將搜出印票一併寄交阮光纘閱看，並詢以印票給自何人，作何行使，令其先行咨覆。嘉慶二年（1797）正月十四日，吉慶等接准安南國王阮光纘咨文二件，略謂已遵飭弁員悉力勦捕，並稱所獲印票係「農耐鎮寧地方賊渠僞稱嘉興王、昭光王聽給寇賊爲其羽翼，捏出印票以嫁惡聲。」阮光纘差委丁公雪等率師船，巡查洋面，捕殺甚衆。嘉慶二年三月二十四日，廣東廉州府知府張增等據稟丁公雪解送盜犯黃柱等六十三名，盜船二艘，並將江坪地方盜匪房屋一百餘間盡行拆毀，三月二十六日，丁公雪將所獲盜犯解送天南橋地方交張增接收⑯。五月初一日清廷復敕諭阮光纘，仍當飭令所屬員弁，悉力巡防，務使洋盜肅清，以安商旅而靖海疆。

乾隆末年嘉慶初年，白蓮教與天地會起事案件層出不窮，乾隆五十二年（1787）七月，天地會員何喜文曾以兵船往投安南，阮氏父子亦收容天地會黨。乾隆五十三年（1788），清軍平定臺灣林爽文之亂以後，東南沿岸治安之惡化漸趨顯著，廣東省西部、附近安南洋面海盜之活動益加猖獗，清廷早疑海盜與阮文惠政權互相勾結⑰。阮光纘與阮福映屢戰不勝，在安南窩藏之內地民人陸續投出。嘉慶四年（1799）八月，吉慶奏報廣東蛋民方維富帶同盜夥梁文科等十八名自安南投出。嘉慶六年（1801）十月，據廣東廉州府知府常格稟稱盜首陳添保帶領夥盜男婦至欽州投首，吉慶即飭令將陳添保等解省審訊。據供陳添保係廣東新會縣人，捕魚遭風，漂至安南，於乾隆四十八年爲阮文惠擄去，封爲總兵。陳添保繳出安南銅印一顆，敕書四件，俱係安南官名。十一月十四日，寄信上諭內謂積年洋盜滋擾，皆由安南窩留所致。阮文惠在日，已將內地民人擄去，加封僞號，縱令其在洋劫掠，喪心蔑理，實非人類。至安南敕書內有「視天下如一家，四海如一人」字樣，仁宗斥其爲「夜郎自大」。仁宗又諭稱「若論其種種狂悖，本應聲罪致討，惟該國現與農耐搆兵，轉不值乘其危急，加以撻伐，揆諸天理，該國滅亡亦在旦夕，更無庸以文誥化誨，亦毋庸給予照會。」阮光纘父子蒙清廷冊封爲安南國王，身受重恩，竟縱令盜匪在洋擄掠，終於促使清廷對安南態度之轉變，當阮福映假借外力大舉北伐，阮光纘政權面臨崩潰之際，清廷竟幸災樂禍，置之不顧，無意於字小存亡興滅繼絕之道，目睹朝貢屬國之覆亡而弗救。

## 五、阮福映復國與阮光纘之敗亡

阮福映流亡暹羅後，仍矢志恢復舊疆，日夜翹足以待法軍來援。乾隆五十二年（1787）七月，阮福映自暹返國。百多祿攜阮福映長子景至法國，游說法王，請助阮福映復國，而以安南爲基地與英人相抗衡⑱。乾隆五十四年（1789）六月，阮福映長子景等與法國簽約後返安南。阮福映整軍經武，積極備戰，購買西洋兵器，製造各式戰船，開放通商，籌措軍餉，延聘西洋軍官訓練水師，伺機進取。乾隆五十八年（1793）四月，阮福映率軍圍攻歸仁城，阮文岳不支，於是年八月遣人至富春告急，阮光纘遣太尉阮文興等率步兵一萬七千餘人，象八十隻赴援，兵盛強盛，阮福映恐腹背受敵，遂退回嘉定。尋阮文岳卒，其子阮文寶與阮光纘疑忌益甚，互不相容，阮光纘內部亦起內訌，政局不穩，太師裴得宣係阮光纘之舅，曾受遺詔輔政，生殺予奪，怨聲載道。乾隆六十年（1795）五月，爲司寇武文勇所殺，諸將樹黨殘殺，舊臣宿將多被誅戮，阮光纘不能約束，人心日益離散。是年七月，阮福映乘機克延慶城。嘉慶元年（1796），阮福映納欽差都統招討使杜文徵之言，先襲取廣南，佔據地利，以絕歸仁援路。嘉慶四年（1799）二月，阮福映遣使赴暹羅借兵，請調眞臘萬象兵從上道下乂安，以助其聲勢，使阮光纘腹背受敵，不暇爲謀。是年三月，阮福映再度大舉伐歸仁城，城中兵少食盡，於是年六月克其城，改其城爲平定城。嘉慶五年（1800）五月，取會安堡。六月，上道將軍阮文瑞等率萬象國兵攻克乂安。嘉慶六年（1801）正月，大敗阮光纘水師於施耐海口。三月，連克茶曲、富霑，水陸並進，克復舊京，於是年五月馳抵富春，阮光纘棄城北走昇龍，阮福映入城，查出印信十三顆，敕書三十三道。阮福映命黎質率步兵追擊阮光纘，並飭肇豐、廣平二府懸賞購拏阮光纘黨衆，尋拏獲阮光纘弟阮光綱、阮光緒、阮光奠等。

清廷雖密切注視安南內情之變化，惟仍持觀望態度。嘉慶四年，當阮福映伐歸仁時，有阮祐定等因遭風漂入粵洋⑲，懇請賞給米食，放回嘉定。兩廣總督吉慶略加撫卹後放還安南。嘉慶六年二月，廣東順德縣民人趙大任領取牌照，前往崖州貿易，被風漂至會安，阮福映差人將趙大任喚至富春，代爲修船，給與口糧。是年七月，趙大任在富春面晤阮福映時，阮福映交給文稟，令其帶回廣東。稟詞內除感謝兩廣總督賞給阮祐定等口糧外，復云「將來金革稍閒，續遣陪价將國內事情一併申曝，幫護成就，上邀天眷」等語⑳。是年九月十七日，吉慶抄錄阮福映原稟及趙大任供單呈覽，並具摺稱「外番爭鬥，與內地無涉，原可置之不問，況安南國王阮光纘尚稱恭順，曾受恩封，現在移住昇龍城。今與伊爲敵之農耐，雖帶有文稟來粵呈遞，臣等未便覆給札諭，致起釁端。查農耐兵強，已搶得安南富春等處，將來如果全得安南地方，遣有陪价來時，臣等察看情形，詳加確訪，再行具奏，恭請皇上訓示遵行。現在正當兩相爭奪諸事未定之時，似不宜稍存偏向，致滋釁端。」阮福映資助趙大任返國，遞呈文稟之意，不過欲求督撫嘉其友善，希冀奏明皇帝，以邀清廷恩助，仁宗亦以吉慶所辦甚是，並諭吉慶當持以鎮靜，不必過問。十一月二十日，吉慶等欽奉上諭擬寫箚諭，覆給阮福映。略謂「上午卹賞該國難番，係屬天朝綏撫各國外夷常例，並未奏聞大皇帝聖鑒，今民人趙大任漂至爾國，照料回粵，並帶有文稟，本部堂深悉爾國感謝之忱。但上年撫卹爾國難番之事，既未具奏，此時爾國稟詞亦不便代爲奏達。」②易言之，屬國內政，天朝不便過問，故飭令督撫出面辦理，視爲地方化之事件。

安南定例兩年一貢，四年遣使入朝一次，仍令兩貢並進。嘉慶五年（1800）庚申，係安南貢期，阮光纘先於嘉慶四年恭繕進貢表文，遣陪臣齎送進關，廣西巡撫台布代爲進呈。奉旨「此次預進庚申年例貢，著同上次應行併進例貢，俱於壬戌年應進例貢時一併呈進。」壬戌年即嘉慶七年（1802）。惟據廣西太平府知府王撫棠稟稱嘉慶六年九月十三日，遞到安南國王阮光纘進貢表文二道，咨呈二件，其表文一係例貢表，一係預進甲子年貢表。阮光纘以甲子年即嘉慶九年（1804）例貢去壬戌年不遠，故具表奏請一體上進，其咨呈則係移請兩廣督撫會同代奏之文，奉旨准行。廣西巡撫謝啓昆即行知阮光纘欽遵辦理，阮光纘覆文定於嘉慶七年五月中抵鎮南關，並開送貢使及隨行人員名單。是時新州、富春等地相繼失陷，昇龍亦岌岌可危，阮光纘亟於求援，故豫修職貢，四貢併進。

安南保樂州與廣西鎮安府連界，嘉慶五年，黎氏舊臣農福連帶領保安州民人及錫鉛廠徒二千人響應阮福映，嘉慶六年九月二十日，攻克牧馬鎮後，分兵三路進攻黎京昇龍城。是年十月，阮福映命阮文誠進攻紙爐堡，乘勝長驅新安江，旋拔灰窯堡，安南大都督黎廷正乞降。十一月，阮福映毀阮文惠墓，斲棺戮屍，梟其首於市，其子女族人及將校三十餘人俱凌遲。嘉慶七年（1802）正月，阮福映移駐洞海，阮光纘水師潰敗，遂走東皐，渡靈江，其將阮文堅等率衆降，阮福映進據清河堡。三月，擒斬阮文岳三子，改嘉定府爲嘉定鎮，修築皇城。五月初一日，行即位禮，建元嘉隆，以戶部尙書鄭懷德爲正使，兵部右參知吳仁靜、刑部右參知黃玉蘊爲副使，齎國書方物，所獲清廷錫封阮光纘父子勅書印信及洋盜莫觀扶、梁文庚、樊文才等至廣東虎門投交。阮福映採用「嘉隆」二字爲年號，史家說法不一。陳威信撰〈越南國名考〉稱「當越使赴中國磋商國名之時，値嘉慶帝甫繼乾隆登極，朝臣乃疑越皇嘉隆二字有意套用嘉慶與乾隆二帝之名，遂責問來使，後經越使黎光定一番闡釋，謂越皇統一全國，啓自嘉定，以至昇龍（今河內），取其統一全國之義，然阮朝僅將龍字改爲隆耳。」㉒易言之，嘉隆二字之定義，係因地得名，並非有意套用乾隆嘉慶之年號。惟阮福映即位建元，早於攻克昇龍之前，尙未統一全國。至於改龍爲隆則出自清朝往來文書，阮福映統一安南後，黎京即河內仍書作昇龍。據盛慶紱纂《越南地輿圖說》稱「越南阮氏初入農耐，選嘉定永隆民兵復國，甚得其力，得國後不忘所自，故以嘉隆爲年號。」㉓《清史稿》亦云「阮福映之得國也，藉嘉定永隆兵力居多，乃取二省爲年號，曰嘉隆。」㉔永隆省即舊永清鎮，在嘉定西北，本爲柴棍舊地，係阮福映復國根據地。

阮福映兵力強盛，所至克捷，法人、暹羅、眞臘、萬象等俱助阮福映，阮光纘兵微將寡，屢戰屢敗，遣使求援於清廷，惟清仁宗態度冷寞，曾諭兩廣督撫云「蝸爭蠻觸，與中國何涉，但固我邊圉，靜以待之。」嘉慶七年五月十七日，阮福映命各路水陸同時並進。二十七日，進兵橫山，安南都督阮文五等潰散。二十八日，克河中。二十九日，克大奈。六月初一日，擒獲阮光纘弟阮七。初五日，克楊舍，擒獲阮光纘弟阮光盤等。初十日，克清華。十四日，圍攻昇龍城，十七日，克之，阮光纘與其弟阮光維、阮光紹、阮光垂及司馬阮文用、阮文錫等走昌江，夜駐壽昌寺，從者皆散，阮光垂走至船頭地方被追甚急，自刎死。阮光纘等為村民所執，檻送昇龍城後被戮，二十一日，阮福映入昇龍城㉕。新阮自阮文惠稱帝改元至阮光纘兵敗被俘，凡二主，共歷十五年而亡，至是安南全境計四鎭、四十七府、一百五十七縣，四十州，悉為阮福映所平，全國復歸統一。

## 六、阮福映遣使進貢與中越關係之重建

清廷於安南內訌甚表關切，曾屢飭督撫隨時奏聞。嘉慶七年七月十八日，軍機大臣遵旨寄信兩廣總督吉慶，詢以「農耐係何人主事，其兵力究竟若何？」嘉慶七年八月初八日，廣西巡撫孫玉庭接准寄信上諭，略謂「外夷自相吞噬，原與內地無涉，如果阮種有納款請封之事，或另有別意，該督等再行奏聞候旨辦理。」在昇龍失守之前，阮光纘所遣貢使業已啓程，嘉慶七年五月二十一日，安南貢使及隨行人員共二十五人進關，六月十八日，至梧州，七月初二日，抵廣東三水縣。昇龍既失，藩封不守，安南貢使未便令其進京，清仁宗諭督撫令貢使轉回鎭南關。七月十四日，

據吉慶奏報阮福映所遣陪臣鄭懷德等縛送洋盜安南總兵莫觀扶，梁文庚、樊文才三名至粵。據供莫觀扶籍隸廣東遂溪縣，乾隆五十二年間往清瀾山砍木被盜擄捉入夥，隨同行劫。乾隆五十三年，又同洋盜鄭七出洋搶掠。安南總兵陳添保招莫觀扶、鄭七等投順安南，俱封總兵。嘉慶元年，莫觀扶先後劫得大小船十七隻，聚衆千餘人，曾殺死閩省洋盜黃勝長等六百餘人，安南國王見其驍勇，封爲東海王。嘉慶六年，莫觀扶與梁文庚等率船九隻於富春洋面與阮福映水軍作戰被擒。梁文庚籍隸新會縣，五十三年，經陳添保招其投順安南，封千總，嘉慶五年，安南國王見其作戰出力，封爲總兵。樊文才籍隸陵水縣，乾隆五十三年，投入安南，封指揮，五十五年，晉封總兵。莫觀扶等三名俱供先後在江浙閩粵沿海劫擄殺人多次，經審明定擬，比照大逆凌遲律凌遲處死。嘉慶七年七月，阮福映遣使臣黎正路、陳明義等具稟詣關，因未諳天朝禮節，懇求指示，「俾小番早蒙天朝字小之恩，奠安南服。」阮福映雖假外力擊敗阮光纘，統一安南全境，惟造邦伊始，人心尙未貼服，安南歷丁、李、陳、黎、阮諸朝，虔修職貢，阮福映若欲取得合法地位，鞏固其政權，必須仰仗天朝冊封，經清廷正式承認，是以阮福映兩次遣使納款。八月十一日，兩廣總督吉慶以其稟詞恭順，即具摺奏聞。八月二十日，軍機大臣遵旨寄信廣西巡撫孫玉庭等將阮光纘貢使就近於廣東拘禁，阮福映兩次使臣可令其一同進京。鎭南關內有昭德台，係向來接見安南使臣之處。阮福映既蒙允其納款，孫玉庭即於八月二十一日奏請應令其使臣至昭德台聽候宣諭。是日，吉慶接奉廷寄知照廣西巡撫令請封貢使仍由粵東行走，與前次使臣鄭懷德等會同進京。

阮福映自乾隆四十五年（1780）即位於柴棍，其後廣南失陷，流亡暹羅，借外力返國，至嘉慶七年（1802），統一安南全境，轉戰二十餘年之久，清廷曾屢飭臣工查訪奏聞，惟督撫摺奏，彼此互歧，於阮福映或書阮種，或稱農耐，於安南新舊阮氏之關係，尤缺乏認識。嘉慶七年八月二十一日，軍機大臣遵旨寄信吉慶，令其查明阮種是否即係阮福映，事關冊封大典，屬邦國王姓氏不可不詳。是時鄭懷德縛送洋盜莫觀扶等至粵後，候旨進京。惟吉慶具摺覆稱「風聞阮種係阮光纘之兵部尙書，將阮光纘拏獲，縛送阮福映。」竟指阮種與阮福映爲兩人，孫玉庭等則以阮種與阮福映爲同一人，且阮光纘貢表內亦稱「年來有逋寇阮種據農耐地方爲梗」等語，阮種與阮福映顯係一人，阮種爲阮光纘兵部尙書之說，全係訛傳，至於農耐，則係地名，一作龍奈，即祿賴，又作潦瀨，亦即《宋史》所稱蒲甘國㉖。

阮福映貢表內雖自稱「南越國王」，惟表詞恭順，故准其使臣入京進貢。嘉慶七年八月初六日，軍機大臣字寄吉慶，略謂「從前阮光平款關內附，極爲恭順，我皇考鑒其悃忱，錫以封土，阮光平感被殊榮，躬親詣闕，皇考恩禮有加，駢蕃錫賚，顧以阮光平克矢畏懷，始得仰承寵遇。迨阮光纘嗣服交南，復頒勅命，俾其世守勿替，乃近年以來，閩粵二省洋面盜船內間有長髮之人，聞係該國縱令出洋入夥行劫。阮氏父子世受國恩，不應若此，朕未肯輕信，即加詰責，尙以長髮匪徒，或係該國貧民，隨盜入夥，曾降旨諭飭禁查拏，總未見該國擒獻一人。今阮福映縛至莫觀扶等三名，訊取供詞，均係內地盜犯經該國招往投順，或封爲東海王，或封爲總兵等僞職，仍令至內地洋面行劫商旅，是阮光纘不但不遵旨查拏，而且窩納叛亡，寵以官職，肆毒海洋，負恩反噬，莫此爲甚。至勅書印信，頒自天朝，名器至重，尤當敬謹護守，與國存亡，乃阮光纘不知愼重，於阮福映上年攻取富春時，輒行捨棄潛逃，其罪亦無可逭。」㉗清廷以阮光纘辜恩納叛，遺棄勅印，獲罪至重，爲天理所不容。至於阮福映專遣使臣恭繳勅印，並縛獻逋盜，進表納貢，深得事大之體，具見至誠。八月初六日廷寄內又稱阮福映邦家未定，又非素備藩封，揆之天朝體制，尙不應在職貢之列，若遽納貢獻，實與體制不合，故諭令吉慶將黎正路等暫行遣回，方爲得體。九月三十日，廣西巡撫孫玉庭至鎭南關昭德台，將黎正路等傳至昭德台，飭諭黎正路等返國告知阮福映，准其遣使納款，惟須將撫有安南全境得國納款輸誠各緣由縷敘顚末，虔修請封表文，敬備貢品，另行遣使恭賫到關候命。是時，廣東惠州博羅會黨滋事，勢力猖獗，總督吉慶等專辦攻勦事宜，故令將初次貢使鄭懷德等改由廣西行走。黎正路等於十月初九日返回昇龍，阮福映先已前往富春省視其母，黎正路等復兼程趕赴富春。是年十一月，阮福映以兵部參知黎光定爲兵部尙書，充正使，吏部僉事黎正路、東閣學士阮嘉吉充甲乙副使，恭賫表文貢品，詣關請封。其貢品計：琦喃二斤，象牙二對，犀角四座，沈香一百斤，速香二百斤，紬紈絹布各二百疋。其表文請改定國號爲南越。略謂「先代闢土炎郊，日以浸廣，奄有越裳、眞臘等國，建號南越，傳繼二百餘年。今掃清南服，撫有全越，宜復舊號，以正嘉名。」十二月十八日，廣西巡撫孫玉庭奏報到京，進呈請封表文，清仁宗即交大學士會同六部尙書議奏，並令軍機大臣寄信孫玉庭，貢使黎光定等進關後即令其前赴省城，與初次使臣鄭懷德等會齊由臬司公峨伴送詣闕㉘，惟於表請改易國號一節，則不以爲然。是月二十日，清仁宗諭軍機大臣，略謂「昨據孫玉庭奏進阮福映請封表文，朕詳加披閱，所請以南越二字錫封一節，斷不可行，南越之名，所包甚廣。考之前史，今廣東、廣西地界，亦在其內。阮福映邊徼小夷，此時即全有安南，亦不過交阯故地，何得遽稱南越，安知非欲夸示外夷，故請易國號，先爲嘗試，自應加以駁斥。」㉙清仁宗令軍機大臣代擬檄諭一道，並將原表發交孫玉庭退還貢使。孫玉庭遵旨照會阮福映，令其仍以安南國號請封。孫玉庭傳見在省貢使，諭其遵照辦理。據貢使稱，其國長阮福映實不知南越二字與古時內地同名，又因從前黎阮以安南名國，皆不久長，是以欲懇沿襲舊稱。阮福映接到照會後覆稟仍請錫封南越國號，略謂其國本係先有越裳之地，後併有安南全壤，故不願襲用安南舊名忘其世守。嘉慶八年（1803）四月初六日，清廷令孫玉庭徼諭阮福映，告以前次貢表請封國號名義與徼外封域未協，未敢冒昧具奏。此次來稟詳述建國始末，請錫新封，已據情奏聞，奉旨，褒賜「越南」二字，以「越」字冠於上，仍其先世疆域，以「南」字列於下，表其新錫藩封，且在百越之南，與古所稱南越，不致混淆，稱名既正，字義亦屬吉祥。孫玉庭一面遵旨照會阮福映，一面委員伴送貢使恭齎表貢進京。陳威信撰〈越南國名考〉文中云「西元1802年（嘉慶七年），嘉隆皇遣使至中國求封，清廷以中國已有南越地名，越南實不便再稱爲南越，以防易於混淆。故越使僅至桂林，未予引領入朝而返。嘉隆皇聞奏，立即召集群臣商討善策，大臣阮登礎倡以越南爲名，衆和之。登礎爲北方北寧省人，主張將南越改爲越南之最力者，取其在古越國之南之義。大臣黎光定（詩人）、鄭懷德、吳仁靖等爲南方人，則倡議將國號繡於國旗之上，嘉隆皇爲越南中部人，遂歸納各人意見，決採用越南一名，而自此南、中北越統一之象，益見明確焉。」㉚案鄭懷德係阮福映初次所遣正貢使，吳仁靖係吳仁靜之訛，爲副貢使之一，另一副貢使名黃玉蘊，俱奉旨由廣東至廣西會同所遣貢使黎光定等進京納貢，是時俱不在安南。阮光纘二次進表，俱請錫封南越，其改南越爲越南，實出清朝廷議，並非倡自阮登礎等人。據《大南實錄》所載，「清帝初以南越與東西粵字面相似，欲不之許，帝再三復書辨析，且言不允，即不受封。清帝恐失我國意，遂以越南名國。」㉛易言之，阮福映始終堅請錫封南越國名，實非歸納群臣意見，主動採用越南一名。

嘉慶八年六月二十六日，清仁宗諭內閣，正式改安南國爲越南國，令欽天監衙門於頒行時憲書內將安南二字改爲越南，通飭直省督撫等嗣後繕摺行文時不得復稱阮福映爲農耐。清仁宗並遣廣西按察使齊布森將新頒勅印帶同越南貢使齎捧出關，前往越南行冊封禮，宣示詔旨，頒給勅印。越南正副貢使六員，錄事三員，行人六員，書記、通事等共二十八名，於八月初五日行抵熱河覲謁仁宗，賜宴如例。八月二十一日，至京師，其貢品於仁宗回鑾後在圓明園呈覽，所有例賞加賞貢使物件，於是月二十二日在午門前頒給，照例筵宴二次。二十四日，啓程返國。其應頒給阮福映誥勅印信，由太平府同知陸受豐齎至廣西省城交給齊布森㉜。嘉慶九年即嘉隆三年（1804）正月，齊布森齎誥勅國印及賞賜物品至昇龍。是月十三日晨，於敬天殿行宣封禮，頒發誥勅及印信。其例賞國王阮福映物件計：蟒緞、粧緞、錦緞、漳絨、閃緞各八疋，線緞、春綢各二十七疋。加賞物件計；蟒緞、粧緞、閃緞、錦緞各四疋，磁器、玻璃各四件，絹箋四卷，筆墨各四匣，硯二方，漆器四件，茶葉四瓶，漆桃盒四件，磁鼻烟壺四件，螺甸漆檳榔盒二件。齊布森歸國時，阮福映令候命使陳光泰等護送入關，並以黎伯品爲正使，陳明義、阮登第爲甲乙副使，齎方物詣闕致謝。二月十七日，阮福映謁太廟，頒詔改國號，內外往返文書俱以越南名國，廢安南舊號。並通告暹羅、呂宋、眞臘諸國。

## 七、結　語

明末清初，安南黎莫二氏仍然對立，莫氏據東京自立，黎氏偏安西京，賴舊臣阮淦與鄭檢之護持，王權得以不墜。明神宗萬曆二十年（1592），黎氏收復東京，莫氏遷高平，從此一蹶不振。鄭檢之子鄭松因功獨攬大權，阮淦之子阮潢不滿，萬曆二十八年（1600），起兵攻鄭氏，不克，退據廣南，自立爲王，安南形成南北對立。清高宗乾隆年間，西山阮氏崛起，鄭氏誘其攻滅廣南阮氏，阮文惠旋乘黎氏權臣鄭棟兄弟內爭，領兵陷東京，黎維祁出奔，黎王舊臣眷屬窘迫內投，款關籲救。清高宗以春秋伐叛之義，遣大軍聲罪致討，扶持黎王復位，實現濟弱扶傾、興滅繼絕之理想。惟清軍小勝而驕，疏於戒備，爲阮文惠所乘，清軍潰退。阮文惠抗拒於前，輸款於後，經四度乞降，清高宗始允其請，冊封阮文惠爲安南國王。阮文惠雖統一安南，然而未能澈底消滅廣南阮氏勢力，清廷亦未能自始至終扶植西山阮氏。阮光纘嗣統後，廣南阮氏族裔阮福映假借外力以復國。是時清朝教匪倡亂，會黨活躍，內亂方殷，無暇他顧，興滅繼絕，字小存亡之道，避而不談，而以阮光纘辜恩納叛爲口實，嚴詞申斥。是以當阮福映領兵北伐，攻陷昇龍，俱未受清廷聲罪致討。清廷態度之轉變，實繫於新舊阮氏勢力之消長，西山阮氏之覆滅，與黎氏之失守藩封，如出一轍，天命已去，亡不旋踵。阮福映遣使納貢請封，嘉慶九年（1804）正月，清仁宗遣廣西臬司齊布森赴昇龍，正式冊封阮福映爲越南國王，廢安南舊號，誠所謂「傾覆栽培，無非因材而篤。」越南自阮潢據廣南自立至清廷冊封阮福映，其間分裂達二百零五年，至是始告統一，結束長期分裂。

中越邦交既已重建，黎阮曲直，亦不值深究。阮文惠三陷昇龍，隨同黎王內投之舊臣眷屬，俱分別安插於內地。嘉慶七年，阮福映議遣貢使進京時，黎氏舊臣黎侗之子黎允倬聞信後，即稟請隨行進京探視其父。初，黎侗隨黎維祈內投後，與李秉道等編入京師佐領內，居住於藍靛廠。嘉慶八年七月，貢使黎光定等入京。七月十五日，黎倜往祭黎王墳塋，乘間至蘆溝橋一帶行走，途遇阿姓蒙古人，告知越使進京，黎倜即向火器營參領寶善懇假三日。七月二十五日，貢使行抵涿州，次日，黎倜前往涿州迎接貢使，向其子探問家信，因此引起清廷及貢使之注意。九月初十日，軍機大臣遵旨詢明內投黎氏舊臣，俱情願回國。並寄信廣西巡撫孫玉庭，傳諭按察使齊布森於錫封阮福映時，詢以是否願意收留黎氏舊臣。是年十一月，據兩江總督陳大文奏報於乾隆五十五年安插江寧之安南人有閉阮傣等三十三名，呈請放　　□回，黃廷球等二十名，因與阮文惠父子有仇，初不願返回，旋亦呈請放回。嘉慶九年二月十二日，軍機大臣將安插京師、熱河及發往奉天、黑龍江、張家口、伊犁等處安南人繕寫清單呈覽，並行知各處就近資送廣西，交與孫玉庭分遣回國。據辦理軍機處所開清單，其編入京師旗分者計：佐領黎維祩，妻一，子二。驍騎校范陳僖，領催黎維溥、丁令卬、丁武堂、丁武絛、黎允全。馬甲阮嚴等二十名。敖爾布丁武都等二名，養育兵黎維湛等十名，原任佐領黎維祁之妻阮、丁氏二名，女黎氏一名，內監阮春海等三名，婦人二十八口，幼女十五口，僕子二名；交火器營管束者計：馬甲黎倜、鄭憲、黎值、李秉道四名，以上共九十七名；安插熱河者計支食半餉之黎光睿等二十名，妻女十二名；發往奉天者有黎忻一名；發往黑龍江者有范如松一名；發往張家口者有阮國棟一名；發往伊犁者計黃益曉等三名，以上三十八名，係於乾隆五十六年因教唆黎維祁懇請返國分別發遣，另有阮世登一名，因酗酒滋事，於嘉慶七年發遣黑龍江㉞。其在京師安南人，自二月二十九日起分作三起間二日行走回越，其已故國王黎維祁骸骨亦攜回越南。發往熱河、張家口之安南人作爲第四起於三月初九日自京起程。黎氏舊臣眷屬出亡十六年之久，至是俱行放回，備極艱苦。嘉慶十年二月，阮福映召見返國之黎氏舊臣黎維祐等，厚賜衣物錢米，尋授鄭憲、李秉道爲侍中學士，餘亦授職有差。

法人助阮福映復國，法國勢力相隨入越，法籍客卿與顧問，遍佈政府各重要機構，法籍傳教士亦獲得深入內地傳教之自由㉟。阮福映卒後，由明命王嗣位，阮福映臨終前，曾囑明命王保護孔教、佛教與基督教。惟明命王篤信儒家思想，繼位之後，即恢復越南一貫禁教政策，驅逐傳教士，反法情緒極爲高昂，法人相助，本欲得到報償，取得傳教自由及商業特權，結果越南反而驅逐傳教士，排除法人勢力，終於引起法越衝突。明命王在位期間，法國屢次遣使至越南，要求越南履行條約義務，並訂定商業條約，明命王俱予以峻拒。惟法越既簽定同盟條約，法國已獲得插足安南之藉口，阮福映接受法國援助，不惜引狼入室，中南半島遂從此多事，清末中法越南之役，此時已肇其端。

【註 釋】

① 岩村成允著，許雲樵譯《安南通史》（新加坡，星洲世界書局，1957年11月），頁167。

② 浩爾（D.G. E. Hall）著，黎東方譯《東南亞通史》（A History of South-East Asia）（臺北，中華文化出版事業委員會，民國五十五年五月）。

③ 魏源著《聖武記》（臺北，世界書局，民國五十九年六月），卷五，頁186。

④ 一說阮福淳以鄭軍入廣南乘船欲走嘉定時遇風覆沒而卒。見《安南通史》，頁173。

⑤ 徐延旭著《越南世系沿革略》，見《小方壺齋輿地叢鈔》（臺北，廣文書局），第十帙，頁86。

⑥ 莊吉發撰〈清高宗冊封安南國王阮光平始末〉，《故宮文獻季刊》，第二卷，第三期（臺北，國立故宮博物院，民國六十年六月），頁15。

⑦ 《清史稿》（香港文學研究社），越南傳，頁1654。

⑧ 《大南實錄》（日本，有鄰堂，昭和三十六年三月），卷四，頁33，庚戌十一年三月。

⑨ 《安南檔》（臺北，國立故宮博物院），嘉慶元年正月初七日。

⑩ 《文獻叢編》（臺北，臺聯國風出版社，民國五十三年三月），下冊，安南檔，頁4。

⑪ 《小方壺齋輿地叢鈔》，第十帙，頁85—120。

⑫ 《清仁宗睿皇帝實錄》，卷一三，頁16，嘉慶二年正月戊辰。

⑬ 《明清史料》（臺北，中央研究院歷史語言研究所，民國四十七年四月），庚編，第三本，頁203，乾隆五十七年三月初二日，郭世勳等奏摺移會抄件。

⑭ 宮崎市定著《亞細亞史研究》（日本，同朋舍，昭和四十九年三月），第二冊，頁514。

⑮ 《安南檔》，嘉慶元年八月初三日，寄信上諭。

⑯ 《宮中檔》（臺北，國立故宮博物院），第2706箱，16包，2368號，嘉慶二年四月二十四日，張誠基奏摺。

⑰ 山本達郎編《越南中國關係史》（東京，山川出版社，1975年12月），第七章，第八節，清阮兩朝關係之成立，頁457。

⑱ 穩葉君山著，但燾譯訂《清朝全史》（臺北，中華書局，民國四十九年九月），頁93。

⑲ 按「阮祐定」，清朝督撫奏摺及官書作「阮進定」，《大南實錄》作「該隊阮祐定」，此從《大南實錄》。

⑳ 《宮中檔》，第2712箱，50包，6175號，嘉慶六年九月十七日，吉

慶等奏摺。

㉑　《宮中檔》，第2712箱，52包，6722號，嘉慶六年十一月二十日，吉慶奏摺。

㉒　陳威信撰〈越南國號考〉，《東南亞學報》，第一卷，第二期（民國五十四年九月），頁16。

㉓　盛慶紱纂《越南地輿圖說》，見《小方壺齋輿地叢鈔》，第十帙，頁111，按越南改昇龍爲昇隆，事在嘉慶十年八月。

㉔　《清史稿》，屬國傳，頁1654。

㉕　《大南實錄》，正編，卷一七〇，頁21，嘉隆元年六月庚申，阮福映布告中外詔。又據文淵州守關頭目梁榮達稱，阮光纘於十七日在埔毯被獲。十八日，阮福映入昇龍城。盛慶紱纂《越南地輿圖說》，誤以阮光纘兵敗後自殺。

㉖　盛慶紱纂《越南地輿圖說》，見《小方壺齋輿地叢鈔》，第十帙，頁113。

㉗　《宮中檔》，第2712箱，61包，8845號，嘉慶七年八月初六日，寄信上諭。

㉘　《上諭檔》（臺北，國立故宮博物院），嘉慶七年十二月十八日，寄信上諭。

㉙　《清仁宗睿皇帝實錄》，卷一〇六，頁25，嘉慶七年十二月丁巳。

㉚　陳威信撰〈越南國號考〉，《東南亞學報》，第一卷，第二期，頁16。

㉛　《大南實錄》，正編，卷二三，頁2。

㉜　《明清史料》，庚編，第三本，頁219，禮部奏越南陪臣到京頒賞物件等由移會。

㉝　《上諭檔》，嘉慶九年二月十二日，安南人數清單。

㉞　吳俊才著《東南亞史》（臺北，中華文化出版事業委員會，民國五十二年），頁96。

# 邵友濂與臺灣經營

## 一、前言

臺灣與閩粵內地，僅一水之隔，是東南沿海的屏障。在史前時期，中原文化已傳播臺灣，歷代以來，篳路藍縷，經之營之，開物成務，已立丕基。有清一代，以臺郡爲海外要地，特設重鎮，中法之役後，改建行省，首任巡撫劉銘傳，正經界，籌軍防，興交通，勵教育，綱舉目張，政績卓著。邵友濂繼任巡撫後，清賦改則，整頓吏治，加強防務，籌措經費，對臺灣的經營，功不可沒。

## 二、邵友濂與臺灣經營

邵友濂，原名維埏，浙江餘姚人，嗣父邵燦，原任漕運總督。邵友濂由監生報捐員外郎，清文宗咸豐六年（1856）三月，分發籤掣工部。穆宗同治元年（1862）五月初二日，期滿奏留。是年七月，邵燦卒，奉旨邵燦歷年辦理清淮一帶防範事宜，實力實心，不辭勞瘁，地方得臻安謐，加恩其子工部候補員外郎邵維埏俟服闋後，以工部員外郎儘先補用①。同年十二月，丁本生父憂。四年（1865）五月，服闋，應鄉試，中乙丑補行辛酉、壬戌兩科鄉試舉人。八年（1869）七月，捐花翎。十年（1871）十二月二十日，補授工部虞衡司員外郎。十三年（1874）八月二十日，記名以御史用，尋充補總理各國事務衙門漢章京，充當普陀峪萬年吉地工程監督。光緒元年（1875）二月二十一日，工部以邵友濂監督工程出力，奏請在任以知府不論雙單月遇缺前先即選，先換頂戴。二年（1876）五月，試俸三年期滿，題請實授。四年（1878）五月二十二日，總理衙門王大臣以邵友濂自到署當差，已歷五年之久，辦理交涉及出使事宜，案牘紛煩，悉臻妥協，實爲得力之員，奏准援照成案，撤銷御史，仍留工部員外郎本缺，在總理各國事務衙門當差。九月二十六日，總理各國事務衙門又奏准俟補知府後在任以道員歸候補班前先即補，俟知府開缺，歸道員班後加二品銜。十一月，出使俄國大臣吏部左侍郎崇厚以邵友濂年壯才明，通達政體，派辦俄國股事務有年，奏請隨帶出洋，開去員外郎缺，以道員用，作爲頭等參贊，一俟差竣，仍留總理衙門章京上行走。五年（1879）九月初八日，奉旨署理俄國欽差大臣。六年（1880）八月，奉寄諭留於俄國襄辦通商要件。七年（1881）四月三十日，出使俄國大臣曾紀澤奏派邵友濂齎送改訂俄約章程、地圖等件到京，總理各國事務衙門王大臣以章程、地圖已進呈批准，邵友濂已無經手未完事件，請仍留總理衙門當差，奉旨依議。八年（1882）二月二十八日，奉旨補授江蘇蘇松太道，四月十四日到任。九年（1883），法越戰事起，法人潛遣兵船進窺臺灣，以牽制清軍。邵友濂襄辦臺防，偵敵蹤，備軍械，籌餉需，皆悉心經畫。十年（1884），中法講和，命邵友濂隨同全權大臣兩江總督曾國荃辦理和約，旋因會議決裂，長江戒嚴，命章合才留上海會同邵友濂鎮撫兵民，加意彈壓，並保護各國商民。曾國荃以邵友濂體用兼資，堪膺重寄，具摺奏保。十一月，命邵友濂會同辦理援臺事宜。十一年（1885），中法和議成，臺北解嚴，邵友濂戰守出力，經劉銘傳等奏請獎勵。是年六月初三日，敘功，賞給一品封典。十二年（1886）正月，奉旨赴香港辦理鴉片協定，會商開辦洋藥稅釐。

二月，曾國荃遵旨飭邵友濂由海道入京，與總理各國事務衙門商議一切。六月二十日，補授河南按察使，十三年（1887）二月二十四日，補授福建臺灣布政使，七月二十日任事②。十四年（1888），以舉辦清丈地畝出力，賞加頭品頂戴。十五年（1889）三月初五日，據卞寶第片奏邵友濂因感受濕熱，時患濕滯泄瀉等症，給假一月，准其內渡就醫。六月初三日，命邵友濂補授湖南巡撫，即行入京陛見。十一月，奉命暫兼署湖南提督。十二月，丁本生母憂，服闋。十七年（1891）四月初二日，補授福建臺灣巡撫。邵友濂自陞授按察使至巡撫臺灣，凡三次入覲。十月二十四日到任。邵友濂在福建臺灣布政使任內，經理賦役，劉銘傳曾稱其才長心細，辦事有條不紊。邵友濂雖是一位「無大擔當，缺乏理想的人」③，卻熟悉臺情，因此，劉銘傳開缺後，清廷即命邵友濂爲福建臺灣巡撫。

## 三、行政區劃的調整

邵友濂補授福建臺灣巡撫後，積極整頓吏治。臺灣文武各職，本爲海疆要缺，其中宜蘭縣隸臺北府，光緒十六年（1890），福建督撫會摺奏請以候補班前補用知縣沈繼曾補授宜蘭縣知縣。邵友濂到任後，以宜蘭地方逼近內山，時有民番交涉案件，且有不法之徒，糾結黨羽，魚肉良民，頗稱難治，知縣沈繼曾，人雖耐勞，惟因精神不能如舊，措置一切，顧此失彼，於知縣一缺，人地不堪相宜，邵友濂乃請旨將沈繼曾開缺，留省遇有相當之缺，另行請補。同時爲加強防務，於行政區畫，亦有更張。臺灣分省之初，巡撫劉銘傳曾會同總督楊昌濬奏請以彰化縣橋孜圖地方建立省城④，添設臺灣府臺灣縣，以原有臺灣府改爲臺南府，臺灣縣改爲安平縣。其初原以橋孜圖地方適當全臺適中之區，足以控制南北，而且距離海口較遠，可杜窺伺。但因橋孜圖地方，本來爲一小村落，環境皆山，瘴癘甚重，仕宦商賈裹足不前，因此，自從彰化設縣後，戶口仍不見增加。邵友濂指出由南北兩郡前往橋孜圖，均非四、五日不可，其中溪水重疊，夏秋輒發，設舟造橋，頗窮於力，文報常阻，轉運艱難。臺中海道淤淺，風汛靡常，輪船難於駛進，不獨南北有事接濟遲滯，即平日造辦運料，亦增勞費。省會地方，壇廟衙署局所，在所必需，用款浩繁，經費又無從籌措，所以分治多年，迄未移駐。邵友濂認爲以橋孜圖地方建立省城，「揆諸形勢，殊不相宜。」於是督同臺灣司道詳加審度，以籌定久遠之計，並具摺奏稱：「查臺北府爲全臺上游，巡撫、藩司久駐於此，衙署庫局，次第麤成，舟車多便，商民輻輳，且鐵路已造至新竹，俟經費稍裕，即可分儲糧械，爲省城後路，應即以臺北府爲臺灣省會，將臺北府爲省會首府，原編衝繁難，改編衝繁疲難四字請旨要缺，如遇缺出，於通省知府內揀員調補，所遺員缺請旨簡放。改淡水縣爲省會附郭首縣，原編衝繁難，改編衝繁疲難四字調要缺，如遇缺出，在外揀員調補。其臺灣府仍照原編衝繁疲難四字題調要缺，如遇缺出，在外揀補。新設之臺灣縣，照原編刪一衝字，編爲繁疲難三字調要缺。臺灣府衙署現在彰化縣城，不必移於臺灣縣，以節縻費。彰化縣原係繁難中缺，即以彰化縣爲附府首縣，改爲衝繁難要缺。原有臺南府之鳳山、嘉義兩縣，當日合閩省各縣缺以計繁簡，皆繁難兩字缺，今就臺灣各縣缺核計，俱稱難治，均應增爲繁疲難三字要缺，此外各廳縣悉仍其舊，如此轉移，庶幾名實相符，規模大定。」⑤

雲林設縣之初，本在林圮埔（南投縣竹山鎮）建立縣治，其後因林圮埔迫近內山，氣局褊小，經邵友濂奏請移駐斗六。林圮埔雖非居中扼要之區，但因地近內山，宵小最易藏跡，不可過於空虛，而且年來樟腦事務日盛，各腦丁等五方雜處，良莠不齊，林圮埔相離斗六縣治二十五里，地方空虛，恐有鞭長莫及之勢。光緒二十年（1894）四月十九日，邵友濂奏請於林杞埔添設縣丞一員，稱爲「雲林縣林圮埔分防縣丞」，舉凡竊盜、賭博等案，皆可就近查拏，對於治理地方，實有民番，以便同捕界址，即以附近的沙連、西螺、海豐、布嶼、四保歸林圮埔縣丞分防，其餘地界，仍由雲林縣典史管轄，並將雲林縣知縣舊署作爲林圮埔縣丞衙門，不必另建。因新設縣丞並無分徵錢糧，其廉俸役食等項，俱照彰化縣鹿港縣丞成例，由雲林縣在於徵收錢糧存留項下支銷⑥。

臺北府屬的大嵙崁（大溪），位於南雅山下，地方奧衍，環繞叢岡，北距淡水縣治七十里，南距新竹縣治一百二十里，爲淡水、新竹兩縣沿山扼要之區，光緒十二年間，巡撫劉銘傳曾派內閣侍讀學士林維源幫辦臺北撫墾事務，奏陳南雅地方，可分設一縣，未見實施。南雅地方，自開辦撫墾以後，民番交錯，久成市鎮，茶葉、樟腦萃集，商賈輻湊，生業日繁，又因歷年用兵，宵小出沒靡常，彈壓稽查，均關緊要，經邵友濂酌議後指出若照劉銘傳原議分設縣缺，則「糧額並無增益，轉多分疆劃界之煩」，「若暫事因循，則淡水縣遠附府城，又苦鞭長莫及。」唯有分防，俾資控制。光緒二十年（1894）五月，邵友濂奏請添設分防同知一員，以管束社番，兼捕盜匪，作爲衝繁難調要缺，稱爲「臺北府分防南雅理番捕盜同知」，以淡水、新竹兩縣沿山地界歸南雅同知管轄，所有民番詞訟、竊盜、賭匪等案，准其分別審理拏禁，遇有命盜重案，就近勘驗通報，自徒罪以上仍送淡水、新竹縣審擬解勘。至於南雅同知應支養廉，則按照基隆同知年支銀八百兩由布政司給領，其年額俸銀照例支銀八十兩，並照澎湖分防通判設衙役四十九名，年支役食銀三百餘兩，編入淡水縣存留項下動支。

## 四、海陸防務的加強

臺灣開港後，以基隆口作為淡水子口，以打狗港作為臺灣府子口，添設海關，同治三年（1864），派駐稅務司，委員徵收洋稅，並議准輪船於安平口起卸貨物，仍歸打狗完稅領單，其後因安平口泊船較多，又經稅務司議准分徵稅項。光緒年間，安平所收稅項多於打狗，且安平近在臺南府城外，打狗遠隸鳳山縣，繁簡不同，稅務司議請移駐安平，仍派幫辦一員留辦打狗稅務，經總稅務司赫德核准，於光緒二十年四月二十日移駐安平，同年六月，邵友濂奏請將安平作為正口，打狗改為外口，兩口原設委員書役人等，亦一體互移。

十九世紀中葉以來，列強在華爭奪利權，加緊侵略，外患日亟，清廷為救亡圖存，曾先後舉辦多項新政建設，其中火車鐵路，可速徵調，並通利源，實為裕國便民的一種交通運輸事業，也是求富圖強的當前急務。由於清季的外交形勢，與臺灣防務的迫切需要，臺灣鐵路的修築，倡議頗早。同治十三年（1874），日軍侵臺後，引起再議海防時，丁日昌在條陳中已指出鐵路「為將來之所不能不設」。光緒二年（1876），丁日昌接任福建巡撫後，更有在臺灣興築鐵路的計劃，並於同年十一月間啓程渡臺之際，再度向朝廷提出其計劃，迨抵臺灣巡視形勢後，又具摺奏陳鐵路與開礦的重要性，認為鐵路日行二千餘里，軍情瞬息可得，文報迅速可通，遇有緊急，大軍可朝發而夕至⑦。光緒十一年（1885）九月，臺灣建省，改福建巡撫為福建臺灣巡撫，常川駐紮，福建巡撫事務由閩浙總督兼管，劉銘傳出任福建臺灣巡撫。

十三年（1887）三月，奏准修築臺灣鐵路，擬定商辦鐵路章程，先由基隆造至彰化。十七年（1891）十月，基隆至臺北的鐵路通車。邵友濂繼任福建臺灣巡撫後，察看鐵路工程爲難情形，奏准造至新竹即行截止，並以路工用過經費，早逾銀百萬兩，原撥福建協款，因防營勇餉不敷，陸續撥歸善後海防項下支銷，鐵路工費，隨時商由地方紳商借墊，援案奏請截留臺灣新海防捐輸銀兩，分別動用歸補，經海軍衙門會同戶部議准。邵友濂屢飭督辦鐵路工程道員蔣斯彤督工趲辦，造抵新竹，於光緒十九年（1893）十一月竣工通車，邵友濂親臨勘驗，橋路各工及碼頭溝道，均屬平穩堅實，途中分段設立車房，分別出售客貨各票，以憑搭載，兼爲火車乘客上下停頓之所，輿情稱便。邵友濂具摺指出原估工程，雖然詳審精密，但因臺灣地土鬆浮，田園漫衍，培築不密，立形坍卸，坡陀參差，巒壑倚伏，曲直無定，高下靡常，北穿獅嶺時，洞邃百尋，南度龜崙（桃園龜山鄉），則坂蹄九折，其路工艱難情形，已可概見。而且谿澗縱橫，水流湍急，必須隨宜宣束，因勢隄防，矗址重淵，構基陡岸，洪波方迅，則累石旋傾，積沙已深，排樁亦陷，此爲橋工艱難的情形，益以人工料價，海外居奇，資用倍增，實非逆料所及⑧，計自基隆廳道頭起自新竹縣南門外止，鐵路長一百八十五里，相當一〇六・七公里，路廣十一、二尺，軌條濶三尺六寸，重三十六磅，其機關車共八輛，重十五噸，或二十五噸。機關車及車輛，是向德國工廠訂購⑨，計有客車二十輛，貨車二十六輛。自基隆至新竹，共設十六站，站房爲土造，稱爲火車房，鐵路所過，大小橋梁共七十四座，溝渠五百六十有八，軌條購自英國，而枕木則皆用臺產，工師多用粵人，路工多爲兵工，所以工費較省⑩。光緒二十年（1894）正月，善後局司道將臺灣創辦鐵路借墊支給銀數開具清單，其中購買民間田園土地銀二萬三千四百餘兩；購買外洋鋼條車輛鐵橋器具價值、保險等項銀三十八萬六千八百餘兩；僱船盤運物料需用船租及舵水薪火銀九千七百餘兩；拽運物料給過犒賞器具等項銀五千八百餘兩，以上各款共銀四十二萬五千八百餘兩，由兵部照數核銷。此外創修路工碼頭橋溝票房柵欄等項銀八十六萬七千餘兩；遷移古塚枯柩銀二千九百餘兩，以上二款共銀八十六萬九千九百餘兩，由工部照數核銷，以上各款合計共支過銀一百二十九萬五千九百餘兩，統由地方紳商隨時借墊支給。邵友濂援案奏請截留新海防捐輸項下歸補。在未竣工以前所收票價、養路各項開支及應建商務局屋、修理火車廠房等經費，統歸入海防案內彙案造報。臺灣開創鐵路，諸事草創，經營七年之久，始告竣工，其一切開山築路計劃，必須由熟悉工程，擅長測算之人主持其事，始能舉辦，臺灣鐵路就是由在臺辦理煤務的教習英國人瑪體孫（H.C.Natheson）就近兼辦。鐵路竣工之後，邵友濂奏請援照各國教習之例，賞給瑪體孫三等第一寶星，查照式樣製造頒給，並咨呈總理各國事務衙門發給執照，以資觀感。

邵友濂到任後，除接辦鐵路外，又議及擴充槍彈、火藥兩廠。臺灣機器局製造子藥，每年所生產，僅敷防軍各營操用，餘剩無幾。邵友濂以臺灣內逼「生番」，外防海口，軍火爲第一要需，而且臺省孤懸海島，外洋有警，接濟困難，所需子藥，必需未雨綢繆，俾免臨時束手。因此，邵友濂奏請增建廠屋，添購機器。由於海防喫緊，已於光緒二十年九月以前將機器購運到臺，估計每年可加造洋火藥十萬觔，子彈二百餘萬顆。其應需委員工匠薪工等項，每年約銀一萬四千餘兩，此項常年經費，仍在海防項下動支。邵友濂具摺指出槍子、火藥兩廠所製造的子彈、火藥，已「堪備緩急之需」⑪。

臺灣建省後，各項經費的開支，極其龐大。臺灣通省錢糧有限，據布政使唐景崧詳報光緒十九年通省額徵錢糧銀五十萬六千五百餘兩，截至是年十二月十八日邵友濂具摺奏報時止，其實完上忙錢糧銀十四萬五千五百餘兩，提解司庫銀十二萬二千五百餘兩，惟自光緒十四年至十八年各屬錢糧奏銷冊報總共未完銀三十一萬零三百餘兩。至於其每年各項開支，包括支給各軍統領辦公費、淮軍弁勇長夫薪糧，各礮臺弁勇薪糧公費、各管帶屯丁官弁鹽菜口糧、水陸練營官弁練兵伙夫薪糧、截撤外省勇丁回籍行糧、通商局、文報局、郵政局、西學堂、電報局、臺北軍械所、機器局、臺北開採煤炭委員及僱募煤師薪水、購買外洋機器、軍火物料、招撫番社通事番丁口糧、輪船管駕舵水薪糧公費、修建兵勇草房瓦屋及撫慰局等經費，據統計光緒十八年分共支出銀一百七十萬四千九百餘兩，其稅收來源主要爲旂后、滬尾等口徵收關稅、洋藥釐金、臺北茶葉釐金、百貨釐金、鹽課、出售煤炭價、收樟腦、硫磺價贏餘、基隆金砂抽釐等項，光緒十八年分共收銀一百六十一萬二千餘兩，扣除光緒十七年分不敷銀四十七萬八千餘兩，及十八年分支出銀一百七十萬四千九百餘兩，統共不敷銀五十七萬零九百餘兩。臺灣分省後，以自有之財，供其自用，仍不敷用，只得截留滬尾、打狗等口關稅，以充臺防經費。

光緒二十年（1894）六月，日軍啓釁後，清廷以臺灣孤懸海外，日軍垂涎臺灣，密諭福建臺灣巡撫等預爲籌備，邵友濂遵旨妥籌防守事宜。邵友濂鑒於臺北據全臺上游，基隆、滬尾爲要口，蘇澳次之，所以先令提督張兆連、知府朱上泮、參將沈棋山各就礮臺，酌量形勢，分別扼守。因地段綿亘，港灣紛歧，各營不敷分佈，復於後路飭調已革提督李定明駐滬尾，統計駐防三口兵力爲舊勇九營，新募十五營。又飭道員林朝棟督率舊勇一營，新募三營，唐景崧亦陸續募成三營，分駐獅球嶺、關渡，以策應海口，另於新竹新募一營，以顧後路。臺南安平、旂后兩口，各有礮臺，恒春向未設防，亟應扼要增守。都司邱啓標舊駐鳳山等處，邵友濂即飭邱啓標帶同舊勇一營，新募一營，前往恒春駐紮，並由臺灣鎮總兵萬國本督飭舊勇四營，新募五營，分防安平、旂后兩口，兼顧臺南府城，又於嘉義新募一營，協力設守。澎湖爲海中孤島，無險可憑，由總兵周振邦於原有防練三營外，增募兩營，緊扼礮臺，設法固守。後山民居寥落，就地無可增募，邵友濂遂飭原駐營哨，就近聯絡民番，以便同壯聲勢。中路背山腹海，港口最多，故於原有營哨之外，另募三、四營，以資彈壓，而備援應。此外邵友濂又飭令各口礮臺多儲藥彈，認眞操練，並將儲存水雷百餘具分發各口，愼密埋藏，以輔礮臺之不逮。但因槍械短少，不能自製，機器局所出子彈，亦僅敷平日操演之用，成營既衆，勇數倍增，軍火異常竭蹶，邵友濂所請擴充藥廠的計劃，未蒙部准，是時日軍聲勢甚盛，防務緊急，邵友濂不願過事拘泥，即飭令各廠放手製造彈藥，晝夜趕工，一面電請南洋大臣劉坤一、兩廣總督李瀚章轉飭聶緝槼就商上海洋商，分別撥購毛瑟林明敦各項槍枝、子彈運臺濟用。臺灣需械固急，需餉尤殷。統計舊有及新募各勇，不下六十餘營，赴江浙廣東等處已募未到者尙有八、九營，加上楊岐珍、劉永福兩軍，合計在八十營以上，所有糧餉、軍火之費，每月至少需銀二、三十萬兩。臺灣分省後，以自有之財，供其自用，並無餘裕，邵友濂通籌全局後，曾將臺灣餉械支絀情形，電請總理各國事務衙門具奏，廷議令南北洋大臣、閩浙總督預籌協濟。邵友濂恐緩不濟事，奏請飭諭戶部指撥各省海關的款，並准其先向上海洋商訂約籌借銀一百五十萬兩，以應防務急需，事後再由各關按照部撥歸款⑫，但不久後邵友濂奉旨內調。光緒二十年九月，調補湖南巡撫，卸任內渡，抵上海時，因病請假就醫。次年四月，因假期已滿，病仍未痊，奏請開缺。二十七年（1901），卒於家⑬。

## 五、結　語

同光年間，列強窺伺臺灣，虎視眈眈，日軍犯臺後，中興名臣沈葆楨以欽差大臣奉命保臺，事平後，規劃善後，倡導自強新政。沈葆楨補授兩江總督後，丁日昌離閩赴臺，巡歷南北兩路，刷新吏治，整頓營伍，改革財稅，頗多建樹，而奠定自強新政的基礎。中法戰後，臺灣建省，劉銘傳補授首任臺灣巡撫，銳意經營，致力於撫番、清賦、設防、煤礦、輪船、電訊、鐵路等多項建設，使臺灣面目一新，而成爲近代化最有成就的省份⑭。歷任大吏經營臺灣，積極推行各項新政措施，旨在鞏固海防。臺灣在中日甲午戰前的政治措施，其重心是在於撫番拓墾與設官分治，「政治近代化的目標是內地化，推動此一近代化的原動力是抵禦外侮的入侵。因此此時所謂的內地化是被視爲抵禦外侮的防衛政策的一部份。更由於內地化亦含有社會及文化的意義，故當時撫番拓墾及設官分治的成效亦造成臺灣整個的政治與社會文化的向前推進。」⑮劉銘傳去職後，由其屬僚邵友濂調陞巡撫，繼續經營臺灣，清理賦役，整飭吏治，調整行政區劃，加強海陸防務，改建省城，續築鐵路，籌措經費，其經營臺灣，仍有不少貢獻。但一方面由於邵友濂素性較爲保守，器局狹隘；一方面由於新式的防務體系，需要高度的技術，專門的人才，龐大的經費，同光年間，清廷財政紊亂，庫帑支絀，經費拮据，臺灣經營，爲清季自強措施的一部份，當時內外形勢並不順利，其物質條件尤爲缺乏。因此，邵友濂繼任巡撫後，僅能在原有的新政基礎上維持舊有的規模，無法繼續擴充。建造鐵路雖爲當時新政中最重要的一項，終因經費無著，僅通車至新竹，彈藥兩廠的擴充，亦因戶部駁回而作罷，邵友濂只得採取緊縮政策，以致其新政建設，成效不著。

【註　釋】

① 《國史館檔·傳包》（臺北，國立故宮博物院），第3449號，吏部開邵友濂履歷單。

② 《清德宗景皇帝實錄》，卷二三九，頁17；《清史列傳》，卷六三，頁8，謂遷臺灣布政使在光緒十三年，疑誤。

③ 郭廷以著《臺灣史事概說》（臺北，正中書局，民國六十四年三月），頁208。

④ 《臺灣省通志稿》，卷三，頁7，謂橋孜圖在彰化縣藍興堡橋仔頭庄地方。

⑤ 《軍機處檔·月摺包》（臺北，國立故宮博物院），第2729箱，42包，130888號，光緒二十年正月二十五日，邵友濂奏摺錄副。

⑥ 《軍機處檔·月摺包》，第2729箱，48包，132749號，光緒二十年四月十九日，邵友濂奏摺錄副。

⑦ 呂實強著《丁日昌與自強運動》（臺北，中央研究院近代史研究所，民國六十一年十二月），頁300。

⑧ 《軍機處檔·月摺包》第2729箱，40包，130281號，光緒十九年十二月初七日，邵友濂奏摺錄副。

⑨ 《臺灣史》（臺北，衆文書局，民國六十八年二月），頁451，謂機關車購自英國。現置臺北省立博物館前側的一號火車頭「騰雲號」，係購自德國，爲HOHENZOLLERN廠所製造。

⑩ 《臺灣史》，頁451。

⑪ 《軍機處檔‧月摺包》，第2729箱，56包，135488號，光緒二十年九月十七日，邵友濂奏摺錄副。

⑫ 《軍機處檔‧月摺包》，第2729箱，53包，134311號，光緒二十年七月初四日，邵友濂奏摺錄副。

⑬ 《清史列傳》，卷六三，頁9。

⑭ 曹永和著《臺灣早期歷史研究》（臺北，聯經出版事業公司，民國六十八年七月），頁494。

⑮ 李國祁撰〈清季臺灣的政治近代化——開山撫番與建省（1875－1894）〉，《中華文化復興月刊》，第八卷，第十二期（民國六十四年十二月），頁14。

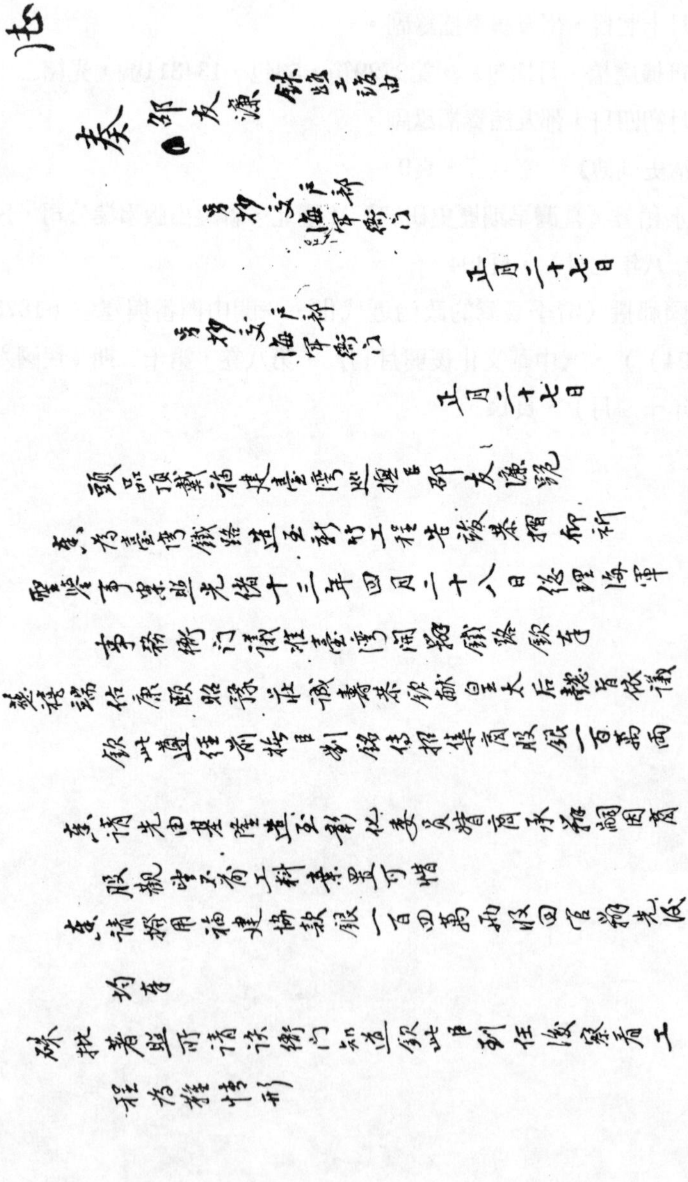

《軍機處檔·月摺包》，光緒十九年十二月初七日，邵友濂奏摺錄副（局部）。

# 清代閩粵地區的人口流動與秘密會黨的發展

## 一、前 言

曾經在清代政治舞臺上扮演過活躍腳色的秘密會黨，雖然已經成了既往的歷史陳迹，然而由於有關秘密會黨的起源、發展、性質、活動過程及社會作用等問題，衆說紛紜，迄未得到一致的結論，所以秘密會黨史至今仍然吸引許多史學工作者的濃厚興趣。從清末民初以來，研究秘密會黨史的論文和專著，可謂汗牛充棟，也奠定了良好的研究基礎。但因當時歷史檔案尙未公佈，以往研究秘密會黨史的論著，其主要資料是根據天地會流傳的內部文獻，經過數十百年的口口相傳及輾轉傳抄，這些材料所述結會緣起，或詳或略，有關人物、地點、時間，亦互有牴牾，又因往往帶有濃厚的神秘色彩，甚至摻雜了不少神話傳說，所以使用天地會內部文件，有一定的局限和缺陷。以往學者根據天地會流傳的神話故事，使用影射索隱的方法，牽合史事，憑藉主觀判斷，以論述天地會的源流，而且始終囿於單純起源年代的考證，忽視社會經濟背景，所以一直未得到較有說服力的解釋。利用神話故事考證天地會起源的途徑，已經走到盡頭了，已經山窮水盡了，走不下去了，必須走另外一條路，纔能從另外一個角度提出新的解釋。這個道理猶如宋明理學的爭論，性即理和心即理的說法，單從理論上的爭辯，始終得不出結論，論學必須取證於經書，追問到最後，一定要回到儒家經典中去尋找立論的根據。因此，拿掉後世天地會傳說故事的神秘面紗，發掘檔案，掌握直接史料，結合區域史研究成果，分析社會經濟背景，就是重建會黨信史的主要途徑。

有清一代，秘密會黨的活動，異常頻繁，各省地方大吏查辦會黨案件時進呈君主及軍機處的文書，仍多保存。近年以來，由於歷史檔案的積極整理及公佈，已爲秘密會黨史的研究，提供了非常有利的條件。根據現存黨案，排比秘密會黨出現的時間、地點，分析各會黨成員的職業，比較結會地點及會員原籍後，發現清代秘密會黨的起源及其發展，與閩粵地區的社會經濟背景有密切的關係。本文寫作的旨趣，即在利用現存清代檔案，探討閩粵地區的宗族社會與異姓結拜風氣的盛行，以說明秘密會黨的起源。由於閩粵地區土地與人口的分配，嚴重地失調，康熙末年以來，人口壓迫問題日益嚴重，於是引起人口流動的頻繁發生，本文即在分析清初人口流動的原因，並說明人口流動與秘密會黨發展的密切關係。從閩粵流動人口所倡立的會黨分佈概況，可以了解閩粵系統會黨的共同特質。清代會黨的傳佈及發展，可以從人口流動的現象，提出較合理的解釋。從閩粵系統的會黨分佈而言，鄰近閩粵各省的會黨，就是閩粵人口流動的產物。

## 二、閩粵宗族社會與秘密會黨的起源

清代秘密會黨是社會經濟變遷的產物，秘密會黨盛行的地區，主要是在我國南方人口密集已開發區域聚族而居的核心地區及地廣人稀開發中區域地緣意識較濃厚的邊陲地區。秘密會黨的起源及其發展，一方面與宗族制度的發達及異姓結拜風氣的盛行有密切的關係，一方面則與人口流動及移墾社會的形成有密切的關係。

人群的結合，有各種不同的方式，以血緣結合的人群稱爲宗族，以地緣結合的人群稱爲鄰里鄉黨。宗族社會就是以血緣關係爲紐帶的傳統地域性組織①，宗族在維護狹隘的小集團利益的前提下，可以長久保持族內的團結而不至於渙散。閩粵地區是宗族制度較發達的宗族社會，宋代以來，閩粵地區的血族宗法制已日益成長，以血緣爲紐帶的宗族社會，已經普遍存在。宗族由於長久以來定居於一地，其宗族的血緣社會與村落的地緣社會，彼此是一致的。聚族而居的宗族社會，有其祠廟和族田，隨著宗法制的發展，族田不斷增加，族田在閉塞的農村經濟中所佔比例的大小，充分反映了宗族勢力的強弱，又由於宗族人丁的蕃滋盛衰，逐漸出現了人多勢衆的大姓與丁少力孤的小姓。大姓族旺丁多，大者千餘戶，小者亦有百數十戶。有些村鎭多成爲一族所居，動輒數十里。例如福建泉州府晉江縣施琅一族，人丁衆多，縣境衙口、石下、大崙諸村，俱爲族大丁多的施姓所居住；同安縣境內村鎭主要爲李、陳、蘇、莊、柯諸大姓所叢居；安溪縣赤嶺地方幾乎爲林姓一族所居。漳州府平和縣，界連廣東，其縣境內南勝地方，民居稠密，由楊、林、胡、賴、葉、陳、張、李、蔡、黃諸大姓環列聚居。聚族以自保，尤其在戰爭動亂的時期，宗族組織確實產生了團結禦敵的重大作用。

宗族是以血緣爲紐帶的社會組織，由於空間上的族居，所以宗族內部的成員很容易結合，一呼即應。以祠堂族長爲代表的宗法勢力，隨著宗族經濟的成長而與日俱增，對宗族內部的控制愈來愈強化。明代萬曆年間（1573—1620）以降，閩粵地區隨著宗族勢力的不斷加強，人口壓力的急劇增加，社會經濟的變遷，以致強宗大族得以武斷鄉曲，糧多逋欠，欺壓小姓，都是大姓恣橫的表現。各宗族之間，往往因擴張地盤，爭奪經濟利益，彼此關係日益尖銳化，而引起械鬥的頻繁發生。明季崇禎年間（

1628—1643），福建漳洲平和縣大姓鄉紳肆虐地方，百姓不堪其苦，各小姓謀結同心，連合抵制，以「萬」爲義姓，公推平和縣小溪人張耍爲首，張耍改姓名爲萬禮②。晚明「以萬爲姓」集團，就是漳州平和縣小姓連合抵制大姓鄉紳肆虐的異姓結拜組織。

清初順治年間（1644—1661），閩粵地區由於地方不靖，連年戰禍，造成人口下降，宗族之間在經濟利益上的衝突，並不十分尖銳。康熙中葉平定三藩之亂以後，閩粵地區的經濟逐漸復蘇，宗族經濟亦迅速成長，宗族械鬥遂層見疊出，大姓恃強凌弱，以衆暴寡，欺壓小姓，小姓爲求自保，即連合衆小姓以抵制大姓，異姓結拜的風氣又再度盛行。福建巡撫毛文銓具摺時已指出「查過爭鬥，當始於大姓，次則游手好閒者。蓋閩省大姓最多，類皆千萬丁爲族，聚集而居，欺凌左右前後小姓，動輒鳴鑼列械，脅之以威，而爲小姓者，受逼不堪，亦或糾約數姓，合而爲一。」③廣東碣石鎭總兵官蘇明良生長於福建省，對當地大姓荼毒小姓的風氣最爲諳悉。蘇明良具摺指出「臣生長閩省，每見風俗頹靡，而泉、漳二府尤爲特甚，棍徒暴虐，奸宄傾邪，以鬥狠爲樂事，以詞訟爲生涯，貴凌賤，富欺貧，巨姓則荼毒小姓，巨姓與巨姓相持，則爭強不服，甚至操戈對敵，而搆訟連年。」④大姓恃其既富且強，族大丁多，上與官府往來，下與書差勾結，倚其勢焰，動輒發塚拋屍，擄人勒贖，小姓受其魚肉，積不能平，於是連合數姓，乃至數十姓，以抵敵大姓，列械相鬥。福建總督高其倬具摺時指出「福建泉、漳二府民間，大姓欺凌小族，小族亦結連相抗，持械聚衆，彼此相殺，最爲惡俗，臣時時飭禁嚴查。今查得同安縣大姓包家，與小姓齊家，彼此聚衆列械傷殺，署縣事知縣程運青往勸，被嚇潛回，隱匿不報。」⑤福建泉州府所屬七縣之中，以同安等縣最爲難治，宗族械鬥案件層出不窮。各大姓以「

包」爲義姓，各小姓則以「齊」爲義姓，彼此聚衆械鬥。福建觀風整俗使劉師恕具摺奏稱：「其初大姓欺壓小姓，小姓又連合衆姓爲一姓以抗之。從前以包爲姓，以齊爲姓。近日又有以同爲姓，以海爲姓，以萬爲姓，現在嚴飭地方官查拏禁止。」⑥所謂「以包爲姓」集團，便是在宗族械鬥過程中大姓之間的異姓結拜組織，至於「以齊爲姓」、「以同爲姓」、「以海爲姓」、「以萬爲姓」等集團，則爲各小姓之間的異姓結拜組織。包、齊、同、海、萬等都是異姓結拜組織時各集團的義姓，分別象徵包羅萬民、齊心協力、共結同心、四海一家、萬衆一心。各異姓連合時，多舉行跪拜天地歃血盟誓的儀式，除了本姓外，另取吉祥字爲義姓，化異姓爲同姓，打破本位主義，以消除各集團內部的矛盾，連合禦敵，一致對外，各異姓結拜集團已具備會黨的雛型。

所謂秘密會黨就是由異姓結拜組織發展而來的各種秘密團體，秘密會黨的倡立，是承繼歷代民間金蘭結義的傳統，在許多方面吸收整理固有異姓結拜的各種要素。異姓兄弟舉行結拜儀式時，在神前歃血瀝酒跪拜天地盟誓的習慣，由來甚古，其起源可以追溯到戰國時代的會盟活動。漢初劉邦在位期間，亦曾與心腹大臣秘密舉行過「白馬之誓」，但所謂英雄豪傑或異姓兄弟的結義，其所以深入民間，實受《三國志通俗演義》及《水滸傳》故事的影響，桃園三結義及梁山泊英雄大聚義的故事，早已家喻戶曉，盛行於下層社會的各種秘密會黨，即模仿其儀式，吸收其要素。《水滸傳》單道梁山泊好處的一篇言語說：

> 八方共域，異姓一家。天地顯罡煞之精，人境合傑靈之美。千里面朝夕相見，一寸心死生可同。相貌語言，南北東西雖各別；心情肝膽，忠誠信義並無差。其人則有帝子神孫，富豪將吏，並三教九流，乃至獵戶漁人，屠兒劊子，都一

般兒哥弟稱呼，不分貴賤；且又有同胞手足，捉對夫妻，與叔姪郎舅，以及跟隨主僕，爭鬥冤讎，皆一樣的酒筵歡樂，無問親疏。或精靈，或粗鹵，或村樸，或風流，何嘗相礙，果然識性同居；或筆舌，或刀鎗，或奔馳，或偷騙，各有偏長，眞是隨才器使⑦。

前引文中已指出異姓一家，三教九流，不分貴賤，都一般兒哥弟稱呼，梁山泊英雄大聚義，在性質上就是一種異姓兄弟的結合。金聖嘆修改的七十回本《水滸傳》敍述梁山泊英雄一百八員頭領在山寨忠義堂拈香歃血盟誓，由宋江爲首宣讀誓詞，其誓詞內容如下：

竊念江等昔分異地，今聚一堂，準星辰爲弟兄，指天地作父母，一百八人，人無同面，面面崢嶸；一百八人，人合一心，心心皎潔。樂必同樂，憂必同憂；生不同生，死必同死。既列名於天上，無貽笑於人間。一日之聲氣既孚，終身之肝膽無二。倘有存心不仁，削絕大義，外是內非，有始無終者，天昭其上，鬼闞其旁，刀劍斬其身，雷霆滅其跡；永遠沈於地獄，萬世不得人身；報應分明，神天共察⑧！

梁山泊英雄大聚義時宣讀的誓詞中「準星辰爲弟兄，指天地作父母」，就是後世秘密會黨拜天爲父拜地爲母儀式的依據。老一輩的人常說：「少不看水滸，老不看三國。」但在下層社會裏《水滸傳》和《三國志通俗演義》卻是耳熟能詳的兩本小說。秘密會黨結會時，會員須對天跪地立誓，這種跪拜天地的儀式，就是天地會得名的由來。質言之，天地會的取名，正是從《水滸傳》梁山泊大聚義的誓詞而來⑨。日本學者酒井忠夫教授已指出幫會是「幫」和「會」的合成語，性質不同⑩。「幫」是指地緣性結合的行業組織，「會」則指會黨而言。「會」成爲異姓兄弟結合的共名通稱，也是源自《水滸傳》的故事。《水滸傳》敍述宋江一打東平，兩打東昌後，回到梁山泊，計點大小頭領，共有一百八員，心中大喜，決定設壇建醮，至第七日夜間三更時分，從西北乾方天門滾出一團火塊，鑽入壇前地下，衆人掘開泥土，只見一個石碣，龍章鳳篆，前面三十六行，都是天罡星，背後七十二行，都是地煞星，天罡和地煞合計一百八員，就是梁山泊大小頭領的總數。宋江看過天書後對衆頭領說：「鄙猥小吏，原來上應星魁，衆多弟兄也原來都是一會之人。上天顯應，合當聚義。」⑪異姓弟兄都是一會之人，就是會黨得名的由來。閩粵地區由於異姓結拜風氣的盛行，個人在社會暗示下，倡立會名，企圖遇事互相幫助，雖然是一種個人組織，但可以看作是一種特殊的調適，清代秘密會黨就是由閩粵地區的異姓結拜組織發展而來的各種秘密團體。有清一代，秘密會黨的活動，以閩粵地區較爲突出，誠非偶然。

## 三、清初人口壓迫與人口流動的方向

閩粵地區的異姓結拜風氣，隨著人口流動而傳佈到其他地區。清代的人口壓迫問題，從康熙、雍正年間已經顯露端倪，乾隆以後，因人口問題而造成更大的社會壓力。在清代人口的流動中，福建、廣東就是南方最突出的兩個省分，人口的增長，促進了社會的繁榮，但同時也因生產發展和人口增長的失調而帶來一系列的社會問題。羅爾綱先生將乾嘉道三朝民數與田畝進行比較以後，指出清代人口問題，歸根結底完全是人口與土地的比例問題。據估計每人平均需農田三畝至四畝，始能維持生活，但廣東每人平均祇得一畝餘，福建則不到一畝，人多田少，田地不夠維持當時人口最低的生活程度，由於人口與田地比例的失調，自然引起物價騰貴與生活艱難，糧食與人口的供求已失去均衡的比例，康熙末年，地方性的人口壓迫問題已經起來⑫。生齒日繁，食指衆多，是米貴的主要原因，在人口與田地比例失調的情形下，還有許多地方的耕地，普遍的開始稻田轉作，富戶人家以良田栽種烟草等經濟作物⑬。由於經濟作物種植的大量增產，而引起的耕地緊張，遂日益嚴重。閩粵地區地狹人稠，糧食生產面積日益縮減，其糧食供應益形不足⑭。根據各省督撫各月奏報糧價的平均數，可以了解康熙末年、雍正初年閩粵地區的米價。

**清代康雍年間閩粵等省米價一覽表**

| 年　　分 | 福建 | 廣東 | 廣西 | 江西 | 雲南 | 貴州 | 湖廣 |
|---|---|---|---|---|---|---|---|
| 康熙五十二年（1713） | 1.21 | 1.10 | 0.80 | | 0.85 | 0.60 | 0.66 |
| 康熙五十三年（1714） | 1.10 | 0.77 | 0.75 | 0.79 | 0.76 | 0.60 | 0.71 |
| 康熙五十四年（1715） | 1.12 | 0.82 | | 0.76 | 1.05 | 0.60 | |
| 康熙五十五年（1716） | | 0.97 | 0.90 | 0.82 | 0.90 | 0.63 | 0.85 |
| 康熙五十六年（1717） | 1.13 | 0.71 | | 0.74 | 0.78 | | 0.65 |
| 康熙五十七年（1718） | 1.08 | 0.74 | 0.60 | 0.61 | | 0.61 | 0.59 |
| 康熙五十八年（1719） | 1.17 | 0.69 | 0.64 | 0.56 | | | 0.56 |
| 雍 正 元 年 （1723） | 0.98 | 0.76 | 0.79 | 0.76 | 0.85 | 0.80 | 0.72 |
| 雍 正 二 年 （1724） | 0.95 | 0.72 | 0.56 | 0.85 | 0.96 | 0.72 | 0.83 |
| 雍 正 三 年 （1725） | 1.55 | 0.83 | 0.52 | 0.82 | | 0.70 | 0.89 |
| 雍 正 四 年 （1726） | 1.73 | 1.48 | 0.89 | | 0.98 | 0.60 | 0.80 |

資料來源：國立故宮博物院，中國第一歷史檔案館藏康熙、雍正朝宮中奏摺。

從上表可以看出康熙五十二年（1713）年至雍正四年（1726）之間，福建、廣東歷年平均米價俱高於鄰省，福建米價尤昂貴。雍正四年（1726）新正以後，連日陰雨，福建米價漸貴，上游延平等府每石銀一兩以外，下游泉、漳等府每石價銀一兩七、八錢不等⑮。同年春夏之交，霖雨過多，各府米價普遍昂貴，其中漳州府漳浦、泉州府同安等縣，每石價錢二兩、七八錢不等⑯。福建陸路提督吳陞具摺時指出「閩省幅員遼闊，生齒殷繁，惟是山多田少，歲產米穀，不足以資壹歲之需，即豐收之年，尙賴江浙粵省商船運到源源接濟，由來舊矣。」⑰吳陞原摺指出福建米價，處處騰貴，其中泉州、漳州、興化、汀州等府告糶尤難，每石賣銀二兩五錢至九錢不等。廣東也是依山附海，田地極少，因生齒甚繁，歲產米穀，不敷民食。兩廣總督孔毓珣具摺奏稱：「廣東素稱魚米之鄉，然生齒繁庶，家鮮積蓄，一歲兩次收成，僅足日食，而潮州一府，界連福建，田少人多，即遇豐歲，米價猶貴於他郡。」⑱雍正四年（1726）十一月二十八日，福建巡撫毛文銓具摺稱，南澳半屬福建，半屬廣東，向來只藉潮州米穀接濟，但是潮州米價騰貴，每石價銀三兩，所以不能接濟⑲。清初以來，一方面由於生齒日繁，食指衆多，一方面由於經濟作物與稻穀奪地，農業人口的相對減少，而使糧食價格日益高昂，閩粵地區愈來愈多的農民因爲無法獲取土地，而成爲游民，閩粵地區就是清代人口流動最顯著的兩個省分。

爲了適應社會變遷，緩和人口壓力，清廷先後積極推行了幾項重要的措施，舉凡改土歸流、墾拓荒地、丁隨地起等，都直接或間接地加速了人口的流動。由於西南地區各少數民族的歷史及地理背景，彼此不同，其社會經濟的發展，並不平衡。因此，歷代以來，對西南少數民族的治理，遂不盡相同，大致可歸納爲三類不同的制度：第一類是流官統治的地方，其各項制度，與內地基本相同；第二類是土司統治的地方，由各少數民族酋長充任各級土官，准其世襲，其制度與內地不同；第三類是既未設置流官，亦無土司的生界部落，各部落彼此不相統屬⑳。據統計，清初以來，曾經存在過的土司，大約有八百多個，主要是分佈於湖廣、雲南、貴州、廣西、四川等省。清廷在如此廣大的區域內設置大量土司，就是想要建立一套和當地的政治、經濟發展及風俗習慣相適應的制度，以便於清廷的統治㉑，但土司制度是一種特殊的地方政權形式，具有濃厚的割據性，土司勢力不斷發展，已有尾大不掉之勢。

康熙五十一年（1712）二月二十九日，清聖祖御暢春園內澹寧居聽政時，面諭九卿詹事科道等員云：「我朝七十年來，承平日久，生齒日繁，人多地少。從前四川、河南等省，尙有荒地，今皆開墾，無尺寸曠土。」㉒內地已經人滿爲患，苗疆廣袤，改土歸流後，可以墾荒，容納內地過剩的人口。清代改土歸流的實行，並非始自雍正年間，順治、康熙年間，已在雲南、四川等地區開始改土歸流，但當時仍以綏撫爲主，到了雍正初年，才開始大規模地進行改土歸流。據辭書的解釋，所謂改土歸流，就是改土官爲流官，即廢除世襲的土官制，而改爲臨時任命的流官制，流官受命於政府而隨時調動㉓。易言之，改土歸流是指廢除土司，代之以流官，變間接統治爲直接統治，實行和內地一致的各項制度及措施。改土歸流一詞，滿文讀如「aiman i hafan be halafi, irgen i hafan sindaha.」意即「改土官，授民官」。改土歸流後，土司苗疆，與內地無異，於是更換世襲的土官，而任命內地民官，從滿文的繙譯，有助於了解改土歸流的含義，所謂改土歸流，就是指前述第二類土司統治地區及第三類生界部落設置民官而言。改土歸流的結果，就是邊疆逐漸內地化，在原來苗疆地區實行和內地一樣的各項制度及措施。

雍正初年，高其倬在雲貴總督任內已開始改土歸流，鄂爾泰繼任後，更是雷厲風行，大規模地實行改土歸流的工作。鄂爾泰經日夜籌思後指出「若不盡改土歸流，將富強橫暴者漸次擒拏，懦弱昏庸者漸次改置，縱使田賦兵刑盡心料理，大端終無頭緒。」㉔爲除邊患，鄂爾泰對改土歸流不遺餘力。在土司統治的地區，有很多可墾拓的荒地，廣西提督韓良輔曾查出廣東欽州西北，廣西上思州西南，安南祿州東北的地帶，稱爲「三不要」，地名怪異，諸山環繞，原屬土司統治的地區，後由白鴿、白雞、白難村民耕耨其中，自種自食㉕，三不要就是土司統治下的棄地。雲南布政使常德壽具摺時指出「雲貴遠處邊徼，幅員遼闊；除石山陡崖以外，非盡不毛之地，若能因地制宜，近者種秔稻，高陸者藝菽粟，莫非膏腴沃壤。總緣流官管轄者十之三、四，土司管轄者十之六、七，土司不識調劑，彝人不知稼穡，俗語雷鳴田遇雨則耕，無雨則棄，坐守其困。」㉖苗疆非盡不毛之地，但因在土司管轄下，地荒民窮。

雍正年間，在湖廣、貴州、雲南、廣西、四川等省，延袤數千里的苗疆地區大量改土歸流，原來被土司佔有的可耕地，准許貧民開墾，並減輕農人的負擔，有利於生產的發展。乾隆年間，湖廣總督永常於「敬陳改土歸流，地方流民日增，請立法清釐」一摺略謂：

> 湖北之施南一府，僻處萬山，水田稀少，包穀雜糧之外無他產，刀耕火耨之外無他業，加以層巒疊嶂，密箐深林，商賈罕通，蓋藏鮮裕。其所隸六縣，除恩施縣係施州衛改設，建始縣由四川劃歸外，其宣恩、咸豐、利川、來鳳等四縣，向係忠峒等十八土司管轄，附近人民不許違例擅入，故土民之所產，僅足以供其食用，風俗淳樸，自雍正十三年改土歸流以來，久成內地，以致附近川黔兩楚人民，或

貪其土曠糧輕，携資置產，或藉以開山力作，搭廠墾荒，逐隊成群，前後接踵，其中雖不乏善良，然游手好閒遇事生風之輩，每每溷跡㉗。

苗疆地方，向來不許內地漢人違例擅入，自從清初改土歸流以後，內地漢人貪其土曠糧輕，成群結隊，湧入苗疆，開山力作，搭廠墾荒，可以自由出入苗疆，改土歸流後的新疆成了容納內地過剩人口的地區。質言之，清初改土歸流與人口流動有極密切的關係。

清廷爲了緩和人口壓力，又積極推行墾荒政策，隨著人口的增加，有更多的土地被開墾出來，許多無地的貧民從人口稠密的地區遷出。順治六年（1649），正式議定州縣以上各官，以勸墾爲考成，凡地方官招徠各處逃民，不論原籍別籍，編入保甲，開墾荒田，給以印信執照，永准爲業，州縣以勸墾的多寡爲優劣，道府以督催的勤惰爲殿最，年終載入考成。順治十八年（1661），因平定雲貴地區，一應荒地，有主者命本主開墾，無主者招民開墾。到了康熙年間，清廷的墾荒政策，已經立竿見影。據清代國史館纂修《皇朝食貨志》記載，從康熙元年（1662）至康熙六年（1667）六年之間，江西省報墾田五千六百十餘頃，雲南省墾田三千六百餘頃，貴州省墾田一萬二千餘頃，湖廣墾田一萬八千四百餘頃㉘。雍正元年（1723）四月，巡視南城監察御史董起弼奏請開放荒蕪官地，無論山僻水隅，河地沙場，聽從民便，盡力開墾，則民食自饒㉙。雍正二年（1724）閏四月，署理廣西巡撫韓良輔指出雍正初年的人口，較康熙初年「不啻倍之」，將來的蕃庶益不可以數計，「人民日益增盛，而地畝不加墾闢，不可不爲斯民籌其粒食。」韓良輔以廣西土曠人稀，自柳州至桂州，傜僮雜處，棄地頗多，於是奏請招民開墾，以盡地力。其原摺略謂：

> 臣愚以爲宜遴選大員專司其事，督率守令，逐漸料理，先購宜植之種，兼僱教耕之人，然後相度肥饒空曠之地，約可容聚數十家足以守望相助者爲之，搭蓋茅舍，招徠貧民聚居，又貸以牛種，教其興行陂塘井堰之利。至於相近協營之處，則查出餘丁，亦酌倣屯種之意，廣爲播種，嚴彼冒佔之禁，寬以陞科之期，一處有效，又擇他處照前勸墾，但取妥洽，不在欲速，守令又時單騎徒步，時携酒食，勸農教耕，其所舉給頂帶農人，即命爲農師，以督教其鄉人，則粤民見有利無害，有不發奮興起者乎？將見人稠地闢，烟瘴漸銷，衣食足而禮義興，邊徼盡成樂土矣㉚。

韓良輔所提出來的勸墾意見，主要是爲緩和廣東的人口壓力，解決游民問題，清世宗披覽奏摺後也指出開墾是一種美政。因廣東貧民群往封禁礦山偷挖，販私盜竊，毫無顧忌，清廷命廣東巡撫鄂彌達等查勘各處礦硐。鄂彌達覆奏時指出貧民偷挖礦硐，雖因習尙澆漓，輕蹈法網，亦由無田可耕，無業可守，遂致流爲盜匪。鄂彌達提出墾荒以解決人口壓力的辦法，首先差遣糧道前往肇慶府新設鶴山縣及附近恩平、開平等縣查勘可墾荒地，據統計在鶴山縣境丈出荒地三萬三千餘畝，按照業戶耕地百畝需佃五人計算，共可安集佃民一千六百餘戶，恩平、開平二縣荒地不止一、二萬畝，亦可安集佃民八、九百戶，俱可招集廣東惠州、潮州等處貧民開墾耕種，給以廬舍口糧工本，每安插五家，編甲入籍，即給地百畝。據鄂彌達稱，當時惠州、潮州二府貧民，徙居鶴山耕種入籍者，已有三百餘戶，其陸續依棲，仍絡繹不絕㉛。由於地方大吏勸墾不遺餘力，改土歸流後的可墾荒地，提供內地漢人落地生根的廣大空間，緩和了閩粤地區的人口壓力，有更多的貧民從人口稠密區遷出，湧入邊陲可耕荒地，而加速了人口流動。

改土歸流及勸墾荒地，都是緩和內地人口壓力的重要措施，嗣後地曠人稀的邊遠地區，吸引了大量外來的游民，促成了人口流動。爲了適應社會變遷的需要，清廷又進行賦役改革，有利於人口的流動。清初沿襲明代賦役制度，地糧與丁銀仍分爲兩項，賦役不均的現象，極爲嚴重，富戶巨族，田連阡陌，竟少丁差，貧民小戶，地無立錐，卻照丁科派，反多傜役。清聖祖巡幸所至，訪問百姓，詢知一家有四、五丁，僅一人輸納丁銀，甚至七、八丁，亦僅二人輸納丁銀，其餘俱無差傜，苦樂不均。康熙五十一年（1712）二月，清聖祖頒佈盛世滋生人丁永不加賦的詔令，規定直省徵收錢糧即以康熙五十年（1711）全國的丁冊爲依據，亦即以二千四百六十萬的人丁總數作爲徵收丁銀的固定數目，定爲常額，嗣後所生人丁，稱爲「盛世滋生人丁」，雖達成丁年齡，亦不必承擔差傜，以後人丁遇有減少時，即以新增人丁抵補，維持原額不變，將全國徵收丁銀的總額固定下來，不再隨著人丁的增加而多徵丁銀。盛世滋生人丁永不加賦的辦法，雖然並沒有解決清初賦役不均的嚴重問題，但間接爲丁隨地起的實行提供了有利的條件。丁隨地起的賦役改革所以能在一定程度上實行，主要是由於盛世滋生人丁永不加賦實行後，丁銀數目確定，將一定數目的丁銀攤入地畝徵收，其法簡便易行，清世宗於是在康熙末年財政措施的基礎上進一步實行丁隨地起的賦役改革，將丁銀攤入田糧內徵收，或按地糧兩數攤派，或按地糧石數攤派，或按田地畝數攤派，傜役完全由土地負擔㉜，免除了無地貧民及手工業者的丁銀，取消了他們的人頭稅，而且由於戶丁編審制度的停止，人身依附土地的關係減輕了，在居住方面也獲得更大的自由，有利於無地貧民的向外遷徙，增加他們的謀生機會，由於丁隨地起制度的實行，而加速了下層社會的人口流動，在農村裏因無法獲取土地被排擠出來的流民，有一部分離鄉背井，披荊斬棘，墾殖荒陬，在開發中地區逐漸形成移墾社會；有一部分成爲非農業性人口，進入城鎮，浪迹江湖，倚靠卜卦算命，行醫看病，賣唱耍藝，肩挑負販，傭趁度日，東奔西走，出外人孤苦無助，爲了立足異域，他們往往結拜弟兄，倡立會黨，以求患難相助，清初以來大量的流動人口爲秘密會黨的發展，提供了極爲有利的條件。

## 四、福建人口流動與秘密會黨的發展

人口流動是人類對社會經濟環境的一種反應，在清代人口的流動現象中，福建和廣東是我國南方最突出的兩個省分。福建人口的流動方向，除了向海外移殖南洋等地外，其國內移徙方向，可以從幾個方面加以討論，由於清初以來城市經濟的發展，部分農村人口已向城市移徙；福建的精華區域主要是集中於福州、泉州、漳州沿海一帶，其西北內陸山區，因交通阻塞，開發遲緩㉝，福建人口即由沿海稠密地區移向西北內陸山區，開山種地；福建與廣東、江西等省接壤，福建人口流入廣東、江西等省者亦夥，其進入廣東的流動人口，多屬於非農業性的人口；廣西、雲南、貴州等省，因地廣人稀，福建游民進入開發中地區者，亦絡繹不絕；臺灣與福建內地，一衣帶水，因土曠人稀，明末清初以來，渡海來臺者與日俱增。由於清代，福建人口流動頻繁，秘密會黨傳佈益廣，排比福建及其鄰省會黨案件後，可以發現秘密會黨的發展，與福建人口流動有密切的關係。

## 清代福建會黨傳佈表

| 年　　　月 | 會　名 | 姓　名 | 原　　籍 | 結會地點 | 職　業 |
|---|---|---|---|---|---|
| 雍正6年(1728) 1月 | 父母會 | 陳　斌 | 福建漳州 | 臺灣諸羅縣 | |
| 雍正6年(1728) 3月 | 父母會 | 蔡　蔭 | 福建漳州 | 臺灣諸羅縣 | |
| 乾隆17年(1752) 3月 | 鐵尺會 | 江　茂 | 福建建陽縣 | 福建邵武縣 | |
| 乾隆26年(1761) | 天地會 | 萬提喜 | 福建漳浦縣 | 廣東惠州 | 僧　侶 |
| 乾隆37年(1772) 1月 | 小刀會 | 林　達 | 福建 | 臺灣彰化縣 | 小　販 |
| 乾隆47年(1782) 8月 | 小刀會 | 黃　添 | 福建漳州 | 臺灣彰化縣 | 設賭場 |
| 乾隆48年(1783) | 天地會 | 嚴　烟 | 福建平和縣 | 臺灣彰化縣 | 布　商 |
| 乾隆49年(1784) | 天地會 | 林爽文 | 福建平和縣 | 臺灣彰化縣 | 車　夫 |
| 乾隆51年(1786) 5月 | 天地會 | 鍾　祥 | 福建武平縣 | 臺灣彰化縣 | |
| 乾隆51年(1786) 5月 | 天地會 | 張　文 | 福建長泰縣 | 臺灣彰化縣 | |
| 乾隆51年(1786) 6月 | 添弟會 | 楊光勳 | 福建 | 臺灣諸羅縣 | |
| 乾隆51年(1786) 6月 | 雷公會 | 楊媽世 | 福建 | 臺灣諸羅縣 | |
| 乾隆51年(1786) 10月 | 天地會 | 朱　開 | 福建平和縣 | 臺灣彰化縣 | |
| 乾隆51年(1786) 11月 | 天地會 | 陳　樵 | 福建漳浦縣 | 臺灣彰化縣 | |
| 乾隆51年(1786) | 天地會 | 黃阿瑞 | 福建詔安縣 | 廣東饒平縣 | 木桶商 |
| 乾隆55年(1790) 9月 | 天地會 | 張　標 | 福建漳州 | 臺灣南投 | |
| 乾隆57年(1792) | 靝黰會 | 陳　滋 | 福建晉江縣 | 福建同安縣 | |
| 乾隆59年(1794) 5月 | 小刀會 | 鄭光彩 | 福建龍溪縣 | 臺灣鳳山縣 | |
| 嘉慶6年(1801) 7月 | 天地會 | 陳　姓 | 福建同安縣 | 廣東海康縣 | 看　相 |
| 嘉慶6年(1801) 9月 | 天地會 | 陳　姓 | 福建同安縣 | 廣東新寧縣 | 看　相 |
| 嘉慶7年(1802) 4月 | 天地會 | 蔡步雲 | 福建漳浦縣 | 廣東歸善縣 | |
| 嘉慶10年(1805) 2月 | 添弟會 | 黃開基 | 福建長汀縣 | 福建南平縣 | 縫　紉 |
| 嘉慶10年(1806) 10月 | 百子會 | 黃祖宏 | 福建清流縣 | 福建甌寧縣 | |
| 嘉慶11年(1806) 3月 | 添弟會 | 李文立 | 福建晉江縣 | 福建南平縣 | |
| 嘉慶11年(1806) 7月 | 天地會 | 曾阿蘭 | 福建永定縣 | 江西會昌 | |
| 嘉慶11年(1806) 7月 | 天地會 | 何承佑 | 福建武平縣 | 江西會昌縣 | 唱　曲 |
| 嘉慶12年(1807) 8月 | 天地會 | 游　德 | 福建上杭縣 | 廣西向武土州 | |
| 嘉慶13年(1808) 2月 | 洪蓮會 | 廖善慶 | 福建永定縣 | 江西安遠縣 | |
| 嘉慶16年(1811) 8月 | 添弟會 | 陳　仁 | 福建上杭縣 | 四川雅州 | 小　販 |
| 嘉慶18年(1813) 2月 | 花子會 | 俞添才 | 福建建寧縣 | 福建泰寧縣 | |
| 嘉慶19年(1814) 1月 | 拜香會 | 曹懷林 | 福建長汀縣 | 福建沙縣 | |
| 嘉慶19年(1814) 2月 | 仁義會 | 鍾和先 | 福建長汀縣 | 福建順昌縣 | |
| 嘉慶19年(1814) 2月 | 仁義會 | 黃開基 | 福建長汀縣 | 福建順昌縣 | |
| 嘉慶19年(1814)閏2月 | 仁義會 | 李發廣 | 福建武平縣 | 福建建安縣 | |
| 嘉慶19年(1814)閏2月 | 添弟會 | 李文立 | 福建晉江縣 | 福建建陽縣 | |
| 嘉慶19年(1814)閏2月 | 添弟會 | 陳蒲薩 | 福建莆田縣 | 福建建陽縣 | |
| 嘉慶19年(1814) 5月 | 仁義會 | 何子旺 | 福建光澤縣 | 福建建陽縣 | |
| 嘉慶19年(1814) 5月 | 仁義會 | 李青雲 | 福建上杭縣 | 福建建陽縣 | |
| 嘉慶19年(1814) 6月 | 仁義會 | 饒特昌 | 福建武平縣 | 福建甌寧縣 | |
| 嘉慶19年(1814) 6月 | 父母會 | 歐　狼 | 福建漳浦縣 | 福建霞浦縣 | |
| 嘉慶19年(1814) 8月 | 雙刀會 | 陳冬仔 | 福建建陽縣 | 福建甌寧縣 | |
| 嘉慶21年(1816) 5月 | 添弟會 | 嚴老三 | 福建 | 貴州興義府 | 小　販 |
| 道光24年(1844) 8月 | 雙刀會 | 戴　仙 | 福建漳浦縣 | 廣東揭陽縣 | 堪輿卦命 |
| 同治1年(1862) 3月 | 添弟會 | 戴潮春 | 福建龍溪縣 | 臺灣彰化縣 | |

資料來源：宮中檔奏摺、軍機處檔奏摺錄副。

福建在地形上是從西北向東南呈梯狀下降的丘陵地帶，延平、建寧、邵武三府，位於福建西北內陸，米價低廉，福州、泉州、漳州等府，因人烟稠密，食指浩繁，向來即藉上游延平、建寧、邵武三府米糧接濟，福建西北山區可以容納東南沿海精華區過剩的人口，提供貧民謀生的空間，福建省內人口流動的方向就是由沿海人烟稠密地區流向西北內陸山區建寧、邵武、延平等府所屬各縣，其中建安、甌寧、建陽、崇安、浦城、政和、松溪七縣隸屬建寧府，邵武、光澤、泰寧、建寧四縣隸屬邵武府，南平、順昌、沙縣、永安、將樂、尤溪六縣隸屬延平府。如上表所列，嘉慶年間（1796—1820），南平縣破獲添弟會，沙縣破獲拜香會，順昌縣破獲仁義會，都在延平府境內；甌寧縣破獲百子會、仁義會、雙刀會，建陽縣破獲添弟會、仁義會，建安縣破獲仁義會，俱在建寧府境內；邵武府泰寧縣破獲花子會。據閩浙總督汪志伊具摺指出「添弟會名目，閩省起自乾隆四十年後。」㉞嘉慶七年（1802），福建西北山區，已破獲結盟拜會案件。福建長汀縣人黃開基，縫紉度日，嘉慶十年（1805）二月，黃開基在南平縣糾邀五十九人結拜添弟會。嘉慶十九年（1814）二月，黃開基因貧難度，糾邀鍾老二等十三人在順昌縣小坑仔山廠內結盟拜會，因添弟會奉文查禁，改立仁義會。同年三月二十八日、四月十二日、五月十二日，黃開基在建陽縣桂陽鄉等地三次結拜仁義會，會中李青雲是福建上杭縣人，鍾和先是長汀縣人，何子旺是光澤縣人㉟。嘉慶十一年（1806）三月，晉江縣人李文力等二十二人在南平縣大力口空廟內加入由鄭興名所領導的添弟會。鄭興名搭起神桌，上寫萬和尙牌位，中放米斗、七星燈、剪刀、鏡子、鐵尺、尖刀、五色布各物，入會者俱從刀下鑽過，立誓相助。然後由鄭興名傳授開口不離本，出手不離三，取物吃烟俱用三指向前暗號，並交給李文力舊會簿一本。嘉慶十五年（1810）六月，李文力在順昌縣富屯地方糾邀十人結拜添弟會。嘉慶十九年（1814）閏二月，李文力糾邀二十七人在建陽縣黃墩地方山廠內結拜添弟會㊱。李發廣是福建武平縣人，嘉慶十七年（1812）七月，入添弟會，嘉慶十九年（1814）閏二月，李發廣在建安縣結拜仁義會，同年七、八月，又在甌寧縣結拜仁義會㊲。歐狼的原籍在漳州府漳浦縣，遷居霞浦縣，稔知添弟會隱語暗號。嘉慶十九年（1814）六月，歐狼因貧難度，並希圖遇事彼此照應，於是糾邀三十六人，在霞浦縣天岐山空廟內結會，改名父母會㊳。黃祖宏是福建清流縣人，嘉慶十年（1805）十月，黃祖宏等十人在甌寧縣地方拜江西人李于高爲師，入百子會。嘉慶十六年（1811）三月，建陽縣人江婢仔因貧難度，糾邀三十九人結拜百子會。曹懷林是長汀縣人，在沙縣謀生，因恐被人欺侮，於嘉慶十九年（1814）二月，在沙縣觀音山空寮內結拜拜香會，入會者共四十二人。陳冬仔是建陽縣人，在甌寧縣謀生，因孤苦無助，於嘉慶十九年（1814）八月拜汀州人老謝爲師，入雙刀會，會中用紅布帶繫褲作爲暗號㊴。對照上表所列會員原籍及結會地點後，發現結會地點，不在原籍，其中長汀、清流、上杭、武平、永定等縣，俱隸屬汀州府；晉江縣隸屬泉州府；莆田縣隸屬興化府。清初以來興化、汀州等府境內的人口流動，亦極頻繁，主要原因就是由於糧少人多。雍正四年（1726）五月二十日，福建陸路提督吳陞具摺時指出泉州、漳州、興化、汀州米價日騰，告糴維艱。同年九月二十九日，福建布政使沈廷正奏摺內亦稱「汀州、漳州、泉州等省所屬地方，因本地產米甚少，食口繁庶。」㊵汀州、興化等府貧民亦向北部山區流動，福建秘密會黨遂因人口流動，而在西北內陸山區活躍起來。福建巡撫徐繼畬具摺時指出「閩省延建邵三府，民俗本極淳良，因產茶葉，又多荒山，外鄉無業游民，紛紛麕集，或種茶，或墾荒，或傭趁。本省則泉州、漳州、永春，鄰省則江西、廣東，客民之數幾與土著相埒，因此藏垢納污，作奸犯科，無所不有。大約搶刼之案，泉州、永春、廣東之人爲多，結會之案，則江西人爲多。搶刼者皆凶悍匪徒，至結會之人則多寄居異鄉，恐被欺侮，狡黠之徒，乘機煽惑，誘以結會拜師可得多人幫護，愚民無知，往往爲其所惑。」㊶福建延平、建寧、邵武三府容納了各處游民，外鄉游民，寄居異地，恐被人欺侮，於是結盟拜會，冀得多人幫護，江西人固然糾人結會，福建本省泉州、汀州、興化等府的外鄉游民，爲求立足異地，亦爭相結會，嘉慶年間以來，秘密會黨在福建西北內陸發展起來，並非歷史的巧合。

福建與廣東接壤，福建漳州府平和等縣與廣東潮州饒平等縣毗連，閩人入粵者頗多。洪二和尚萬提喜，俗名鄭開，是福建漳浦縣人。乾隆二十六年（1761），萬提喜到廣東惠州結拜天地會，次年，萬提喜回到漳浦縣高溪鄉觀音亭傳徒結會，是年便有盧茂、方勸、陳彪等人入會㊷。黃阿瑞是福建詔安縣人，常到廣東饒平縣小榕鄉趁墟，販賣木桶，饒平縣小榕鄉人涂阿番平日在墟上賣飯過日。乾隆五十一年（1786），黃阿瑞向涂阿番買飯吃，欠了飯錢。黃阿瑞告知涂阿番，在漳州有天地會，若入了會，便有好處，因路上遇有搶奪的人，做了暗號給他看，就不搶了，於是傳授「以大指爲天，小指爲地，吃烟用三個指頭接烟筒」的暗號㊸。嘉慶五年（1800）十二月間，福建同安縣人陳姓，到廣東海康縣看相，縣民林添申邀請陳姓到家中看相。陳姓即告以入會好處，遇事可以互相幫助，傳授三指取物暗號，開口即說「本」字，並給與天地會舊表一紙。次年七月，林添申因貧難度，即糾人結拜天地會。嘉慶六年（1801）二月，福建同安縣人陳姓到廣東新寧縣看相，有傭工度日的縣民葉世豪邀請陳姓到家看相，陳姓即告知結拜天地會的好處。同年九月，葉世豪糾人結拜天地會。蔡步雲是福建漳浦縣人，寄居廣東歸善縣，嘉慶七年（1802）四月十一日，歸善縣民陳亞本至蔡步雲家內閒談，相商結拜天地會，先後邀得謝天生等十六人，於四月十五日在陳亞本家結拜天地會。據地方大吏奏報廣東歸善、博羅二縣民人加入天地會者多達一、二萬人，其先後投首者多達二、三千人。兩廣總督覺羅吉慶具摺指出博羅天地會成立的原因，其原摺略謂：「博羅縣地方，向有潮州、嘉應、福建客籍民人耕種田畝，因爭奪水利，與土著民人多有不合，又間有被會匪殺傷人口之家，將投首之人仇殺者。」㊹博羅地方的客籍民人，就是當時的流動人口，除了潮州、嘉應州的游民外，也包括來自福建的流動人口，因爭奪水利，而與博羅土著民人彼此不合，於是結盟拜會。

福建與江西接壤，江西吉安府廬陵、瑞金等縣，贛州、廣信、建昌等府，俱鄰近福建，福建無業貧民麕至駢集，進入江西的流動人口，爲數極夥。曾阿蘭是福建永定縣人，唱曲度日。嘉慶十一年（1806）五月，曾阿蘭在原籍拜盧盛海爲師，入天地會，盧盛海設立洪二和尚萬提喜牌位，並用木椅藍白布搭成假橋，將紅布一塊用秤鈎掛在假橋上，令曾阿蘭等從橋上鑽過，宰雞取血滴酒同飲，交給曾阿蘭紅紙花帖一張，傳授「開口不離本，出手不離三」及「三八二十一」口訣暗號。盧盛海往來於福建永定縣、江西會昌縣等地，曾阿蘭見盧盛海傳徒斂錢獲劉，亦於同年前往江西會昌縣糾邀福建武平縣人何承佑等人入會，每人各出錢一百六、七十文，俱拜曾阿蘭爲師㊺。廖善慶是福建永定縣人，小本營生，往來於廣東大埔縣等地。嘉慶十一年（1806）九月，廖善慶返回永定縣原籍，與王騰蛟相遇，述及福建武平縣人鍾碧珍是天地會即三點會中人，交友衆多，若拜鍾碧珍爲師，可免外人欺侮，如領有紅布花帖，可以傳徒斂錢。廖善慶即同王騰蛟往拜鍾碧珍爲師，各送洋錢一圓，鍾碧珍買香紙，設立洪二和尙萬提喜牌位，用布搭於兩旁椅背，作爲布橋，令廖善慶等人鑽過，鍾碧珍口誦「有忠有義橋下過，無忠無義劍下亡」等誓詞，並用刀劍宰雞取血滴酒同飲，然後交給紅布花帖，又傳授「開口不離本，出手不離三」及「三八二十一」口訣暗號。嘉慶十三年（1808）二月，廖善慶等到江西安遠縣，與廣東平遠縣人楊金郎等人商改天地會爲洪蓮會㊻。由於江西與福建鄰接，福建人口流入江西者頗多，江西會昌縣的天地會即三點會及安遠縣洪蓮會，就是福建會黨的延伸。

廣西秘密會黨的倡立者及其重要成員，籍隸福建者，較爲罕見。例如游德是福建汀州府上杭縣人，嘉慶十二年（1807）八月初二日，游德在廣西向武土州會遇廣東人林瓊宴，各道貧苦，起意邀人結拜天地會，以便斂錢使用。雲貴地區爲新闢苗疆，嘉慶年間以來所破獲的會黨案件，會員中籍隸福建者亦不多見。例如嚴老三、嚴老五是福建人，與廣東人麥青，均在貴州興義府寄居，彼此素識。嘉慶十九年（1814）十一月，麥青往廣西百色地方販賣雜貨，路遇福建人黃焦敬，同行之際，黃焦敬談到曾得會書一本，若出外貿易，遇見添弟會中人搶劫，即照書內所載「起手不離三，開口不離本」手勢口號行動，添弟會知係會中人，就可以保全無事，麥青即向黃焦敬借鈔添弟會秘書。嘉慶二十一年（1816）五月初間，嚴老五與麥青在嚴老三家相遇，言及生意平常，起意邀人結拜添弟會，可以恃衆搶劫，先後邀得九十二人，各出錢一、二百文至五、六百文不等，於五月二十五、六日先後在貴州興義府薛家凹孤廟內結拜添弟會，因嚴老三爲人明白，被推爲先生，嚴老五、麥青被推爲大爺。嚴老三等用竹紮關門三層，每關兩人各執長尖刀立於兩旁，將刀架在中間，又在關門內搭起一座高臺，上設米斗，內安洪英等人牌位五個，五色紙旗五面，尺一把，秤一桿，劍一把，鏡子一面，中央插紅布「帥」字旗一桿，嚴老五站在頭關，劉老九站在第二關，嚴老三在第三關內披髮仗劍，站在臺上，入會各人俱拆散髮辮，用紅布包頭，先由頭關及二關報名，從刀下鑽過，再進第三關至嚴老三前盟誓，言明有事相助，不許翻悔畏避，各刺中指滴血飲酒，一齊磕頭結拜弟兄，將衆人姓名開列盟單焚化，衆人由火上跳過，以示同赴水火俱不畏避之意。因人數衆多，難於認識，遂以不扣外衣第二鈕扣爲暗記。嚴老三又將會書內「舉手不離三，開口不離本」手勢口號，傳授給衆人㊼。會中頭領嚴老三、嚴老五是福建人、麥青是廣東人，麥青所藏添弟會秘書也是向福建人黃焦敬借來鈔寫的，貴州興義府添弟會同時容納了福建及廣東的流動人口，省籍觀念，並不濃厚。

四川省經過明末張獻忠等大肆屠殺後，地廣人稀，故能容納外省大量過剩人口的移入，但就閩粵兩省而言，流向四川的人口，以廣東爲最多，福建較少。嘉慶十六年（1811）八月間，福建汀州府上杭縣人陳仁由貴州前往四川，從樂山縣赴雅州，行至犂頭灣地方時，被添弟會會員縛至張老五家，逼令入會，同吃血酒盟誓，經管會內名冊。由此案件可知福建泉、漳二府人口流動，固然很頻繁，至於汀州府所屬上杭等縣的流動人口數量亦夥，其流動方向，遠至貴州、四川等省。

臺灣與閩粵地區，一衣帶水，明末清初，閩粵先民渡海來臺，與日俱增，披荊斬棘，墾殖荒陬，逐漸形成一個移墾社會，同時建立了複雜的社會經濟關係。早期移殖臺灣的閩粵先民，缺乏以血緣作爲村落組成的條件，同鄉的人遷到同鄉所居住的地方，共同組成地緣村落，而形成泉州庄、漳州庄、廣東庄，以地緣爲分界，其中泉州籍移民來臺較早，人數較多，漳州人次之，廣東庄人數較少，三個人群各有畛域，彼此之間各分氣類，互相凌壓，分類械鬥，結盟拜會案件，層出不窮，排比會黨案件後，發現臺灣會黨的出現，與拓墾方向大致是齊頭並進的，會黨成員的籍貫，多屬於漳州府各縣。雍正年間拓墾重心，是在諸羅一帶。雍正六年（1728），福建漳州籍移民陳斌、蔡蔭等人先後結拜父母會，入會者每人出銀一兩，當會員的父母年老身故時，彼此互助喪葬費用。乾隆初年以來，彰化平原逐漸成爲拓墾重心，同時期的諸羅，人口壓力，與日俱增，乾隆年間的小刀會、天地會都出現於彰化平原。清廷爲彈壓地方，在彰化地方多設兵丁，但因兵丁驕悍，結夥肆虐，欺壓百姓，民衆爲了抵制營兵，遂相約結拜小刀會。乾隆三十七年（1772）正月，大墩街民林達，因賣檳榔，被兵丁強買毆辱，林達乃起意邀得林六等十八人結會，相約遇有營兵欺侮，即各帶小刀幫護，因其携帶小刀，故稱小刀會。自是年起，小刀會案件，層見疊出，或三、四人，或四、五人，各自結爲一會，以防營兵欺壓。小刀會會員黃添等人，原籍都在福建漳州。嚴烟是漳州平和縣人，向來賣布爲生，乾隆四十七年（1782），加入天地會，次年，渡海來臺，在彰化開張布鋪，傳佈天地會。林爽文也是漳州府平和縣人，隨其父林勸徙居彰化大里杙，趕車度日。乾隆四十九年（1784）三月，加入天地會，嚴烟設立香案，在刀劍下鳴誓，言明遇有事故，大家出力幫助。因恐人數太多，不能認識，會中約定見人伸三指，並有「五點二十一」暗藏「洪」字暗號。據嚴烟指出加入天地會的好處：婚姻喪葬事情，可以資助錢財；與人打架，可以相幫出力；若遇搶刼，一聞同會暗號，便不相犯；收徒傳會，可以得人酬謝㊽。除林爽文外，其餘會員如鍾祥是福建武平縣人，張文是福建長泰人，朱開是福建平和縣人，陳樵是漳浦縣人。林爽文起事以後，其重要頭領及會員，多籍隸福建漳州府各縣，乾隆末年，臺灣天地會就是以福建漳州人爲基礎的異姓結拜組織㊾。小刀會的主要成員亦多爲漳州人，例如彰化小刀會首領林阿騫就是大里杙林爽文的同族。乾隆五十九年（1794）五月，在鳳山地方結拜小刀會的鄭光彩，其原籍是漳州府龍溪縣。同治元年（1862）三月。在彰化倡立添弟會的戴潮春，其原籍也是漳州府龍溪縣。在移墾社會裏，雖然缺乏血緣的整合條件，但基於對祖籍的認同，逐漸形成地緣村落，泉籍與漳籍分庄而居，各分氣類，因此各會黨成員的籍貫有很濃厚的地緣意識。

## 五、廣東人口流動與秘密會黨的發展

廣東由於山多田少，地狹人稠，其生產發展和人口增長的失調，日趨嚴重。清初以來，由於生齒日繁，食指衆多，以致米價騰貴。富裕農戶以稻田利薄，多棄稻米生產，而改種經濟作物，其中烟草的種植，在廣東農業經濟中佔了極大的比重，此外各種果樹的種植，亦極普遍，由於廣東地區普遍的稻田轉作，必然出現經濟作物與稻穀奪地的現象，而嚴重地影響糧食生產面積日益減少及稻米供應的不足㊿。由於商業性農業的發展，稻米生產量的減少，即使豐年，其米穀大半仰賴廣西省接濟，越來越多無田可耕無業可守的貧苦小民，因迫於生計而出外謀生，成爲廣東地區的廣大流動人口，由於廣東人口的向外流動，結盟拜會的風氣，遂傳佈日廣，排比各省會黨案件後，發現各省會黨的成立，多與廣東人口的流動有密切的關係。為便於了解各會黨出現的先後，會員籍貫及結會地點的分佈，先將地方大吏所查辦的會黨案件列表於下。

**清代廣東會黨傳佈表**

| 年　　月 | 會名 | 姓名 | 原　籍 | 結會地點 | 職業 |
|---|---|---|---|---|---|
| 乾隆48年(1783) | 天地會 | 陳　彪 | 廣東惠州 | 福建平和縣 | 醫　生 |
| 乾隆51年(1786) 6月 | 天地會 | 林功裕 | 廣東饒平縣 | 福建平和縣 | |
| 乾隆51年(1786) 7月 | 天地會 | 賴阿恩 | 廣東饒平縣 | 福建漳州 | |
| 乾隆51年(1786) 10月 | 天地會 | 許阿協 | 廣東饒平縣 | 福建平和縣 | 麵　販 |
| 乾隆51年(1786) 10月 | 天地會 | 林阿俊 | 廣東饒平縣 | 福建漳州 | |
| 乾隆52年(1787) 10月 | 牙籤會 | 仇德廣 | 廣東西寧縣 | 廣西蒼梧縣 | |
| 嘉慶10年(1805) 8月 | 天地會 | 楊金郎 | 廣東平遠縣 | 江西會昌縣 | |
| 嘉慶11年(1806) 3月 | 天地會 | 吳復振 | 廣東龍川縣 | 江西會昌縣 | |
| 嘉慶12年(1807) 3月 | 天地會 | 楊開泰 | 廣東 | 廣西平樂縣 | |
| 嘉慶12年(1807) 3月 | 天地會 | 李元隆 | 廣東 | 廣西平樂縣 | |
| 嘉慶12年(1807) 5月 | 天地會 | 周宗勝 | 廣東南海縣 | 廣西上林縣 | 傭　工 |
| 嘉慶12年(1807) 8月 | 天地會 | 顏　超 | 廣東南海縣 | 廣西來賓縣 | 小　販 |
| 嘉慶13年(1808) 2月 | 天地會 | 顏　超 | 廣東南海縣 | 廣西來賓縣 | 小　販 |
| 嘉慶13年(1808) 2月 | 天地會 | 鍾亞茂 | 廣東南海縣 | 廣西上林縣 | 幫　工 |
| 嘉慶13年(1808) 3月 | 天地會 | 林瓊宴 | 廣東南海縣 | 廣西奉議州 | 堪　輿 |
| 嘉慶13年(1808) 4月 | 天地會 | 顏亞貴 | 廣東南海縣 | 廣西來賓縣 | |
| 嘉慶13年(1808) 4月 | 天地會 | 古致昇 | 廣東南海縣 | 廣西藤縣 | 賣　藥 |
| 嘉慶13年(1808) 4月 | 三點會 | 闕　祥 | 廣東 | 江西會昌縣 | |
| 嘉慶17年(1812) 4月 | 添弟會 | 林閏才 | 廣東 | 雲南寶寧縣 | |
| 嘉慶17年(1812) | 添弟會 | 林閏才 | 廣東 | 雲南師宗縣 | |
| 嘉慶19年(1814)閏2月 | 三點會 | 僧宏達 | 廣東和平縣 | 江西定南廳 | 僧　侶 |
| 嘉慶19年(1814)閏2月 | 三點會 | 吳亞妹 | 廣東和平縣 | 江西定南廳 | |
| 嘉慶19年(1814) 3月 | 三點會 | 邱利展 | 廣東連平州 | 江西龍南縣 | |
| 嘉慶19年(1814) 6月 | 仁義會 | 李青雲 | 廣東 | 福建建陽縣 | |
| 嘉慶19年(1814) 7月 | 添弟會 | 謝羅俚 | 廣東 | 江西崇義縣 | 雜貨商 |
| 嘉慶21年(1816) 2月 | 添弟會 | 楊憨頭 | 廣東曲江縣 | 雲南文山縣 | |
| 嘉慶21年(1816) 5月 | 添弟會 | 麥　青 | 廣東 | 貴州興義府 | 小　販 |
| 嘉慶21年(1816) 11月 | 忠義會 | 梁老九 | 廣東佛山鎭 | 湖南永明縣 | |
| 道光6年(1826) 4月 | 兄弟會 | 巫巧三 | 廣東嘉應州 | 臺灣貓裏 | |
| 道光11年(1831) 1月 | 三合會 | 吳老三 | 廣東 | 貴州懷遠縣 | |
| 道光15年(1835) 4月 | 三點會 | 李　魁 | 廣東 | 福建邵武縣 | 種　茶 |
| 道光15年(1835) 4月 | 三點會 | 鄒四橋板 | 廣東龍川縣 | 福建邵武縣 | 種　茶 |
| 光緒31年(1905) | 三點會 | 鍾吉山 | 廣東嘉應州 | 江西南安縣 | |
| 光緒32年(1906) 1月 | 三點會 | 陳北石 | 廣東南雄縣 | 江西大庾縣 | |
| 光緒32年(1906) 4月 | 三點會 | 葉定山 | 廣東連平州 | 江西虔南廳 | |

資料來源：宮中檔奏摺、軍機處檔奏摺錄副。

廣東與福建接壤，廣東潮州與福建漳州毗連，是廣東米價昂貴的地區。雍正初年，兩廣總督孔毓珣已指出「潮州一府，界連福建，田少人多，即遇豐歲，米價猶貴於他郡。」雍正四年（1726），因春雨較多，潮州米價每石賣至二兩八、九錢至三兩不等。次年四月間，潮州因薄收，米價高昂，每石需銀五兩㊷。潮州無地貧民成爲流動人口，多進入漳州謀生，入閩粵人爲了立足異域，多加入當地會黨，以求自保。例如陳彪是廣東惠州府人，曾拜洪二和尚萬提喜爲師，於乾隆二十七年（1762）加入天地會㊸。乾隆四十八年（1783），陳彪借行醫爲名，從廣東惠州到福建漳州平和縣傳會㊹，平和縣人嚴烟等人加入天地會。林功裕是廣東饒平縣南陂鄉人，平日在福建漳浦、平和等縣唱戲度日。乾隆五十年（1785），林功裕在平和縣地方唱戲時，有林邊鄉人林三長到戲館，與林功裕認爲同宗。乾隆五十一年（1786）五月，林功裕聘平和縣下寨鄉周杰婢女爲妻，林三長告以既定了老婆，須入天地會，才好娶回，林功裕應允。同年六月，林功裕至林三長書房用桌子供設香爐，令林功裕從劍下走過，發誓若觸破事機，死在刀劍下，並傳授暗號，用三指接遞茶烟，如路上有人搶奪，把三指按住胸膛，即可無事。若有人查問從那裏來？只說「水裏來」三字，便知同會㊺。賴阿恩是廣東饒平縣小榕鄉人，其子賴娘如向在福建漳州福興班唱戲。乾隆五十一年（1786）七月，賴阿恩從饒平縣起身到漳州去看賴娘如，將近漳州路上，被三、四名不認識的人搶去衣包。賴阿恩告知福興班管班梁阿步，梁阿步勸令賴阿恩加入天地會，傳授暗號，若遇搶奪，只用三指按住心坎，就不搶了，並以大指爲天，小指爲地。林阿俊也是饒平縣小榕鄉人，其子林阿眞與賴娘如同在漳州福興班唱戲。乾隆五十一年（1786）十月，林阿俊到漳州探望兒子，林阿眞給父親銀錢回家。戲班管班梁阿步告以路上不好走，須防人搶奪，若入天地會，即可無事，林阿俊應允入會，梁阿步傳授三指訣及「觸破機關定不可，忠義存心不可忘」等詩句㊹。許阿協是廣東饒平縣上饒鄉人，平日販賣酒麴生理，常在福建平和縣小溪地方賴阿邊麴店購麴，零售度日。乾隆五十一年（1786）十月，許阿協携帶番銀到平和縣買麴，路過麻塘地方，被人搶去番銀，許阿協告知賴阿邊，賴阿邊告以若入天地會，將來行走便可免於搶奪，此時被搶番銀亦可代爲要回，許阿協應允入會，與賴阿邊、賴阿立兄弟一同焚香結拜天地會。賴阿邊傳授暗號，在路上行走，如遇搶奪，即伸出大拇指來，便是天字，要搶的人必定伸出小指，就是地字，彼此照會，就不搶了㊺。粵人除了進入漳州謀生外，也湧入福建西北內陸墾荒種地。例如李青林是廣東人，前往福建建陽縣謀生，嘉慶十九年（1814）六月，江西人劉祥書等人在建陽縣長窠地方拜李青林爲師，入仁義會㊻。李魁原籍廣東，十餘歲時，前往福建西北山區種茶營生，曾入三點會。鄒觀鳳、鄒四橋板兄弟是廣東龍川縣人，向在福建邵武縣山區採茶傭工，與李魁素相熟識。道光十五年（1835）四月，李魁糾邀鄒四橋板等二十人在李魁茶廠內結拜三點會，李魁隨將各人姓名單焚化，宰雞取血，並在各人左手食指上刺針取血滴入酒內各飲一口，跪拜天地盟誓。李魁傳授「開口不離本，起手不離三」歌訣；如有人問姓名，答以「本姓某，改姓洪」；接遞物件，俱用三指；每日上午髮辮自右盤左，下午自左盤右；胸前鈕釦解開兩顆，折入襟內，作爲同會暗號。在誓詞中言明同會之人，遇事互相幫助㊼。進入福建的廣東流動人口，都是爲生計所迫的貧民，他們有的唱戲度日，有的肩挑負販，有的種茶或採茶，出外人爲了立足異域，有的糾邀客籍貧民結盟拜會，有的則加入當地會黨，以求自保，從廣東流動人口倡立會黨的經過，有助於了解從傳統社會游離出來的流動人口自我調適的共同模式。

廣東與江西接壤，江西南部地區是一個山間盆地，稱爲贛南盆地，其沿邊丘陵坡地，茶園廣佈，所產紅茶、綠茶，質量俱佳，此外多栽種甘薯，成爲輔助性的糧食作物，坡地橘園亦多，經濟作物面積廣大。鎢是江西著名的礦產，其礦區主要分佈於贛南大庾、贛、上猶、龍南、遂川、興國等縣，多與廣東連界，粵省湧入江西南部沿邊山區的流動人口，接踵而至，在贛南盆地沿邊山區依山旁谷搭棚而居，稱爲棚民。雍正九年（1731）三月，江西按察使樓儼具摺指出江西棚民的由來，「江西壹省有棚民壹項，除撫州、九江、南康、建昌肆府外，其餘柒府內共計肆拾肆州縣皆有棚民，然亦多寡不等，其最多者則係寧州、武寧、新昌、萬載、永新、上饒、玉山、永豐、貴溪、鉛山、樂平、浮梁、德興壹拾叁州縣，察其由來，悉係閩廣及外郡無業之人，始於明季兵燹之後，田地荒蕪，招徠墾種，以致引類呼朋，不一而足。」㊵在江西沿邊搭棚居住的異籍客民，有大批游民是來自廣東的流動人口。江西秘密會黨的起源與發展，與閩粵人口的流動有密切的關係，乾隆年間以來，閩粵地區已屢次破獲天地會、添弟會等會黨，江西則自嘉慶十年（1805）始查獲會黨案件，江西天地會、添弟會盛行的地點，多鄰近福建、廣東，江西會黨就是閩粵人口流動的產物。

楊金郎原籍在廣東省東北部北邊嘉應州瀕臨武平水支流北岸的平遠縣，從平遠縣溯流而上，越過邊界，即進入江西省境內，楊金郎即寄居鄰近原籍的江西長寧縣。吳復振是廣東惠州府龍川縣人，龍川縣城瀕臨東江上游龍川江西北岸，溯流而上，亦可進入江西長寧縣。嘉慶十年（1805）八月，楊金郎聞知盧盛海是天地會首領，加入天地會後可免外人欺侮，領得紅布花帖後又可另行傳徒斂錢，楊金郎即同劉亞秀等人至江西會昌縣拜盧盛海爲師，送給洋銀一圓。嘉慶十一年（1806）三月，吳復振亦至會昌縣拜盧盛海爲師，送給錢六百文。楊金郎、吳復振等人拜師入會時，盧盛海俱設立萬提喜即洪二和尙牌位，用布搭於兩旁椅背作爲布橋，令楊金郎等人鑽過，盧盛海口誦「有忠有義橋下過，無忠無義劍下亡」等詩句，又傳授「開口不離本，出手不離三」隱語暗號及「三八二十一」暗藏「洪」字口訣。同年九月，楊金郎至廣東和平縣，收廣東和平縣人廖月似爲徒㊶。後來廖月似收廣東平遠縣人闕祥、江西安遠縣人朱石崇等人爲徒。嘉慶十三年（1808）四月及十一月間，闕祥、朱石崇先後至江西會昌縣糾邀會昌縣人韓五星、長寧縣人何順隆等二十八人加入天地會㊷。

廣東惠州府境內的和平縣，位於九連山之東，龍川縣西北，北隔定南水就是江西定南廳境。廣東和平縣人僧宏達到江西定南廳塔下寺披剃爲僧，與和平縣人吳亞妹因係同鄉，彼此熟識，常相往來。嘉慶十九年（1814）閏二月，吳亞妹至塔下寺，談及曾入三點會，勸令僧宏達入會，以免受人欺侮，遇貧乏時，同會弟兄彼此出錢照應，僧宏達應允入會，兩人先後糾邀劉長生等三十人，於閏二月二十三日晚間齊赴定南廳銅鑼坵空屋內舉行結拜儀式。吳亞妹將條桌兩張用凳墊高，上擺穀桶，內插白紙小旗兩面，秤、尺、剪刀各一把，紅布一幅，紙牌一個，上面書寫洪二和尙萬提喜名號，又貼紅匾，上面書寫「忠義堂」三字，下面寫著「雲白連天」四字，桌下放磚三塊，吳亞妹點起香燭，手執菜刀，站在桌旁，令僧宏達等人從桌下鑽過，稱爲鑽橋。吳亞妹口誦「有忠有義橋下過，無忠無義刀下亡」等詩句，並傳授「開口不離本，出手不離三」口訣，然後宰雞取血，各刺指血滴入酒內同飲，俱拜吳亞妹爲師，每人各送錢二、三百文至四、五百文不等[63]。江西龍南縣屬贛州府，相距九連山不遠，從廣東連平州北越九連山，即入江西贛州府龍南縣境。廣東連平州人邱利展到江西龍南縣後，與龍南縣人鍾錦龍彼此熟識。嘉慶十九年（1814）三月，鍾錦龍聽從邱利展糾邀，結拜三點會，聲稱入會以後，遇事互相幫助，可以免人欺侮。鍾錦龍應允入會。邱利展排列案桌，上設香燭紙旗，及洪二和尙萬提喜牌位，又用白布在椅上搭作橋式，令鍾錦龍等人從橋下鑽過立誓，宰雞滴血同飲。邱利展傳授「開口不離本，出手不離三」口訣。鍾錦龍送給邱利展錢一千文，邱利展給與鍾錦龍俚詞紅布一塊，紅布俚詞內有「五祖分開一首詩，身上洪英無人知，自此傳得衆兄弟，後來相見團圓時」等語。同年四月間，鍾錦龍先後結拜三點會多次，入會者頗多[64]。後廣東南雄縣北上越過大庾嶺，即進入江西崇義縣境。廣東人謝羅俚向來在江西崇義縣開張雜貨鋪，與崇義縣境內義安墟人鍾體剛彼此交好。嘉慶十九年（1814）七月，謝羅俚與鍾體剛等人起意結拜添弟會，並藉拳棒符書招人入會，以便遇事相助，又可欺壓鄉愚[65]。鍾吉山是廣東嘉應州人，光緒三十一年（1905），鍾吉山在江西南安地方加入三點會，受封爲雙金花[66]。陳北石是廣東南雄縣人，曾拜李紫雲爲師，入三點會，封爲鐵板，屢次率衆在江西大庾縣境向民戶搶刼擄贖。[67]葉定山是廣東連平州人，曾入三點會，封有山名，在江西虔南廳結拜三點會，會中鍾金勝是廣東翁源縣人，鍾增輝是江西虔南廳人。從江西會黨的分佈，有助於了解廣東人口的流動方向，江西會黨主要是閩粵等省人口流動的產物。

廣西地廣人稀，可以容納廣東過剩的人口。廣東依山附海，山多田少，生齒日繁，歲產米穀，不足供應百姓日食，而且地方潮濕，米穀不能久貯，家無積蓄，一遇荒歉，或外地供應不至，即告缺乏。廣西各屬米價，普遍低廉，其不通水路地方，米價尤賤。康熙五十五年（1716）正月，廣西巡撫陳元龍具摺指出廣西所產米穀，大半在深山疊嶂之中，不通水路，雖有米穀，實難運出發賣，其通水路各州縣的米穀，因每天販往廣東，所以米少價騰。據統計，自康熙五十四年（1715）六月早稻登場後至同年十二月止，廣西米船從梧州、潯州江口運往廣東米穀共六十一萬八千餘石，平均每月十萬三千餘石⑱。雍正初年，廣東布政使常賚具摺指出「廣東一省，山多田少，即使豐年，其米穀半皆西省販運，今因春雨之故，西販罕至，是以米價不能即平。」⑲廣東人多米貴，其貧民多就食廣西。就閩粵兩省而言，湧入廣西的人口，以廣東爲最多，福建較少，一方面是因廣西與廣東接壤，一方面是因廣東民食仰賴廣西接濟。由於廣東流動人口的迅速增加，廣西秘密會黨遂日趨活躍。阮元從嘉慶二十二年（1817）冬間到兩廣總督新任後，即細心查訪廣西會黨盛行的原因，其原摺略謂：

查粵西民情本屬淳樸，因該省與廣東、湖南、雲南等省連界，外省游民多來種地，良莠不齊，以致引誘結拜添弟會，遂有鄉民因勢孤力弱，被誘入會，希圖遇事幫護，又或有殷實之户恐被搶刼，從而結拜弟兄，以衛身家。其初該匪等不過誆騙斂錢，沿襲百餘年前舊破書本，設立會簿腰憑，傳授口號，或稱大哥，或稱師傅，或知天地會罪重，改稱老人等會名號。每起或一、二十人，或數十人不等，並無數百人同結一會之案，間有一人而結拜二、三會者。夥黨漸多，旋即恃眾刼掠，又復勾結書役兵丁同入會內，冀其包庇，俾免破獲。其意僅在得財花用，尚無謀爲不法情事，但惑誘良民，糾眾刼擾，實爲地方大害⑳。

所謂「外省游民」，即指廣西以外各省的流動人口，其中廣東貧民多至廣西種地謀生，廣東天地會、添弟會等秘密會黨，遂因人口的流動，而傳入廣西。

廣西蒼梧縣與廣東西寧縣地界毗連，乾隆五十二年（1787）九月，廣東西寧縣人仇德廣與高明縣人梁季舟商議結拜弟兄，相約如被人欺侮，彼此幫護，希圖騙錢使用，即與盧首賢等二十二人在西寧縣杜城墟新廟結會，公推仇德廣爲大哥，各出會錢三百文交給仇德廣收受，仇德廣即解身佩銀牙籤一副，聲言當以牙籤會爲名，各人身帶一副，作爲暗號，隨後照樣打造，散給會員。牙籤會的會員何昌輝寄居廣西蒼梧縣文瀾村開店生理。仇德廣等人至蒼梧縣與何昌輝糾邀陳興遠等二十人各出會錢三百文，於同年十月十八日齊赴文瀾村古廟結拜牙籤會，仍推仇德廣爲會首。仇德廣聲言每人於牙籤之外，尙須打造銀印一個，裝入小盒，各自佩帶，方爲信記，仇德廣編造印章，以「賢義堂記」四字爲記，共計打造銀牙籤、銀印章各四十三副，每副賣錢一千六百文㉑。

楊開泰是廣東人，向在廣西營生，嘉慶十二年（1807）三月，楊開泰等人欲復興天地會，在廣西平樂縣隴家嶺地方糾邀九十餘人結拜天地會。周宗勝是廣東南海縣人，於嘉慶十一年（1806）四月間前往廣西上林縣傭工度日，與李桂等人熟識。嘉慶十二年（1807）五月，周宗勝與李桂起意結拜天地會，以便遇行刼打降時可以有人相助，於是邀得陳老二等三十人，同至上林縣東山嶺空關帝廟內結拜天地會，每人各出錢二百文，俱交李桂買備雞酒飯食香燭等物，不序年齒，公推李桂爲大哥，周宗勝爲二哥。李桂聲稱同會三十人，按照會名分爲天、地兩號，李桂管天號，周宗勝管地號，俱爲會首，其餘會員各自第二起至第十五止，用紅紙條寫號序，捲作二十八筒，令陳老二等二十八人隨手拈定名次，李桂、周宗勝二人同時上前拈香，其餘依次隨後跪拜，各人割破指尖出血，同雞血滴酒分飲盟誓，李桂傳授「出手不離三，開口不離本」十字暗語，遇事彼此幫助，不許悔盟⑫。

林瓊宴是廣東始興縣生員，嘉慶十二年（1807）七月，林瓊宴前往廣西向武土州堪輿為業。同年八月，林瓊宴在向武土州把荷墟會遇福建汀州府上杭縣人游德，各道貧苦，游德勸令林瓊宴加入天地會，傳授「開口不離本，出手不離三」暗號，交給紅布腰憑二塊。嘉慶十三年（1808）三月，林瓊宴糾邀三十九人在奉議州瓦窰結拜天地會，林瓊宴自為師傅，派張經伯為大哥。同年五月，糾邀十七人在駝寧地方拜會。七月至十二月間，又結會五次，林瓊宴俱稱師傅。在歷次結拜儀式中，林瓊宴俱供設腰憑，稱為師傅憑據⑬。鍾亞茂是廣東南海縣人，前往廣西上林縣、宜山縣一帶幫工度日。嘉慶九年（1804）七月，鍾亞茂與同姓不宗的鍾和超向宜山縣承辦官哨的宋青私買硝觔，欲圖轉賣放利，宋青不允，彼此爭鬧，宋青將鍾和超拏送縣城枷責，鍾和超等人因此挾恨，欲圖報復，惟人少不果。嘉慶十三年（1808）二月，鍾和超在上林縣劉老玉店內寄住，有縣民朱常腳等人至店閒談，鍾和超起意結拜天地會，遇事彼此幫助，以免被人欺侮，並可搶刼財物分用。先後糾邀十九人在劉老玉店房後園結拜天地會，因朱常腳力大強橫，不論年齒，被推為大哥，鍾和超為師傅⑭。顏滿元也是廣東南海縣人，向在廣西貴縣賣茶生理。嘉慶三年（1798），顏滿元的長子顏超從廣東南海縣到廣西尋覓生理，往來於來賓縣等地挑賣雜貨。廣東南海縣人顏亞貴，寄居廣西貴縣，販馬生理。嘉慶十三年（1808）二月，顏亞貴到來賓縣樟木墟陳老九歇店遇見挑賣雜貨的顏超，同店居住，因係同姓同鄉，交談投契，各道貧苦。顏超因藏有《桃園歌》，勸令顏亞貴加入天地會，將來自有好處。顏亞貴即向顏超索看歌本，並詢問歌詞根由，顏超告以廣東石城縣丁山腳下有洪啓勝、蔡德忠、方大洪、吳天成、吳德蒂、李色開，已糾多人欲行起事。顏超將《桃園歌》抄給一分，又將結拜天地會「開口不離本，出手不離三」等暗號，並交給拜會白扇一柄，稱爲清風扇。同年四月，邀得李太芳等二十三人，在來賓縣那錢村後古廟內結拜天地會，顏亞貴自爲師傅，派李太芳爲大哥⑮。蔣聲雋是廣西來賓縣生員，教讀度日，與顏超熟識。嘉慶十二年（1807）八月，顏超勸令蔣聲雋結拜天地會，傳授暗號，交給白紙扇一柄，並抄給《桃園歌》。次年三月，蔣聲雋糾邀來賓縣武生范友蘭等二十六人結拜天地會。同年七月，范友蘭糾邀林亞選等二十人結拜天地會。李文達是廣西來賓縣人，與顏超熟識。嘉慶十三年（1808）四月，顏超至李文達處借住，顏超取出〔桃園歌〕借給李文達及其子李太忠閱看，勸令李文達父子結拜天地會，並送給清風扇一柄，隨邀得李含芳等十三人結拜天地會，李太忠因有清風扇，自爲師傅，派李含芳爲大哥⑯。

古致昇原籍廣東，向在廣西平南縣賣藥營生。嘉慶十三年（1808）二月，古致昇在平南縣丹竹墟會遇廣東人蘇顯名，敘談後知係同鄉，古致昇以賣藥利微，且時常被人欺侮，欲另謀生理。蘇顯名即勸令糾人結拜天地會，可以斂錢使用，又可搶刼獲利，凡遇鬥毆，則有人相助。古致昇詢問如何充當師傅及令人信從？蘇顯名即傳授「開口不離本，出手不離三」暗號，用紅布書寫「江洪汨淇漆」字樣作爲腰憑，會員相遇，便知互相照應。拜會時，豎竹架兩層作門，竹門內用木斗貯米，紅布圍蓋，安設香燭，大哥居左，師傅居右，各拿順刀一把，斜架作叉，令衆人鑽刀拜神立誓，用雞血滴酒同飲，入會者每人出錢五百一十六文。同年四月，古致昇糾邀三十三人，在平南縣境古廟內按照蘇顯名傳授儀式結拜天地會，因周勝海力大強橫，不序年齒，公推爲大哥，古致昇自爲師傅⑰。

梁老三是廣東南海縣佛山鎭人，向在廣西營生。嘉慶二十年（1815）七月，梁老三邀得歐發祥等七人在廣西恭城縣結拜忠義會，因歐發祥出錢較多，派爲大哥。湖南衡陽縣人李泳懷亦在恭城縣小貿營生，與梁老三熟識，談及孤身無靠，梁老三告以曾在縣境結拜忠義會，入會以後，可免外人欺侮，會中人如有疾病事故，各出錢一百零八文資助。是年十月，李泳懷等十二人齊至縣境空廟內結拜忠義會。梁老三擺設案桌，用紙書寫「忠義堂」三字，粘貼桌邊，又供設關帝神位，旁插紅旗五面，並點油燈數盞，外用篾圈三個，每圈派遣先已入會的老蓮和尚等六人各執鐵尺、尖刀，在旁把圈。梁老三自稱總大哥，頭帶紅布，髮插紙花，身披長紅布一條，立於桌旁，並令李泳懷戴用紅布，隨同劉老二等人從圈內鑽過，稱爲過三關，然後跳火盆，稱爲過火餤山，並用針在左手中指刺血滴入雞血酒內同飲，各人姓名開寫表文，連同所設神位、紙旗、篾圈一併燒燬⑱。

湖南因與廣東、廣西接壤，兩廣會黨亦隨流動人口的湧入而傳佈於湖南境內。嘉慶十六年（1811），湖南巡撫廣厚抵任後經細心察訪具摺指出湖南向來並無會黨活動，惟永州府屬永明、江華等縣界連兩廣。嘉慶十八年（1813），廣東人黃得隴等即在江華縣結盟拜會⑲。御史蔣雲寬具摺時已指出「粵省添弟會久爲閭閻之害，查拏不淨，近乃蔓延及於湖南永州一帶，名爲擔子會、情義會，黨與既衆，遂至搶掠刦奪，肆行無忌。」⑳永明、江華等縣，雖與兩廣毗連，但土客之間，彼此不相容。湖南巡撫廣厚具摺指出「該地歷來習俗相約不許外省之人存留，現在批山種土及開店貿易者，皆係土著及本省寶慶、桂陽等府州民人，平日均屬安分守法。」㉛由於永明、江華等縣不肯容留客籍游民，結盟拜會就成爲粵籍客民自我調適的表現。梁老九是廣東南海縣佛山鎮人，曾在廣西恭城縣與其叔梁老三多次結拜忠義會，嘉慶二十一年（1816）十一月，梁老九邀得李國林等十二人到湖南永明縣清明田地方羅化隴家結拜忠義會。梁老九在永明縣境內先後結會三次，梁老九被捕後供稱結會可以互相幫助，藉可騙錢漁利，所設令旗，是爲了同會之人疾病事故傳知幫助，腰憑是作爲總大哥憑驗，所寫歌句，不過欲使弟兄和合，並未暗藏他意㉜。

雲南、貴州與廣西接壤，從廣西進入雲貴地區的廣東人口，自雍正初年以來，與日俱增，嘉慶年間，雲貴地區會黨案件，屢有破獲。嘉慶十七年（1812）、十八年（1813），廣東人林閏才、張效元等人在雲南師宗縣、寶寧縣地方，糾邀當地人民結拜添弟會。楊憨頭是廣東曲江縣人，曾拜廣東高要縣人王姓爲師，加入添弟會。嘉慶二十年（1815）十月，楊憨頭徙居雲南開化府文山縣新寨塘，與文山縣人楊贊相好，一同居住。楊憨頭爲人兇悍，附近村民飽受欺凌，每逢年節，均須致送食物。楊憨頭見村民易於欺壓，起意復興添弟會。嘉慶二十一年（1816）二月，糾得二十七人，每人各出銀一兩，或出錢米，多寡不等，共推楊憨頭爲大爺，朱仕榮爲先生。其結會儀式，是在夜間舉行，由朱仕榮寫立五祖牌位，供奉桌上，桌前插刀兩把，地下挖掘小坑，入會之人俱跳火坑，從刀下鑽至牌位前叩頭盟誓，會中書寫表文，當天焚化，各飲雞血酒一杯。楊憨頭以從前王先生傳會時，每人各給紅布一塊，易於遺失，所以規定將髮辮向左邊繞去挽住，作爲會中記號。又傳授舉手不離三的手訣，及開口不離本的口訣㉝。雲南廣南府寶寧縣屬南甲地方，天地會人數衆多，會中以黃鳳朝、韋德顯、鄧發元、程尚達、翁老六、郎兆、李升科、李倫、陳應先、葉玉順等人爲十大頭目，其中翁老六是廣東人，黃鳳朝又名黃奉潮，是廣西南寧府隆安縣人，此外分別隸屬於雲南寶寧、四川、貴州湄潭等縣⑭，會中秘密文件詳列五祖姓名，在嘉慶年間，廣西、雲南、貴州地區，會書輾轉傳抄，流傳已廣。嘉慶十六年（1811）五月，廣西巡撫成林搜獲東蘭州天地會成員姚大羔所藏會簿、三角木戳及紅布⑮，都是傳會的憑據。麥青原籍廣東，寄居貴州興義府，嘉慶十九年（1814）十一月，麥青往廣西百色地方販賣雜貨，路遇福建人黃焦敬，麥青向黃焦敬借鈔添弟會會書。福建人嚴老三、嚴老五亦寄居貴州興義府，與麥青熟識，嘉慶二十一年（1816）五月，嚴老三等起意結會，同至麥青家抄回會書，隨後邀人結拜添弟會。秘密會黨成員中凡持有會簿者，即可自行結會，自爲師傅，會簿遂成爲一種傳會的工具。貴州巡撫文寧檢閱添弟會流傳的會簿後指出添弟會藉名幫扶明朝後裔洪英，而糾人入會，會簿中也有「重開日月合爲明，順天興明和合同」等字樣，但文寧認爲「洪英有無其人，實不能知，即或明末果有洪英，今已一百七八十年，如何尚能出世？」易言之，添弟會不過藉此「哄誘」衆人入會⑯。會簿或會書既成爲傳會的工具，抄有會書便可另行邀人結盟拜會，由於會書的輾轉傳抄，秘密會黨遂日益盛行。

早期移殖臺灣的粵人，基於同鄉關係，逐漸形成地緣村落，習稱廣東庄，淡水廳中港溪中、上游一帶主要爲廣東惠州及嘉應州移民所聚居的村落，由於閩粵分類械鬥蔓延日廣，中港等地大小各庄頗受其害，道光六年（1826）四月，銅鑼灣廣東庄人巫巧三等起意結拜兄弟會，又名同年會，議定日後與人爭鬥，同心協力，互相幫助⑰，兄弟會就是臺灣早期移民中閩粵分類械鬥的產物。

## 六、結 論

所謂秘密會黨是由下層社會異姓結拜組織發展而來的各種秘密團體，其起源與閩粵地區的社會經濟背景有密切的關係。

明代末年以來，隨著宗族勢力的不斷加強，人口壓力的日益增加，地盤擴張的嚴重糾紛，宗族之間的關係日益尖銳化，而引起宗族械鬥的頻繁發生。大姓族大丁多，恃強凌弱，欺壓小姓，小姓爲求自保，於是結連相抗，持械聚衆，彼此相殺。各異姓連合時，承繼歷代民間異姓結拜的傳統，模仿桃園結義及梁山泊英雄大聚義的儀式，歃血瀝酒，跪拜天地盟誓，各異姓結拜組織已具備會黨的雛型。由於公權力的薄弱，宗族械鬥及異姓結拜就成爲一種自力救濟行爲，個人在社會暗示之下，結盟拜會，彼此模仿，積漸成爲一種社會風氣。福建巡撫汪志伊具摺時已指出「閩省漳泉二府，宋時有海濱鄒魯之稱，由風俗以思教化，美可知也，自明季倭寇內犯，練鄉兵以衛村堡，募其勇豪，授以軍器，尙勇尙氣，習慣成風。嗣遂逞忿械鬥，禮義廉恥之風微，而詭詐貪橫之習起，始結爲天地會，繼流爲陸洋之盜，結黨成群，肆行刼掠，實爲地方之害。」⑱天地會就是由閩粵地區宗族械鬥及異姓結拜組織發展而來的一個秘密會黨。秘密會黨結會時，須跪拜天地盟誓，這是天地會得名的由來。

在清代人口的流動現象中，福建和廣東是我國南方人口流動最突出的兩個省分。福建向外流出的人口，主要集中於沿海人口密集的精華區，以泉州和漳州兩府的人口流動最爲頻繁，其次汀州等府的人口流動，亦頗頻繁。從本文「清代福建會黨傳佈表」可以看出各會黨成員的原籍分佈狀況，其中漳浦、平和、長泰、詔安、龍溪等縣，俱隸屬漳州府，晉江、同安等縣俱隸屬泉州府，武平、長汀、清流、永定、上杭等縣，俱隸屬汀州府，此外，莆田縣隸屬興化府，以上各府，都是福建米價較昂貴的地區，生活艱難，爲生計所迫的貧民，紛紛出外謀生。就福建而言，臺灣會黨成員的原籍，幾乎清一色的隸屬漳州府，但在內地由福建人倡立的會黨，其成員的原籍，除了漳州府外，還包含泉州、汀州、興化、建寧、邵武等府。除表中所列結會地點分佈概況，也可以看出各會黨結盟拜會的地點，多不在原籍，有助於了解福建人口流動的方向。雍正、乾隆年間，臺灣諸羅縣已破獲父母會、添弟會、雷公會，彰化縣破獲小刀會、天地會，福建邵武縣破獲鐵尺會，同安縣破獲驫驫會，廣東惠州、饒州府饒平縣破獲天地會。嘉慶年間，福建南平縣破獲添弟會，沙縣破獲拜香會，順昌縣破獲仁義會，都在延平府境內。甌寧縣破獲百子會、仁義會、雙刀會，建陽縣破獲添弟會、仁義會，建安縣破獲仁義會，都在建寧府境內。邵武府泰寧縣破獲花子會，大致與拓墾方向是齊頭並進的。福建延平、建寧、邵武三府容納了本省漳州、泉州、興化、汀州等府的流動人口，秘密會黨在臺灣、福建西北內陸發展起來，並非歷史的巧合。此外在廣東海康、新寧、歸善等縣，江西會昌縣，廣西向武土州等地，也破獲天地會，江西安遠縣破獲洪蓮會，四川雅州破獲添弟會，貴州興義府破獲添弟會，各會黨成員的原籍都在福建。易言之，鄰近福建各省的會黨，就是福建流動人口的產物。

廣東由於地狹人稠，無田可耕無業可守的貧民，因迫於生計而成爲流動人口，其向外流動的方向，除了移殖南洋外，主要是流向鄰近省分。從本文「清代廣東會黨傳佈表」可以看出各會黨成員的結會地點都不在原籍，有助於了解廣東人口的流動方向與各會黨的分佈概況。廣東潮州與福建漳州毗連，是廣東米價較貴的地區，人口流動極頻繁，其餘人口密集地區，亦因人多米貴，小民生計艱難，而紛紛出外謀生。從表中所列會黨成員的原籍及會黨名稱加以觀察，可以看出由廣東流動人口所倡立的會黨，常見的有天地會、牙籤會、三點會、添弟會、仁義會、忠義會、兄弟會、三合會等，各會黨重要成員的原籍，主要是分佈於廣東潮州、惠州、羅定州、嘉應州、廣州、南雄州、韶州等府，都是人口流動較頻繁的地區，其流動方向主要是前往福建漳州平和等縣及邵武府邵武等縣，廣西蒼梧、平樂、上林、來賓、奉議、藤縣等州縣，江西會昌、定南、龍南、崇義、南安、大庾、虔南等廳縣，雲南寶寧、師宗、文山等縣，貴州興義、懷遠等府縣，湖南永明等縣，臺灣淡水廳等地，由此可知廣東會黨的傳佈，與廣東人口的流動方向大體是一致的，質言之，人口流動是因，而會黨的出現是果。

閩粵流動人口的性質，可以從他們的職業分佈加以觀察，閩粵流動人口除了渡海來臺拓墾外，也湧入省內山區及鄰省沿邊墾荒種地，除了職業不詳的流動人口外，其非農業性的流動人口，比重頗大，例如倡立天地會的福建漳浦縣人洪二和尙萬提喜，結拜三點會的廣東和平縣人僧宏達，都是僧侶；從廣東惠州到福建平和縣傳授天地會的陳彪是行醫爲業的人；拜陳彪爲師而加入天地會的平和縣人嚴烟是布商；在臺灣彰化縣拜嚴烟爲師而加入天地會的福建漳州平和縣人林爽文則趕車度日；在福建漳州平和等縣加入天地會的廣東饒平縣人林功裕唱戲度日；在福建平和縣加入天地會的許阿協平日販麵生理；在廣東饒平縣結拜天地會的縣民涂阿番賣飯過日，福建詔安縣人黃阿瑞常到饒平縣趁墟販賣木桶；在臺灣大墩結拜小刀會的福建移民林達以販賣檳榔度日；在彰化結拜小刀會的漳州人黃添平日開設賭場；在福建南平縣結拜添弟會的長汀縣人黃開基以縫紉度日；到廣東新寧縣結拜天地會的福建同安縣人陳姓是看相的人，加入天地會的縣民葉世豪則傭工度日；在江西會昌縣結拜天地會的福建永定縣人曾阿蘭唱曲度日；在廣西奉議州結拜天地會的廣東始興人林瓊宴以及在廣東揭陽縣結拜雙刀會的福建漳浦縣人戴仙，都以堪輿算命為業。在流動人口中肩挑負販，傭趁度日等非農業性人口，也佔很大比例。以往學者認為天地會的本質是一個舊式農民戰爭組織⑻，這種說法，是不合客觀史實的。學者已指出「以農民為主體的傳統秘密結社，大多是在地主階級大量兼併土地，農民大量破產的背景下創立和發展起來的。當時在閩、粵和臺灣地區，這種情況雖然也存在，但並不成為社會的主要問題。」又說「他們的主要的問題是生活不穩定」⑼，由於離鄉背井，東奔西走，出外人孤苦無助，為了立足異域，於是結拜弟兄，倡立會黨，以求患難救助。清初以來，非農業性的流動人口的迅速增加，確實為秘密會黨的發展，提供了極為有利的先決條件。

閩粵流動人口的地緣意識，各地不盡相同。早期移殖臺灣的內地漢人，缺乏以血緣作為聚落組成的條件，多採取祖籍居地的地緣關係，同鄉的人遷到同鄉所居住的地方，形成地緣村落，泉州庄、漳州庄、廣東庄同籍聚居，其地域觀念頗為濃厚，各分氣類，分類械鬥與秘密會黨就是早期移墾社會地緣意識尖銳化的產物。但就閩粵內地而言，其流動人口的省籍觀念，並不濃厚。洪二和尚萬提喜是福建漳浦縣人，往來於閩粵傳會，有廣東惠州人陳彪等人入會。陳彪在福建漳州平和縣傳授天地會，有縣民嚴烟等人拜陳彪為師，加入天地會。福建詔安縣人黃阿瑞在廣東饒平縣糾邀饒平縣人涂阿番等人結拜天地會。福建漳浦縣人蔡步雲寄居廣東歸善縣，與歸善縣人陳亞本起意邀人結拜天地會。廣東饒平縣人林功裕、賴阿恩、許阿協、林阿俊等人進入福建漳州後，俱加入以漳州人爲基本成員的天地會。廣東縣平州人邱利展到江西龍南縣後，與縣民鍾錦龍熟識，起意邀人結拜三點會。嚴老三、嚴老五是福建人，麥青是廣東人，三人都寄居貴州興義府，彼此熟識，起意邀人結拜添弟會。由此可以看出非農業性的流動人口，因浪迹江湖，四海皆兄弟的精神，得到充分的表現。客籍人數既少，勢孤力單，爲求立足異域，必須互相幫護，其省籍觀念，俱甚淡薄，這也是有利於秘密會黨的發展的重要因素。

排比閩粵會黨名稱的出現及分佈後，有助於了解清代秘密會黨的起源和發展。會黨名稱的正式出現當始於雍正年間，福建總督高其倬曾指出福建向日有鐵鞭等會，後因嚴禁，遂改而爲父母會⑼。就現存檔案資料而言，天地會的出現，當始於乾隆二十六年（1761），鄭成功卒後一百年左右始有天地會的出現，乾隆末年，林爽文領導天地會起事後，天地會始成爲各會黨的通稱，後世所稱天地會實含有廣義的天地會與狹義的天地會，前者泛指清代盛行的各種會黨⑽，後者則指使用「天地會」字樣的本支而言。但無論廣義的天地會或狹義的天地會，都是由下層社會的異姓結拜組織發展而來的各種秘密團體，各會黨傳授的手訣暗號或歌句隱語都相近，會員入會時，須跪拜天地盟誓，歃血瀝酒，其儀式亦大同小異，天地會既承繼早期會黨的傳統，吸收結合各會黨的共同要素，因此，天地會的名稱，最能概括下層社會異姓結拜組織的各種特徵⑾。隨著閩粵地區人口流動的方向，閩粵鄰近各省結盟拜會的風氣，亦極盛行。排比清代所破獲的會黨案件，臺灣在雍正年間已破獲父母會，乾隆五十二年（1877），廣西蒼梧縣開始破獲牙籤會，嘉慶十年（1805），江西會昌縣破獲天地會。嘉慶十七年（1812），雲南寶寧縣及師宗縣破獲添弟會，嘉慶二十一年（1816），貴州興義府破獲添弟會，湖南永明縣破獲忠義會，乾嘉年間，四川會黨案件很罕見，湖南、貴州、雲南會黨案件，亦甚少見。這種現象可以解釋各省會黨的出現，與閩粵人口流動的方向大致是齊頭並進的。閩粵會黨具備許多共同的特徵，直接或間接由閩粵流動人口所倡立的各種會黨，可以稱之爲閩粵系統的秘密會黨，舉凡父母會、鐵尺會、小刀會、天地會、添弟會、雷公會、靝黰會、牙籤會、百子會、洪蓮會、花子會、拜香會、仁義會、三點會、忠義會、兄弟會、雙刀會等，都是屬於閩粵系統的秘密會黨。秦寶琦撰「乾嘉年間天地會在臺灣的傳播與發展」一文指出乾隆五十九年（1794）鳳山縣鄭光彩結拜的小刀會是由天地會變名而來，於是認爲「迄今爲止史料上所見天地會系統內最早的小刀會，應作爲小刀會創立之始。」㉞乾隆初年以來所查禁的小刀會，與天地會固然不相統屬，即各小刀會之間，同樣也是彼此不相統屬的，無論是天地會系統以內的小刀會，或天地會系統以外的小刀會，都是屬於閩粵系統內的秘密會黨，天地會系統內外的小刀會，是從早期到後期的發展，忽視早期的小刀會，而將鄭光彩所倡立的小刀會作爲小刀會創立之始，實在很難認識整個小刀會的源流。地域環境雖然決定了秘密會黨的發展，但隨著人口的大量流動，秘密會黨的發展往往突破了地域限制。同光年間開始盛行的哥老會，因其活動地區及組織方式與天地會不盡相同，所以學者對哥老會是否爲天地會的支派？提出不同的看法。劉錚雲撰「湘軍與歌老會——試析哥老會的起源問題」一文指出「目前就組織方式而言，我們可以說，嘓嚕、紅錢會、江湖會、哥老會等屬於同一系統，而天地會則屬於另一系統。前者同源於四川、湖南，而後者起於福建、廣東。」

⑮隨著湘軍的四處征戰及後來湘軍的解散，其散兵游勇充斥各地，哥老會的活動範圍已經不再局限於湖南一隅了。檢查同光年間的會黨案件，哥老會、江湖會絕少由閩粵籍流動人口所倡立，因此，與其說哥老會、江湖會等會黨不屬於天地會系統，還不如說哥老會、江湖會等會黨是不屬於閩粵系統的秘密會黨。

從清代秘密會黨的發展過程而言，主要是起源於閩粵地區。早期的秘密會黨，主要在強調內部的互助性質，並未含有濃厚的政治意味，或狹隘的種族意識。從乾隆末年林爽文起事失敗以後，天地會逐漸以反清復明爲宗旨，對太平軍起事及後來的群衆運動有重大影響。太平天國的革命運動，一方面是由於近代中國社會經濟的變遷，即人口壓迫的結果，一方面則爲秘密會黨發展的結果，各地會黨聲氣相通，形成澎湃的反滿潮流，刺激了民族思想。太平天國覆亡後，強烈的反滿意識，仍然方興未艾，逐漸匯聚成爲晚清民族革命的洪流。國民革命運動初期，其進行革命的方法，主要是從聯絡會黨著手，會黨志士充分提供了革命武力。由於知識分子與秘密會黨的結合，不僅推翻了清朝政權，同時也促成近代中國社會結構的變化，涓涓不塞，終成江河，秘密會黨的起源及其發展，實爲不可忽視的歷史課題。

【註　釋】

① 王思治撰〈宗族制度淺論〉，《清史論叢》（北京，中華書局，1982年），輯4，頁178。

② 江日昇，《臺灣外記》（臺北，臺灣銀行經濟研究室，民國四十九年五月），冊1，頁112。

③ 《宮中檔雍正朝奏摺》，輯5（臺北，國立故宮博物院，民國六十七年三月》，頁583，雍正四年二月初四日，福建巡撫毛文銓奏摺。

④ 《宮中檔雍正朝奏摺》，輯11（民國六十七年九月），頁714，雍

正六年十一月初六日，廣東碣石鎮總兵蘇明良奏摺。

⑤ 《宮中檔雍正朝奏摺》，輯9（民國六十七年七月），頁311，雍正五年十一月十七日，福建總督高其倬奏摺。

⑥ 《宮中檔雍正朝奏摺》，輯14（民國六十八年二月），頁441，雍正七年十月十六日，福建觀風整俗使劉師恕奏摺。

⑦ 施耐庵著《水滸傳》（臺北，陽明書局，民國七十三年三月），頁728。

⑧ 施耐庵著《水滸傳》（臺北，桂冠圖書公司，民國七十四年十一月），頁947。

⑨ 羅爾綱撰〈水滸傳與天地會〉，《會黨史研究》（上海，學林出版社，1987年1月），頁3。

⑩ 酒井忠夫撰〈清末の青幫とその變貌〉，《立正史學》，第四十二號（東京，立正大學，1978年3月），頁11。

⑪ 水滸傳（桂冠圖書公司），七十回本，頁942。

⑫ 羅爾綱撰〈太平天國革命前的人口壓迫問題〉，《中國近代史論叢》，輯2，冊2，社會經濟（臺北，正中書局，民國六十五年三月），頁43。

⑬ 《宮中檔雍正朝奏摺》，輯6（臺北，國立故宮博物院，民國六十七年四月），頁137，雍正四年六月初十日，兵部尚書法海奏摺。

⑭ 李之勤撰〈論鴉片戰爭以前清代商業性農業的發展〉，《明清社會經濟形態的研究》（上海，人民出版社，1956年6月），頁280。

⑮ 《宮中檔雍正朝奏摺》，輯5（民國六十七年三月），雍正四年二月初四日，福建巡撫毛文銓奏摺。

⑯ 《宮中檔雍正朝奏摺》，輯6，頁14，雍正四年五月十四日，福建巡撫毛文銓奏摺。

⑰ 《宮中檔雍正朝奏摺》，輯6，頁46，雍正四年五月二十日，福建陸路提督吳陞奏摺。

⑱　《宮中檔雍正朝奏摺》，輯6，頁73，雍正四年五月二十九日，兩廣總督孔毓珣奏摺。

⑲　《宮中檔雍正朝奏摺》，輯7（民國六十七年五月）頁38，雍正四年十一月二十八日，福建巡撫毛文銓奏摺。

⑳　張捷夫撰〈關於雍正西南改土歸流的幾個問題〉，《清史論叢》（北京，中華書局，1984年），輯5，頁273。

㉑　張捷夫〈清代土司制度〉，《清史論叢》（北京，中華書局，1982年），輯3，頁196。

㉒　《起居注冊》（臺北，國立故宮博物院），康熙五十一年二月二十九日，上諭。

㉓　《辭海》（臺北，中華書局，民國七十一年），頁2019。

㉔　《宮中檔雍正朝奏摺》，輯6，頁271—274、603，雍正四年七月初九日、九月十九日，雲貴總督鄂爾泰奏摺。

㉕　《宮中檔雍正朝奏摺》，輯5（民國六十七年三月），頁375，雍正三年十一月十四日，廣西提督韓良輔奏摺。

㉖　《宮中檔雍正朝奏摺》，輯6，頁371，雍正四年七月二十六日，雲南布政使常德壽奏摺。

㉗　《宮中檔乾隆朝奏摺》，輯4（民國七十一年八月），頁461，乾隆十七年十二月初二日，湖廣總督永常奏摺。

㉘　國史館《皇朝食貨志》，〈民墾〉（臺北，國立故宮博物院）。

㉙　《宮中檔雍正朝奏摺》，輯1（民國六十六年十一月），頁197，雍正元年四月二十一日，巡視南城監察御史董起弼奏摺。

㉚　《宮中檔雍正朝奏摺》，輯2（民國六十六年十二月），頁582，雍正二年閏四月十七日，署理廣西巡撫韓良輔奏摺。

㉛　國史館《食貨志》（四），屯墾二十七，民墾。

㉜　莊吉發著《清世宗與賦役制度的改革》（臺北，學生書局，民國七

十四年十一月），頁87。

㉝ 李國祁著《中國現代化的區域研究：閩浙臺地區，1860—1916》（臺北，中央研究院近代史研究所，民國七十一年五月），頁456。

㉞ 《軍機處檔·月摺包》（臺北，國立故宮博物院），第2751箱，15包，49793號，嘉慶二十一年十月二十五日，閩浙總督汪志伊奏摺錄副。

㉟ 《軍機處檔·月摺包》，第2751箱，32包，52909號，嘉慶二十二年九月初七日，盧蔭溥奏摺。

㊱ 《宮中檔》（臺北，國立故宮博物院），第2724箱，88包，16330號，嘉慶十九年八月十九日，閩浙總督汪志伊奏摺。

㊲ 《宮中檔》，第2723箱，93包，17614號，嘉慶二十年正月二十六日，閩浙總督汪志伊奏摺。

㊳ 《宮中檔》，第2723箱，94包，17998號，嘉慶二十年二月三十日，福建巡撫王紹蘭奏摺。

㊴ 《宮中檔》，第2723箱，91包，16832號，嘉慶十九年十一月初八日，閩浙總督汪志伊奏摺。

㊵ 《宮中檔雍正朝奏摺》輯6，頁669，雍正四年九月二十九日，福建布政使沈廷正奏摺。

㊶ 《軍機處檔·月摺包》，第2749箱，159包，82042號，道光二十八年五月初二日，福建巡撫徐繼畬奏片。

㊷ 秦寶琦撰〈天地會起源『乾隆說』新證〉，《歷史檔案》（北京，中國第一歷史檔案館），1986年，期1，頁98。

㊸ 《天地會》，㈠（北京，中國第一歷史檔案館，1980年11月），頁72。

㊹ 《宮中檔》，第2712箱，62包，9325號，嘉慶七年九月二十八日兩廣總督覺羅吉慶奏摺。

㊺ 《宮中檔》，第2724箱，78包，13357號，嘉慶十四年二月十七日，江西巡撫先福奏摺。

㊻ 《宮中檔》，第2724箱，84包，15501號，嘉慶十四年八月初七日，江西巡撫先福奏摺。

㊼ 《軍機處檔・月摺包》，第2751箱，10包，49066號，嘉慶二十一年八月初六日，貴州巡撫文寧奏摺錄副。

㊽ 《天地會》，㈠，頁111，乾隆五十三年六月十六日，審訊嚴烟供詞筆錄。

㊾ 莊吉發撰〈清代社會經濟變遷與秘密會黨的發展：臺灣、廣西、雲貴地區的比較研究〉，《近代中國區域史研討會論文集》（臺北，中央研究院近代史研究所，民國七十五年八月），頁358。

㊿ 李之勤撰〈論鴉片戰爭以前清代商業性農業的發展〉，《明清社會經濟形態的研究》（上海，人民出版社，1956年6月），頁280。

(51) 《宮中檔雍正朝奏摺》輯6，頁73，雍正四年五月二十八日，兩廣總督孔毓珣奏摺。

(52) 《宮中檔雍正朝奏摺》輯7，頁881，雍正五年四月初四日，兩廣總督孔毓珣奏摺。

(53) 赫治清撰〈略論天地會的創立宗旨——兼與秦寶琦同志商榷〉，《歷史檔案》（北京，中國第一歷史檔案館，1986年），期2，頁91。

(54) 《宮中檔》，第2774箱，215包，53493號，乾隆五十三年三月初六日，福康安奏摺。

(55) 《天地會》，㈠，頁87，林功裕供詞；《宮中檔》，第2774箱，202包，50273號，乾隆五十二年二月二十七日，兩廣總督孫士毅奏摺。

(56) 《天地會》，㈠，頁72，林阿俊供單。

(57) 《天地會》，㈠，頁70，許阿協供單。

(58) 《宮中檔》，第2724箱，88包，16330號，嘉慶十九年八月十九日，閩浙總督汪志伊奏摺。

(59) 《軍機處檔・月摺包》，第2768箱，103包，71468號，道光十六年五月十七日，兩廣總督鄧廷楨奏摺錄副。

(60) 《宮中檔雍正朝奏摺》，輯17（民國六十八年三月），頁780，雍正九年三月十二日，江西按察使樓儼奏摺。

(61) 《宮中檔》，第2724箱，84包，15201號，嘉慶十四年八月二十五日，護理江西巡撫布政使袁秉直奏摺。

(62) 《宮中檔》，第2724箱，81包，14115號，嘉慶十四年五月初四日，江西巡撫先福奏摺。

(63) 《宮中檔》，第2723箱，86包，15644號，嘉慶十九年六月初八日，江西巡撫先福奏摺。

(64) 《宮中檔》，第2723箱，91包，16925號，嘉慶十九年十一月十七日，江西巡撫阮元奏摺。

(65) 《宮中檔》，第2723箱，91包，17069號，嘉慶十九年十一月二十九日，江西巡撫阮元奏摺。

(66) 《軍機處檔・月摺包》，第2730箱，136包，165802號，光緒三十四年八月十五日，沈瑜慶奏片錄副。

(67) 《辛亥革命前十年間民變檔案史料》（北京，中華書局，1985年），上冊，頁291。

(68) 《康熙朝漢文硃批奏摺彙編》（北京，中國第一歷史檔案館，1985年），冊6，頁746，康熙五十五年正月十二日，廣西巡撫陳元龍奏摺。

(69) 《宮中檔雍正朝奏摺》，輯5，頁776，雍正四年四月初二日，廣東布政使常賚奏摺。

(70) 《宮中檔》，第13箱，1包，2726號，道光元年二月初二日，兩廣總督阮元奏摺。

⑺ 《宮中檔》，第2727箱，217包，54174號，乾隆五十三年五月三十日，廣西巡撫孫永清奏摺。

⑻ 《宮中檔》，第2724箱，66包，10004號，嘉慶十三年二月十八日，廣西巡撫恩長奏摺。

⑼ 《宮中檔》，第2724箱，80包，14008號，嘉慶十四年四月二十九日，廣西巡撫恩長奏摺。

⑽ 《宮中檔》，第2724箱，75包，12455號，嘉慶十三年十一月十三日，廣西巡撫恩長奏摺。

⑾ 《宮中檔》，第2724箱，76包，12695號，嘉慶十三年十二月初八日，廣西巡撫恩長奏摺。

⑿ 《宮中檔》，第2724箱，78包，13320號，嘉慶十四年二月十三日，廣西巡撫恩長奏摺。

⒀ 《宮中檔》，第2724箱，74包，12134號，嘉慶十三年十月初四日，廣西巡撫恩長奏摺。

⒁ 《軍機處檔．月摺包》，第2751箱，37包，53908號，嘉慶二十二年四月二十一日，湖南巡撫巴哈布奏摺錄副。

⒂ 《宮中檔》，第2723箱，90包，16718號，嘉慶十九年十月二十七日，湖南巡撫廣厚奏摺。

⒃ 《上諭檔》，方本（臺北，國立故宮博物院），嘉慶二十四年五月初九日，頁41，寄信上諭。

⒄ 《宮中檔》，第2723箱，91包，16969號，嘉慶十九年十一月二十一日，湖南巡撫廣厚奏摺。

⒅ 《軍機處檔．月摺包》，第2751箱，8包，48464號，嘉慶二十二年六月二十四日，湖南巡撫巴哈布奏摺錄副。

⒆ 《軍機處檔．月摺包》，第2751箱，7包，48382號，嘉慶二十一年

六月二十七日，雲貴總督伯麟奏摺錄副。

(84) 《軍機處檔·月摺包》，第2751箱，31包，52756、52757、52765號，嘉慶二十二年七月二十五日，湖南巡撫巴哈布奏摺錄副、楊正才呈文、供詞。

(85) 《天地會》，(一)，頁3，廣西東蘭州天地會成員姚大羔所藏會簿。

(86) 《軍機處檔·月摺包》，第2751箱，10包，49066號，嘉慶二十一年八月初六日，貴州巡撫文寧奏摺錄副。

(87) 《軍機處檔·月摺包》，第2747箱，25包，57516號，道光六年十一月二十五日，閩浙總督孫爾準奏摺錄副。

(88) 《皇朝經世文編》（臺北，國風出版社，民國五十二年七月），卷二十三，頁四二。

(89) 駱寶善撰〈論天地會的起源和性質〉，《會黨史研究》（上海，學林出版社，1987年 1月），頁73。

(90) 秦寶琦、劉美珍撰〈試論天地會〉，《清史研究集》（北京，中國人民大學清史研究所，1980年11月），輯1，頁177。

(91) 《宮中檔》，第97箱，320包，6470號，雍正六年八月初十日，福建總督高其倬奏摺。

(92) 陸寶千著《論晚清兩廣的天地會政權》（臺北，中央研究院近代史研究所，民國六十四年五月），頁4。

(93) 莊吉發著《清代天地會源流考》（臺北，國立故宮博物院，民國七十年一月），頁一八三。

(94) 秦寶琦撰〈乾嘉年間天地會在臺灣的傳播與發展〉，《臺灣研究國際研討會論文》（美國芝加哥，1985年7月），頁23。

(95) 劉錚雲撰〈湘軍與哥老會——試析哥老會的起源問題〉，《近代中國區域史研討會論文集》（臺北，中央研究院近代史研究所，民國七十五年十二月），頁399。

# 清史論集

## (一)

## 目次

# 清 史 論 集

## (二)

## 目　次